石油经济管理模型及应用

安琪儿 编著

石油工业出版社

内 容 提 要

本书系统深入地介绍了经济管理常用方法，主要包括管理统计方法、计量经济学方法、投入产出方法、系统动力学方法、复杂科学方法等内容，并通过案例帮助石油专业人员了解和掌握这些方法及经济管理方法与石油专业相结合的创新科研成果，以提高石油公司生产经营决策水平。

本书可供从事油气田开发技术人员和战略规划的管理人员、研究人员及石油高等院校相关专业的师生阅读和参考。

图书在版编目(CIP)数据

石油经济管理模型及应用／安琪儿编著. —北京：石油工业出版社，2023.11
ISBN 978-7-5183-6215-8

Ⅰ.①石… Ⅱ.①安… Ⅲ.①石油经济-经济管理-研究 Ⅳ.①F407.22

中国国家版本馆 CIP 数据核字（2023）第 154523 号

出版发行：石油工业出版社
（北京安定门外安华里 2 区 1 号楼　100011）
网　　址：www.petropub.com
编辑部：（010）64523583　图书营销中心：（010）64523633
经　　销：全国新华书店
印　　刷：北京九州迅驰传媒文化有限公司

2023 年 11 月第 1 版　2023 年 11 月第 1 次印刷
787×1092 毫米　开本：1/16　印张：13.5
字数：350 千字

定价：80.00 元
（如出现印装质量问题，我社图书营销中心负责调换）
版权所有，翻印必究

PREFACE 前 言

当前国内外石油形势发生了很多重要变化,对石油公司生产经营提出了越来越高的要求。近10年来,国际石油价格经历了3次暴跌,市场波动频率和波动剧烈程度不断创下新高。产油国地缘政治冲突不断,为市场注入了更多不稳定因素。能源产品的金融属性增强,能源市场与金融市场、货币市场、股票市场复杂联动。国内主力油田步入开发中后期,开发成本居高不下,增储上产难度加大。新形势下,国内石油公司面临上产、保供、创效、转型等艰巨任务,综合运用各类方法提高石油勘探开发业务的预测、分析、决策能力,是提升生产经营能力、在变局中谋发展的有效路径之一。

石油科学涉及许多关键问题,是一个广泛而复杂的领域,在解决这些问题的过程中,经济管理模型可以提供很多有价值的思路。例如,多元统计模型可以应用于参数分类、降维等;计量经济学模型可以用于识别石油经济中各个变量的数量关系,并对未来进行预测;系统科学方法能够对石油系统的某个环节进行模拟仿真,对不同的政策情景进行分析;运筹学方法和多目标决策方法能够在不同的生产经营环境中寻找最优策略。从文献成果来看,很多经济管理方法都在石油科学中得到了成功应用,石油科学与经济管理模型的结合是一个值得深入研究的领域。

石油科学和经济管理是两个不同的学科,石油专业一般并不开设经济管理课程,而经济管理专业又很难深入研究石油科学领域的现实问题。作为一名在石油公司工作的经济管理专业的科研人员,笔者在工作中经常遇到用成熟的经济管理方法巧妙解决石油专业问题的案例,因此萌生了写作本书的想法。本书关注石油科学与经济管理的交叉问题,旨在通过经济管理模型在石油专业上的应用,为石油领域的分析、预测、决策、规划提供新的思路。在写作过程中，为尽量提高内容的易读性和实用性，避免了过多的数学公式，增加了详细的软件操作步骤和具体应用案例。

本书分为12章，分别对应12种模型方法。第一章至第三章是多元统计学方法，包括聚类分析、主成分分析、因子分析，主要用于处理分类、因素提取等问题；第四章、第五章是计量经济学方法，包括线性回归分析、时间序列分析，主要用于对变量之间的关系进行量化分析；第六章是线性规划，主要用于寻求满足资源约束条件下的最优解；第七章至第九章是系统工程方法，包括复杂网络理论、系统动力学、数据包络分析，可用于系统模拟和系统效率评估；第十章至第十二章是多目标决策方法，包括层次分析法、模糊综合评价和逼近理想解法，可应用于多目标、多指标和复杂情景下的决策制定。

本书每章结构为：首先介绍方法的原理、公式、建模流程，帮助读者对该方法建立初步的认识；其次，以一种软件为例，基于一些公开数据展示该方法的软件操作，读者在需要应用该方法时，按照书中的步骤在软件中操作即可得到相应的结果；最后，选取一篇石油科学领域高被引的论文进行解读，重点展示经济管理模型在石油领域的应用过程和结果涵义，启发读者将理论模型与石油生产实践相结合的思路，提高方法的使用能力。

在本书写作过程中，得到了中国石油勘探开发研究院企业技术专家曲德斌教授的悉心指导和无私帮助。曲教授渊博的学识、丰富的工作经验、勤勉积极的工作态度是笔者终身学习的榜样。感谢油田开发研究所张虎俊书记(教授)对笔者的支持和指引，张书记提供了战略上的启发和战术上的示范，是我职场中重要的领路人。在此，特别向曲教授、张书记多年来的照顾和培养表达深深的敬意和诚挚的感谢。

由于笔者能力有限，本书难免存在不足之处，恳请读者指正，期待与各方面专业人士讨论交流书中内容，不断改进石油经济管理方法，借助交叉学科的成果共同创造出既有理论内涵又能实实在在解决油田问题的创新实践，为我国石油行业发展贡献力量。

2023年5月

CONTENTS 目 录

第一章　聚类分析 ······· 1
第一节　聚类分析方法原理 ······· 1
第二节　聚类分析的软件实现 ······· 4
第三节　应用案例：基于聚类分析的油品分类 ······· 10

第二章　因子分析 ······· 15
第一节　因子分析方法原理 ······· 15
第二节　因子分析的软件实现 ······· 20
第三节　应用案例：基于因子分析的地化特征降维 ······· 27

第三章　主成分分析 ······· 33
第一节　主成分分析方法原理 ······· 33
第二节　主成分分析的软件操作 ······· 37
第三节　应用案例：基于主成分分析的岩性边界识别 ······· 40

第四章　线性回归分析 ······· 53
第一节　线性回归方法原理 ······· 53
第二节　线性回归软件操作 ······· 57
第三节　应用案例：基于线性回归的钻井成本预测 ······· 60

第五章　时间序列分析 ······· 70
第一节　时间序列分析方法介绍 ······· 70
第二节　时间序列分析软件操作 ······· 77
第三节　应用案例：能源价格的时间序列分析 ······· 82

第六章　线性规划 … 91
第一节　线性规划方法介绍 … 91
第二节　线性规划软件操作 … 97
第三节　应用案例：基于线性规划的成品油运输系统优化 … 99

第七章　复杂网络理论 … 109
第一节　复杂网络理论介绍 … 109
第二节　复杂网络分析软件操作 … 115
第三节　应用案例：基于复杂网络的原油贸易依赖分析 … 119

第八章　系统动力学 … 126
第一节　系统动力学方法介绍 … 126
第二节　系统动力学的软件操作 … 131
第三节　应用案例：国际油气开发合同的系统动力学模型 … 136

第九章　数据包络分析 … 142
第一节　数据包络分析方法介绍 … 142
第二节　数据包络分析的软件操作 … 148
第三节　应用案例：基于数据包络分析的炼厂效率评价 … 153

第十章　层次分析法 … 161
第一节　层次分析法介绍 … 161
第二节　层次分析法软件操作 … 167
第三节　应用案例：基于AHP的钻井设备维护评估 … 170

第十一章　模糊综合评价 … 176
第一节　模糊综合评价方法介绍 … 176
第二节　模糊综合评价软件操作 … 182
第三节　应用案例：油气资源开发利用水平综合评价 … 185

第十二章　逼近理想解法（TOPSIS） ……………………………………… 190
第一节　TOPSIS 方法介绍 …………………………………………… 190
第二节　TOPSIS 软件操作 …………………………………………… 193
第三节　应用案例：基于 TOPSIS 的 EOR 方案选择 ………………… 195

参考文献 ……………………………………………………………………… 205

第一章 聚类分析

第一节 聚类分析方法原理

聚类分析又称为群分析，是一种多元统计方法，主要用于研究个体或指标的分类问题。聚类问题是一个久远的问题，是随着人类社会的产生和发展而不断深化的一个问题。人们要认知世界、改变世界就要区分不同的事物并感知存在于不同事物间的相似性。在以往的分类学中，人们主要靠经验和专业知识做定性分类处理，许多分类不可避免地带有主观性和任意性，不能揭示客观事物内在的本质差别和联系。此外，人们一般只根据事物单方面的特征进行分类，这些分类虽然可以反映事物某些方面的区别，但难以反映各类事物之间的综合差异。聚类分析方法有效地解决了科学研究中多因素、多指标的分类问题，避免了分类的主观性和单一性。

一、基本概念

聚类就是对数据集中的数据应用某种方法进行分组，把具有相似性质的事物区分开，加以分类。在同一个类中的数据对象之间具有较高的相似度，不同类中的数据对象差别较大。聚类分析的原理流程如图 1-1 所示，首先通过选取分类指标将个体信息转化成 N 维空间向量，而后测算个体之间的距离，判断个体之间的相似程度，最后基于相似程度采用分类算法对群体进行聚类。

图 1-1 聚类分析原理流程

1. 类

聚类分析的目的是对个体或指标进行分类，但是类在不同的应用领域有不一样的内涵，因此，并没有一个严格统一的定义。类的常见定义有以下 3 种。

（1）根据个体之间的距离定义。设阈值 T 是给定的正数，若集合 G 中任何两个个体的距离 d_{ij} 都满足

$$d_{ij}<T(i,j\in G) \tag{1-1}$$

则称 G 对于阈值 T 组成一个类。

式中　G——个体集合；

d_{ij}——个体 i 和个体 j 的距离。

（2）根据集合内个体距离的均值定义。设阈值 T 是给定的正数，如果集合 G 中每个 $i\in G$ 都满足

$$\frac{1}{n-1}\sum_{j\in G}d_{ij}\leq T \tag{1-2}$$

则称 G 对于阈值 T 组成一个类。

式中　n——集合 G 中元素的个数。

（3）根据集合内个体两两距离的均值定义。设 T 和 H（H>T）是两个给定的正数，如果集合 G 中两两元素距离的平均满足

$$\frac{1}{n(n-1)}\sum_{i\in G}\sum_{j\in G}d_{ij}\leq T,\ d_{ij}\leq H(i,j\in G) \tag{1-3}$$

则称 G 对于阈值 T，H 组成一个类。

2. 距离

把 n 个个体看成是 m 维空间中的 n 个点，那么两个个体间的相似度用 d_{ij} 度量。d_{ij} 为个体 X_i，X_j 的距离，一般要求

$$d_{ij}\geq 0,\ 对于任意\ i,j；d_{ij}=0\Leftrightarrow X_i=X_j \tag{1-4}$$

$$d_{ij}=d_{ji},\ 对于任意\ i,j； \tag{1-5}$$

$$d_{ij}\leq d_{ik}+d_{kj},\ 对于任意\ i,j,k \tag{1-6}$$

按照计算原理，衡量两个个体距离的方法可以分为两类：m 维空间中点对点的距离、m 维空间中向量对向量的距离。

（1）m 维空间中点对点的距离。

m 维空间中点对点的距离是以明氏距离（Minkowski）为基础扩展得到的，适用于多维连续空间中两个点位置的判断。设连续 m 维空间中的两个点分别为：$P=(x_1,x_2,\cdots,x_m)$ 和 $Q=(y_1,y_2,\cdots,y_m)$，则 P 和 Q 之间的明氏距离为

$$d_{xy}(q)=\left[\sum_{i=1}^{m}|x_i-y_i|^q\right]^{\frac{1}{q}} \tag{1-7}$$

一阶明氏距离（q=1）即曼哈顿距离，公式为

$$d_{xy}(1)=\sum_{i=1}^{m}|x_i-y_i| \tag{1-8}$$

二阶明氏距离（q=2）即欧式距离，公式为

$$d_{xy}(2) = \left[\sum_{i=1}^{m} |x_i - y_i|^2\right]^{\frac{1}{2}} \tag{1-9}$$

当 q 趋于 ∞ 时,明氏距离为切比雪夫距离,公式为

$$d_{xy}(\infty) = \max_{1 \leq i \leq m} |x_i - y_i| \tag{1-10}$$

(2) m 维空间中向量和向量的距离。

m 维空间中向量和向量的距离包含两层含义:向量角度的相似程度、向量长度的相似程度。最常见的向量距离计算方法是夹角余弦相似度

$$similarity = \cos\theta = \frac{A \cdot B}{\|A\| \|B\|} = \frac{\sum_{i=1}^{m} A_i B_i}{\sqrt{\sum_{i=1}^{m} (A_i)^2} \cdot \sqrt{\sum_{i=1}^{m} (B_i)^2}} \tag{1-11}$$

式中 A,B——m 维空间向量;

A_i,B_i——A 和 B 在 i 维的分量;

θ——两个向量的夹角;

$similarity$——向量 A 和向量 B 的余弦相似度。

余弦相似度的范围在 $[-1,1]$ 之间,值越趋近于 1,代表两个向量的方向越接近;越趋近于 -1,它们的方向越相反;接近于 0,表示两个向量近乎于正交。

二、分类算法

聚类方法主要有划分聚类法、层次聚类法和密度聚类法、基于网格的方法和基于模型的方法等。此处以系统聚类、CURE 算法和 K-means 法为例介绍聚类分析的算法。

1. 系统聚类

系统聚类是实践中应用最广泛的一种聚类方法,其做法是开始时把每个个体作为一类,然后把最靠近的个体(即距离最小的个体)首先聚为小类,再将已聚合的小类按其类间距离再合并,不断继续下去,最后把一切子类都聚合到一个大类。具体过程为:

(1) 确定分类统计量和聚类方式,即规定样本之间的距离、类与类之间的距离;

(2) 把 n 个个体各自看作一类,这时类与类的距离等于个体之间的距离;

(3) 从计算得到的 $\frac{1}{2}n(n-1)$ 个距离中找出距离最近的一对,把它们合并成一个新类;

(4) 计算新类和其他类的距离,再将距离最近的两类合并;

(5) 重复上述步骤,直到把所有样本都合并成一类为止。

系统聚类算法是一种连续并类的过程,可用聚类谱系图(俗称树状图)来表示,由聚类谱系图可清楚地看出全部样本的聚集过程,从而可做出对全部样本的分类。

2. CURE 算法

CURE 算法选择数据空间中固定数目的、具有代表性的一些点共同表示相应的类,这样就可以识别具有复杂形状和不同大小的聚类,找到更合适的孤立点。CURE 采用了用多

个点代表一个簇的方法，在处理大量数据的时候采用了随机取样、分区的方法来提高其效率，因而可以高效地处理大量数据。CURE 算法分为以下 6 步：

（1）从原始数据中抽取一个随机样本 S；
（2）将样本分割为一组划分；
（3）对每个划分局部的聚类；
（4）通过随机取样剔除孤立点；
（5）对局部的类进行聚类：落在每个新形成的类中的代表点根据用户定义的一个收缩因子收缩或向类中心移动，这些点代表和捕捉到了类的形状；
（6）用相应的类标签来标记数据。

CURE 算法的特点是采用聚结层次聚类，把每一个对象设立为一个类，随即根据相似点对它们进行合并。此外，采用分割方法，先把样本分割为几块，然后针对各个部分中的对象分别进行局部聚类，形成子类，再对子类进行聚类，形成新的类。由于该算法可以在聚类过程中最大程度消除异常值的影响，因此可以更合理地对非样本对象采取分配策略。

3. K-means 算法

K-means 算法是一种迭代的聚类算法，迭代过程中不断移动簇集中的对象，直至得到理想的簇集为止，每个簇用该簇中对象的平均值来表示。利用 K-means 算法得到的簇，簇中对象的相似度很高，不同簇中对象之间的相异度也很高。算法的主要步骤为：

（1）从 n 个数据对象随机选取 k 个对象作为初始簇中心；
（2）计算每个簇的平均值，并用该平均值代表相应的簇；
（3）根据每个对象与各个簇中心的距离，分配给最近的簇；
（4）转第二步，重新计算每个簇的平均值。

不断重复上述过程，直到满足某个准则的函数不再明显变化或者聚类的对象不再变化时停止。一般 K-means 算法的准则函数采用平方误差准则，定义为

$$E = \sum_{i=1}^{k} \sum_{p \in c_i} |p - m_i|^2 \tag{1-12}$$

式中　E——数据集中所有对象与相应类聚中心的均方差之和；
　　　p——给定的数据对象；
　　　m_i——c_i 聚类的均值（p 和 m 均是多维的）。

实际应用中，系统聚类法和 K-means 聚类法是聚类分析中最常用的两种方法。其中 K-means 聚类法的优点是计算速度快，缺点是需要事先根据个体的空间分布指定聚类数目。系统聚类法在计算个体距离、类与类的距离时可以采用灵活多样的计算方法，很好地满足了不同需求，在实践中应用最多。

第二节　聚类分析的软件实现

聚类分析可以采用 SPSS、EViews 等软件实现。此处以 SPSS 为例介绍聚类分析软件操作过程。本节案例采用系统聚类方法将我国 31 个地区按照产业结构特征进行分类，找出产

业结构相近的地区。个体数量为31，分类变量是8个国民经济行业的增加值：农林牧渔业、工业、建筑业、批发和零售业、交通运输仓储和邮政业、住宿和餐饮业、金融业、房地产业，单位为亿元。案例数据来自《中国统计年鉴(2022)》。

一、数据导入

以从 Excel 导入数据到 SPSS 软件为例。在 SPSS 软件主界面点击**文件/导入数据/Excel**，在**查找位置**选择文件路径，选中待导入的 Excel 数据表，点击**打开**，即可将数据表导入 SPSS 软件(图1-2)。

图1-2　将 Excel 数据表导入 SPSS 软件步骤

导入数据时，需注意 Excel 表格中不能有合并单元格。SPSS 软件自动读取 Excel 数据表中第一行作为变量名。数字格式自动识别为度量变量，文本格式自动识别为分类变量。如需调整变量类型，可在 SPSS 软件的变量视图手动调整。导入后数据如图1-3所示。

图1-3　导入到 SPSS 以后数据图

二、模型设置

如果分类变量的单位和数量级不一致,在进行聚类分析前一般要对数据进行标准化处理,常用方法包括极差标准化法、Z-score 法等。SPSS 进行标准化处理的步骤是点击**分析/描述统计/描述**,在弹出的对话框中勾选**将标准化值另存为变量复选框**(图 1-4)。

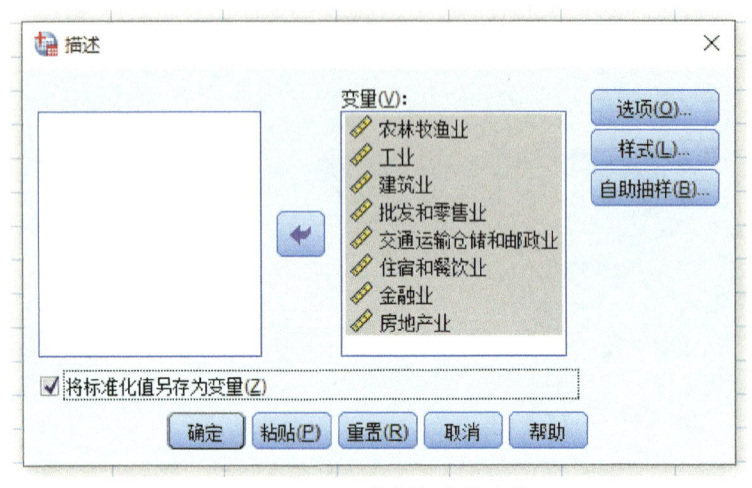

图 1-4 SPSS 数据标准化步骤

案例中的数据单位一致,且数量级相当,因此可以不进行标准化处理,直接进行聚类分析。聚类分析按钮位于主界面的**分析/分类**菜单下。SPSS 内置了常用的聚类分析算法,包括二阶聚类、K-means 聚类、系统聚类等(图 1-5)。

图 1-5 SPSS 系统聚类操作示意图

第一章 聚类分析

以系统聚类为例,点击**分析/分类/系统聚类**,弹出如图 1-6 所示菜单选项。将分类变量选入到"变量"框,将个体名称(本案例为地区)选入"个案标注依据"列表框。聚类框选择"个案",显示框选择"统计"、"图"。

图 1-6　系统聚类变量选择视图

点击上图中的**方法**按钮,弹出右图菜单选项,可选择不同的聚类方法、距离测量算法和数据标准化方法。选择方法后,点击**继续/确定**按钮,生成聚类分析结果。

三、结果解读

图 1-7 是 SPSS 输出的我国 31 个地区按照各产业增加值计算得到的近似值矩阵,距离计算方法是欧氏距离,根据近似值矩阵可判断各地区之间在产业规模、产业结构方面的相似程度。以北京为例,北京与上海的相似度最高,欧氏距离仅为 1.697;北京与广东、江苏的相似度较低,欧氏距离分别为 57.969 和 54.099。

图 1-7　近似值矩阵

石油经济管理模型及应用

系统聚类得到的树状图如图 1-8 所示。系统聚类可在聚类组合数量未知的情况下绘制个案谱系图，同时还可根据实际需要与相关知识进行自主聚类组合分析。根据第一节介绍的系统聚类原理，系统聚类的基本思路是先将每个个案均作为一类，而后将聚类最近的两个个案合并为一类，不断继续下去，最后把一切子类都归集到一个大类。树状图可以反映上述聚类过程。

树状图的纵坐标是个案（本案例中个案是我国 31 个地区），顶端横坐标是距离，每一条横线的左侧为 1 类。据图 1-8 可知，选择分类距离为 2，可将我国 31 个地区可分为 6 类；选择分类距离为 5，可将我国 31 个地区可分为 3 类。

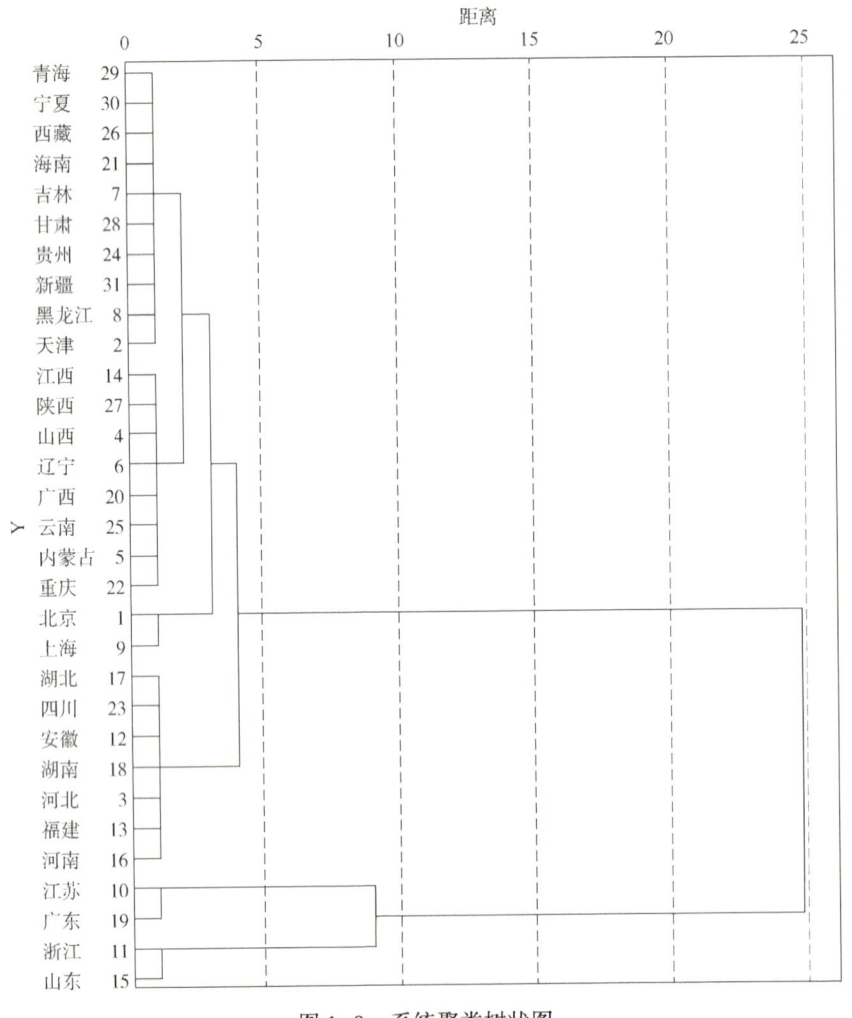

图 1-8 系统聚类树状图

根据系统聚类树状图，结合研究目标和对现实问题的理解，可确定最优分类数量，而后进一步分析不同类别的特征。SPSS 也可统计各个聚类在不同分类指标上的统计指标，如平均值、标准差等，便于进一步分析聚类结果。

统计各类特征的方法是利用 SPSS 的定制表功能。要对各个分类的特征进行分析，需要

第一章 聚类分析

将分类结果另存为变量。在图 1-6 中系统聚类窗口点击**保存按钮**，在弹出的对话框中选择**解的范围**，填写需要保存的最小聚类数和最大聚类数（图 1-9）。

输入保存聚类结果后，相应的聚类结果会以新变量的形式保存在数据表中（图 1-10）。案例中保存了分为 2~8 类的结果。

点击**分析/表/定制表**，弹出定制表格对话框（图 1-11）。为了统计各类别的产业结构特征，将 8 个行业拖入"行"，将分类变量拖入"列"。以统计 5 类分类结果为例，将 CLUS5_1 变量拖入"列"。

点击图 1-11 中的**摘要统计**按钮，可以选择需要统计的指标，如平均值、方差、最大值、最小值等（图 1-12）。点击应用于**所选项**，而后点击**关闭**。

图 1-9　保存聚类结果示意图

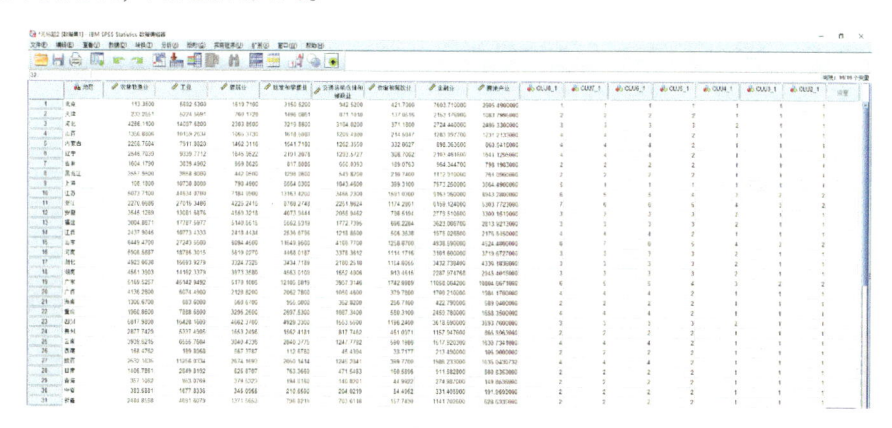

图 1-10　保存后的分类结果变量

图 1-11　定制表对话框

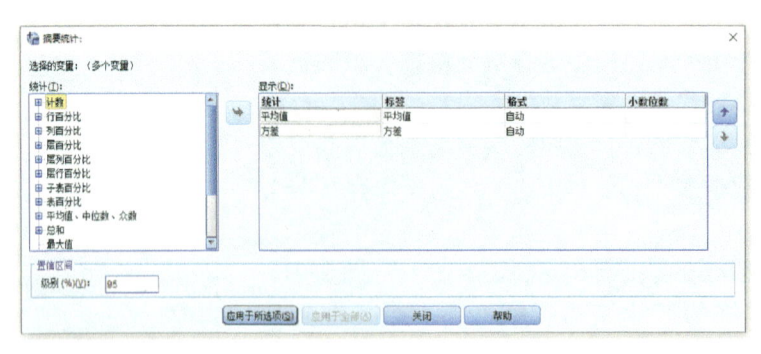

图 1-12 摘要统计对话框

根据定制的表结构，SPSS 输入各个聚类类别、各行业的统计指标，便于分析各类别的产业结构特征。图 1-13 显示了将 31 个地区根据产业结构分为 5 个类别后，各类别地区不同行业增加值的平均值、方差。据图 1-13 可知，第一类地区的产业结构特征是农林牧渔业、建筑业增加值低，批发和零售业、金融业、房地产业增加值中等水平，如北京、上海。第二类地区的产业结构特征是各行业发展都处于中等水平，如天津、河北、吉林等。第四类地区的特征是房地产、金融业增加值较高，如江苏、广东。

图 1-13 各类别变量特征分析表

综上，使用 SPSS 软件进行聚类分析的重要步骤是：数据导入、数据标准化（如果需要）、变量和方法选择、聚类结果分析、各类样本特征分析。基于上述步骤可以实现对样本的多指标分类，并且结合现实情况对分类结果进行分析解读。

第三节　应用案例：基于聚类分析的油品分类

聚类分析在统计学领域属于较为成熟的方法，在石油领域的应用主要包括油品分析、油藏评估、开发参数分析等方面。此处，以油品分析为例介绍聚类分析方法在石油科学中的应用。参考文献是波尔图工程大学化学工程系 Sancho 教授发表在 Computers and Chemical Engineering（SCI，影响因子为 4.13）的论文：Cluster analysis of crude oils with K-means based on their physicochemical properties。该文通过对炼油厂的原油样品的 9 个物理化学指标，对原油进行了油品分类。

一、研究背景

原油的物理化学性质因其地理来源的不同而有很大差异。原油中的一些无机成分(如硫、氮、氧和重金属)虽然含量不高,但对原油质量起着重要作用,对炼油过程有显著影响。原油的标准分类一般是基于密度和硫含量,没有考虑到其他可能对炼油过程产生重大影响的性质。本研究利用 K-means 聚类算法分析原油的物理化学性质,以识别具有高相似度的原油组,这些原油组在以后的下游操作中可能具有相似的表现。

研究使用的数据来自葡萄牙 Gulp 炼油厂,数据集包含 454 个观察值,对应于 45 个不同原油来源,包含 9 个性质指标。经过适当的预处理后,使用 K-means 聚类分析算法对 45 份原油基于其物理化学指标进行了分类,并通过内部验证指标评估了分类结果的有效性。该工作提供了基于聚类分析进行原油分类的方法,可应用于改进原油混合物的配方和原油质量控制,并且有助于进一步优化炼油操作。

二、研究过程

1. 确定分类变量

研究选取了 9 个在现场测量得到的原油物理化学性质作为分类变量:API 度、硫含量、倾点、酸度、康氏残炭(CCR)含量、镍含量、钒含量、铁含量、钒镍比。

2. 数据预处理

首先对原始数据进行预处理,剔除缺失值较多的数据和显著异常的数据。选择马氏距离作为距离的测算指标。马氏距离的优点是考虑到了特征之间的相关性。异常值的确定采用卡方分布,分界点设置为卡方累计分布的第 99 个百分位,即剔除马氏距离的平方超过卡方累计分布 99% 阈值的数据点,筛选结果如图 1-14 所示,剔除了 8 个异常值。而后,采用 Z-score 方法对数据进行归一化,剔除量纲对研究结果的影响。

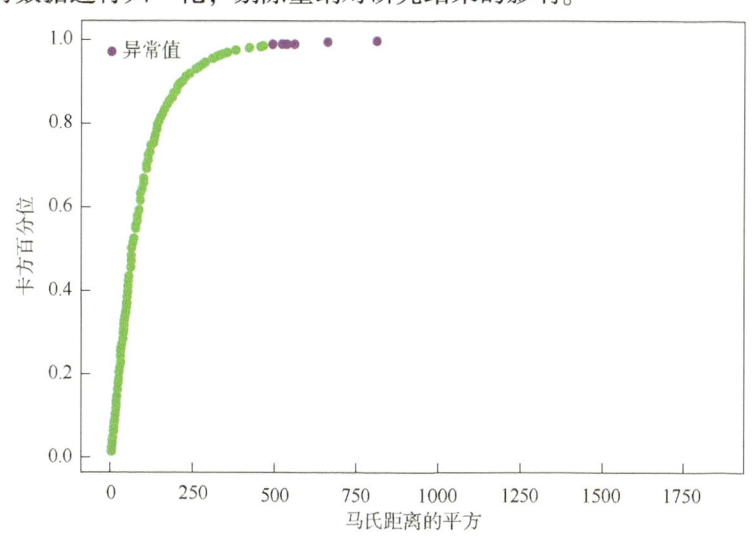

图 1-14 基于马氏距离的异常值筛选

3. 确定聚类数量

基于 K-means 算法进行聚类分析需要预先设定聚类数量。为了得到合理的聚类数量，该案例基于平均轮廓系数对不同的聚类数量得到的聚类结果进行了评估。

平均轮廓系数表示类内距离最小化、类外距离最大化的程度，取值范围为 [-1, 1]。平均轮廓系数越大，聚类效果越好。首先，采用平均轮廓系数对聚类效果进行了内部验证。根据表 1-1，对原油进行聚类分析得到的平均轮廓系数在 3 个和 7 个聚类数量时相对较大。

表 1-1　不同聚类数量对应的平均轮廓系数

聚类数量	2	3	4	5	6	7	8	9	10
平均轮廓系数	0.364	0.472	0.361	0.389	0.405	0.414	0.384	0.398	0.380

为了进一步确定聚类数量，在平均轮廓系数以外，进一步考察各个聚类数量对应的组内观测值的轮廓系数，结果如图 1-15 所示。据图 1-15 可知，虽然 7 个聚类的平均轮廓系数高于 3 个聚类，但有些聚类，即 0、2 和 5，包含有负轮廓系数得分值的观测值，这意味着它们没有被正确地分配到正确的聚类。因此，建议的聚类数量是 3。

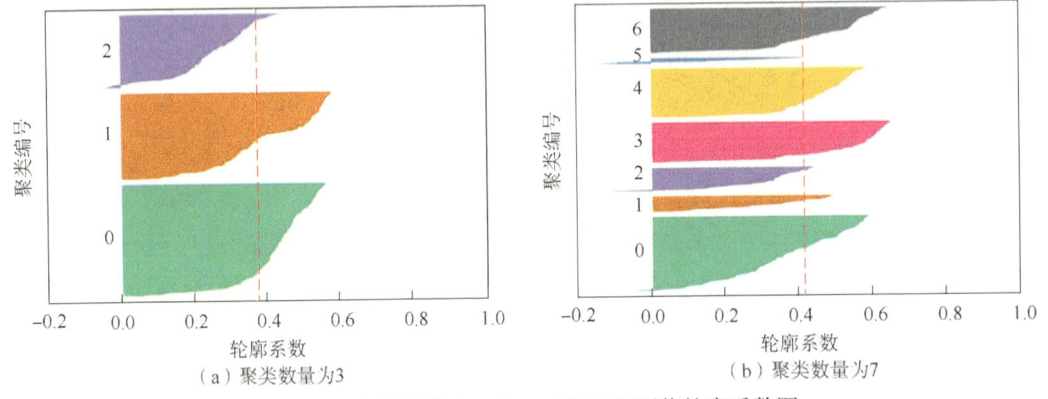

图 1-15　聚类数量为 3 和 7 时组内观测值轮廓系数图

三、研究结果

1. 聚类结果

基于 K-means 聚类算法，以及基于平均轮廓系数的内部验证，将 454 个原油观测值分为 3 个聚类（表 1-2）。表 1-2 中字母为油源地，观测值数量表示该油源地中的观测值被分入到该类别的数量。据表 1-2 可知，绝大多数油源内的观测值都被分到了同一个类别，只有油源 SW 和 XU 中的观测值被分到了不同的类别。由此可见该文提出的方法能够较好地辨别出观测值的油源，聚类效果较好。

表 1-2　原油样本聚类结果（基于 K-means 算法的 3 个聚类）

A 类	观测值数量	B 类	观测值数量	C 类	观测值数量
CQ	61	BQ	6	BT	1
FB	1	CL	33	CE	2

续表

A 类	观测值数量	B 类	观测值数量	C 类	观测值数量
FC	4	EV	2	CF	3
GU	17	FS	1	DD	45
JF	65	HU	1	EF	3
NV	1	MG	1	GA	3
OV	24	OI	38	GE	1
XU	6	RJ	1	HF	1
ZC	5	RX	50	HM	5
		SE	3	IM	2
		SW	1	IV	2
		UV	1	KE	2
		XJ	3	KU	1
		ZS	1	LU	3
				ON	1
				RF	6
				SW	1
				TA	1
				UM	7
				XU	9
				YC	20
				ZO	1

为了将聚类结果可视化，可以绘制散点图来表现观测数据的相关性与离群点。对于二维和三维数据，直接在平面和三维坐标系中标明观测值的位置。对于多维数据集(如本案例有 9 个原油性质指标)，则需要在绘制点图前先进行降维。采用 UMAP(基于黎曼流形的降维方法)对 9 个原油物理化学指标进行降维，得到的观测值分布如图 1-16 所示，图中 3 种颜色表示 K-means 均值聚类得到的 3 个类别。由图 1-16 可知，同一种颜色的原油样品在散点图中处于相近的位置，而不同颜色的原油样品彼此差异相对较大，可见 K-means 均值聚类较好地反映了原油的地球化学特征。

2. 与常规分类对比

常规的原油分类一般基于原油的 API 度和硫含量。图 1-17 是采用常规分类方法对原油进行分类的散点图。其中，水平虚线表示低硫原油和高硫原油的阈值；垂直虚线从左到右依次为重质原油、中质原油和轻质原油的阈值。

图 1-17 中，3 种颜色表示 K-means 聚类得到的 3 个类别。如果传统的分类是充分的，按照含硫量和 API 度阈值划分的类别应该与 K-means 得到的类别高度一致，但图 1-17 显示事实并非如此。因此，仅用两种性质来归类原油可能难以提供原油之间相似程度的完整信息。

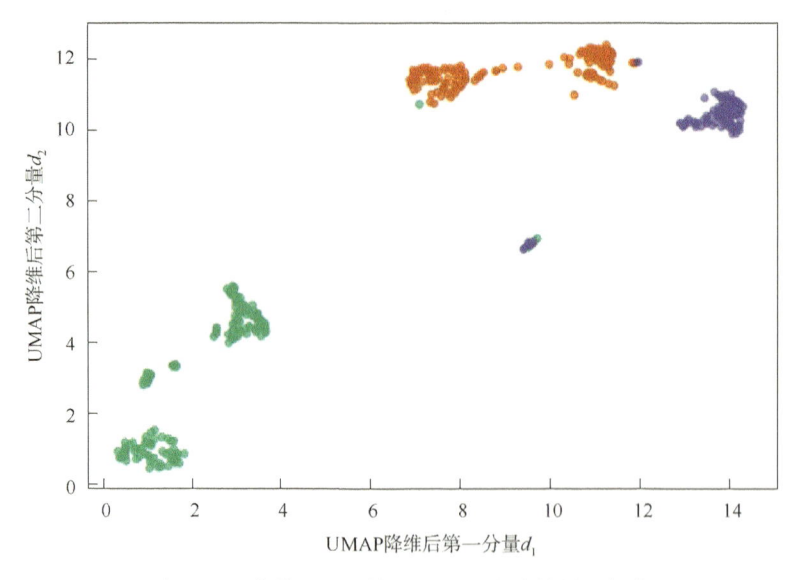

图 1-16　降维后观测值 K-means 聚类结果可视化

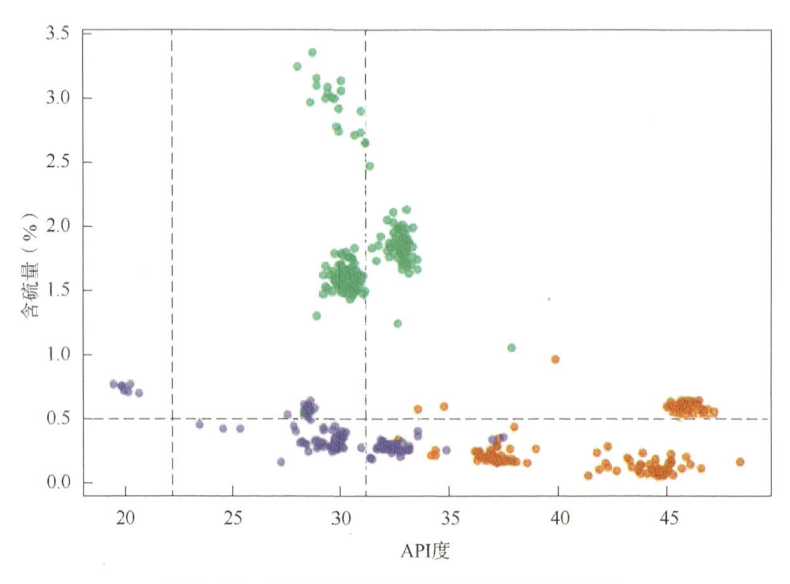

图 1-17　基于 API 度和含硫量的原油分类图

3. 研究结论

将聚类分析用于原油油品分类，采用 K-means 聚类算法、基于平均轮廓系数的内部验证，对来自 Gulp 炼油厂的 454 个原油样品进行了聚类分析，确定了 3 个聚类的最优解。分类结果显示，只有 1.8%的观测结果没有与同源原油被划分到同一个类别，证实了方法的有效性。

第二章 因子分析

因子分析是一种数据降维技术，能够识别隐藏在众多变量中的代表性因子，并将相同性质的变量包含到一个单一的因子中。与只能反映两组参数之间规律的二维图表相比，因子分析可以揭示高维数据中多个变量与样本之间的关系，并通过一些指标清晰地反映这些关系的程度。随着近代数学和计算技术的发展，因子分析得到了多方面的应用。

第一节 因子分析方法原理

一、因子模型

设有 p 个指标 x_1，x_2，$\cdots$，x_p，且每个指标都已标准化，即每个指标的样本均值为零，方差为 1。因子分析的数学模型如下

$$\begin{cases} x_1 = a_{11}F_1 + a_{12}F_2 + \cdots + a_{1m}F_m + \varepsilon_1 \\ x_2 = a_{21}F_1 + a_{22}F_2 + \cdots + a_{2m}F_m + \varepsilon_2 \\ \qquad\qquad\qquad \vdots \\ x_p = a_{p1}F_1 + a_{p2}F_2 + \cdots + a_{pm}F_m + \varepsilon_p \end{cases} \qquad (2-1)$$

式中　x_i——标准化的可观测评价指标；
　　　F_j——公共因子；
　　　ε_i——特殊因子；
　　　a_{ij}——因子载荷。

公共因子 F_j 是不可观测的，其含义需要根据具体问题来解释。ε_i 是各个对应指标 x_i 所特有的因子，因此称 ε_i 为特殊因子，它们与公共因子 $F_j(j=1，2，\cdots，m)$ 彼此独立。a_{ij} 是第 i 个指标在第 j 个公共因子上的系数，称为因子载荷。

式(2-1)中，如果公共因子 F_1，F_2，$\cdots$，F_m 彼此独立，则称为正交因子模型。如果公共因子之间有一定相关性，则称为斜交因子模型。斜交因子模型比较复杂，比较常用的是正交因子模型，且假定各公共因子的均值为 0，方差为 1。

用矩阵形式描述因子模型，为

$$X = AF + \varepsilon \tag{2-2}$$

其中，

$$X = (x_1, x_2, \cdots, x_p)^\mathrm{T} \tag{2-3}$$

$$F = (F_1, F_2, \cdots, F_m)^\mathrm{T} \tag{2-4}$$

$$\varepsilon = (\varepsilon_1, \varepsilon_2, \cdots, \varepsilon_p)^\mathrm{T} \tag{2-5}$$

$$A = \begin{bmatrix} a_{11} & a_{12} & \cdots & a_{1m} \\ a_{21} & a_{22} & \cdots & a_{2m} \\ \vdots & \vdots & \ddots & \vdots \\ a_{p1} & a_{p2} & \cdots & a_{pm} \end{bmatrix} \tag{2-6}$$

因子分析的基本问题之一，就是如何估计因子载荷矩阵 A。

二、因子载荷矩阵

a_{ij} 是第 i 个指标 x_i 在第 j 个公共因子 F_j 上的相关系数。它表示 x_i 与 F_j 线性联系的紧密程度。A 中第 i 行元素 a_{i1}，a_{i2}，$\cdots$，a_{im} 说明了第 i 个指标 x_i 依赖于各个公共因子的程度；而第 j 列元素 a_{1j}，a_{2j}，$\cdots$，a_{pj} 则说明第 j 个公共因子 F_j 与各个指标的联系程度。因此，常常根据该列元素绝对值较大的因子载荷所对应的指标来解释公共因子的意义。

称 A 中第 i 行元素的平方和

$$h_i^2 = \sum_{j=1}^{m} a_{ij}^2 \tag{2-7}$$

为指标 x_i 的共同度。

各特殊因子与所有公共因子之间是独立的，且各指标和公共因子均已标准化，则有

$$var(x_i) = \sum_{j=1}^{m} a_{ij}^2 var(F_j) + var(\varepsilon_i) \tag{2-8}$$

即

$$1 = h_i^2 + var(\varepsilon_i) \tag{2-9}$$

式(2-9)说明，指标 x_i 的方差由两部分组成：第一部分为共同度 h_i^2，它刻画全部 m 个公共因子 F_1，F_2，$\cdots$，F_m 对指标 x_i 的总方差的贡献；h_i^2 越大，说明 x_i 的原始信息被全部 m 个公共因子概括表示的程度越高，用这 m 个公共因子描述指标 x_i 就越有效，保留的原始信息就越多。另一部分是单个指标所特有的方差。

A 中第 j 列元素平方和 $g_i = \sum_{i=1}^{p} a_{ij}^2$ 表示第 j 个公共因子 F_j 对原始指标所提供的方差贡献

总和，可用于衡量各个公共因子相对重要程度。

由于各原始指标已经标准化，每个指标的方差为1，因此原始指标的总方差 $\sum_{i=1}^{p} var(x_i) = p$。称

$$a_j = \frac{g_j}{p} = \frac{1}{p}\sum_{i=1}^{p} a_{ij}^2 \qquad (2-10)$$

为第 j 个公共因子的方差贡献率。方差贡献率 a_j 越大，表示第 j 个公共因子 F_j 越重要。

三、因子载荷矩阵估计

给定 p 个指标 x_1, x_2, $\cdots$, x_p 的 n 组观测值

$$X = \begin{bmatrix} x_{11} & x_{12} & \cdots & x_{1p} \\ x_{21} & x_{22} & \cdots & x_{2p} \\ \vdots & \vdots & \ddots & \vdots \\ x_{n1} & x_{n1} & \cdots & x_{np} \end{bmatrix} \qquad (2-11)$$

因子分析需要解决的首要问题是从 X 出发，确定较少的 m 个公因子，确定出因子载荷 a_{ij}，从而建立因子模型。估计因子载荷的方法比较多，较常用的有3种：主成分估计方法、主因子方法和最大似然函数法。

以主成分估计方法为例。设原始数据的相关系数矩阵 R 的 p 个依序特征根为：

$$\lambda_1 \geq \lambda_2 \geq \cdots \geq \lambda_p \geq 0 \qquad (2-12)$$

由相应的特征向量所组成的矩阵 U 为

$$U = \begin{bmatrix} u_{11} & u_{12} & \cdots & u_{1p} \\ u_{21} & u_{22} & \cdots & u_{2p} \\ \vdots & \vdots & \ddots & \vdots \\ u_{p1} & u_{p2} & \cdots & u_{pp} \end{bmatrix} \qquad (2-13)$$

U 是正交矩阵，满足

$$U^T U = UU^T = I_p \qquad (2-14)$$

式(2-14)中，I_p 为 p 阶单位矩阵。

由主成分分析的原理可知

$$Y = U^T X \qquad (2-15)$$

其中，$Y = (y_1, y_2, \cdots, y_p)^T$ 为 p 个主成分。

通常，选取前 m 个主成分进行分析，这 m 个主成分将 U 分块为

$$U = (u_1, u_2, \cdots, u_m, u_{m+1}, u_{m+2}, \cdots, u_p) = [U_{(1)}, U_{(2)}] \qquad (2-16)$$

其中,

$$U_{(1)} = (u_1, u_2, \cdots, u_m) = \begin{bmatrix} u_{11} & u_{12} & \cdots & u_{1m} \\ u_{21} & u_{22} & \cdots & u_{2m} \\ \vdots & \vdots & \ddots & \vdots \\ u_{m1} & u_{m2} & \cdots & u_{mm} \end{bmatrix} \qquad (2-17)$$

$$U_{(2)} = (u_{m+1}, u_{m+2}, \cdots, u_p) = \begin{bmatrix} u_{1,m+1} & u_{1,m+2} & \cdots & u_{1p} \\ u_{2,m+1} & u_{2,m+2} & \cdots & u_{2p} \\ \vdots & \vdots & \ddots & \vdots \\ u_{p,m+1} & u_{p,m+2} & \cdots & u_{pp} \end{bmatrix} \qquad (2-18)$$

相应的,有

$$Y^{\mathrm{T}} = (y_1, y_2, \cdots, y_m, y_{m+1}, y_{m+2}, \cdots, y_p) = [Y_{(1)}^{\mathrm{T}}, Y_{(2)}^{\mathrm{T}}] \qquad (2-19)$$

其中,

$$Y_{(1)}^{\mathrm{T}} = (y_1, y_2, \cdots, y_m) \qquad (2-20)$$

$$Y_{(2)}^{\mathrm{T}} = (y_{m+1}, y_{m+2}, \cdots, y_p) \qquad (2-21)$$

根据式(2-14)和式(2-15)可得

$$X = UY = [U_{(1)}, U_{(2)}] \begin{bmatrix} Y_{(1)} \\ Y_{(2)} \end{bmatrix} = U_{(1)} Y_{(1)} + U_{(2)} Y_{(2)} \qquad (2-22)$$

记

$$\varepsilon = U_{(2)} Y_{(2)} = (\varepsilon_1, \varepsilon_2, \cdots, \varepsilon_p)^{\mathrm{T}} \qquad (2-23)$$

则有

$$X = U_{(1)} Y_{(1)} + \varepsilon \qquad (2-24)$$

前 m 个主成分 $y_1, y_2, \cdots, y_m$ 的方差分别为 $\lambda_1, \lambda_2, \cdots, \lambda_m$。因此,作如下变换后,$F_i$ 的方差变为 1

$$F_i = \frac{y_i}{\sqrt{\lambda_i}} \qquad (2-25)$$

若令

$$A = (\sqrt{\lambda_1} u_1, \sqrt{\lambda_2} u_2, \cdots, \sqrt{\lambda_m} u_m) \qquad (2-26)$$

再由式(2-24)可得

$$X=AF+\varepsilon \tag{2-27}$$

$F=(F_1, F_2, \cdots, F_m)$ 是彼此独立的 m 个公共因子，均值为0，方差为1。
因子载荷矩阵为

$$A=(a_{ij})=(u_{ij}\sqrt{\lambda_j}) \tag{2-28}$$

公共因子个数 m 的确定有两种常用方法，一是由前 m 个公共因子的累计方差贡献率不低于某一阈值(比如85%)确定，二是只取特征根大于或等于1的公共因子。

四、因子旋转

对于一个给定的因子模型，其因子载荷矩阵 A 可以有有限多个。相应地，公共因子也是不唯一的。表面上看，因子载荷矩阵和公共因子的不确定性是不利的，但当获得公共因子和因子载荷矩阵不便于解释实际问题时，可以通过正交变换使公共因子和因子载荷矩阵有鲜明的实际意义。这样的正交变换称为因子旋转。

因子旋转最常用的方法是方差最大正交旋转，这种方法以因子载荷矩阵中的因子载荷值的总方差达到最大作为因子载荷矩阵的准则。总方差最大是第 i 个指标在第 j 个公共因子 F_j 上的因子载荷 a_{ij}，经过"方差最大"正交旋转后其值增大或减少，总意味着这个指标在另一些公共因子上的因子载荷要缩小或增大。因此，方差最大正交旋转是使因子载荷矩阵中每列元素的绝对值尽可能向两极分化，少数元素取最大的值，而其他元素尽量接近零。当然，同时也包含着按行向两极分化。

设初始因子载荷矩阵 $A=(a_{ij})$，经过方差最大旋转后 A 变成正交因子载荷矩阵 $B=(b_{ij})$。各公共因子的因子载荷平方的方差的总和为

$$v=\frac{1}{p}\sum_{j=1}^{m}\sum_{i=1}^{p}\left(\frac{b_{ij}^2}{h_i^2}\right)^2-\frac{1}{p^2}\sum_{j=1}^{m}\left(\sum_{i=1}^{p}\frac{b_{ij}^2}{h_i^2}\right)^2 \tag{2-29}$$

式中 b_{ij}^2——为了消除 b_{ij} 的符号的影响，除以共同度 h_i^2 是为了消除各个指标对公共因子依赖程度不同的影响。

方差最大正交旋转就是要找出一个正交矩阵 Γ，使总方差 v 达到最大，从而由 $B=A\Gamma$ 计算出正交因子载荷矩阵 B，此时，原来的公共因子就相应地旋转成正交公共因子。

由于公共因子能充分反映指标的内部依赖关系，用公共因子代表原始指标时，更有利于对被评价对象(样本)做出更深刻的认识。因此，需要将 m 个公共因子表示成 p 个原始指标的线性组合。即

$$F_j=\beta_{j1}x_1+\beta_{j2}x_2+\cdots+\beta_{jp}x_p, j=1, 2, \cdots, m \tag{2-30}$$

基于式(2-30)可计算出各个样本的公共因子得分。因子得分可以看作是原始样本和参数基于某一因子的综合评价结果，其值是相对的。

五、因子分析方法的优势

因子分析是从多个原始变量中提取出较少数互不相关的、抽象的综合指标，对因子进

行分析。因子往往是不能直接观测到的，但它更能反映事物的本质。因子分析方法的主要优点包括：(1)原始变量指标可以尽可能地多，因此排除了专家判断方法的主观性；(2)因子分析方法能够保证各指标充分全面而不冗余地反映信息，既保证了数据全面性，又解决了指标之间存在相关性的问题；(3)因子分析方法能够保证各指标权重的科学性及合理性，综合评价函数是各综合因子的线形组合，各因子的权数是根据综合因子的贡献率的大小确定的，克服了人为确定指标权数的缺陷，使综合评价结果唯一、客观；(4)由于对各个指标进行了标准化处理，消除了原始数据数量级上的差，因此因子分析方法能够保证在原始指标基础上产生的公共因子具有可比性和可加性。

第二节　因子分析的软件实现

因子分析可以采用 SPSS 软件进行。以 2020 年房地产上市公司财务绩效评价为例，展示 SPSS 软件进行因子分析的模型设置和结果解读。原始数据来自国泰安数据库。

一、SPSS 因子分析步骤

1. 数据导入

首先将数据导入 SPSS。而后，点击**分析/降维/因子**(图 2-1)，进入因子分析对话框。

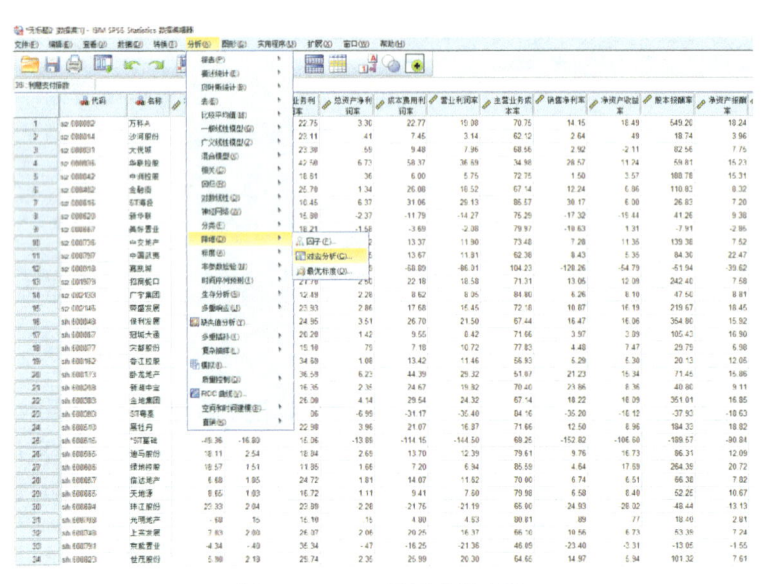

图 2-1　SPSS 因子分析步骤

2. 变量选择

将需要进行降维的指标拖入变量框中(图 2-2)。本案例选取 18 个财务指标对房地产上市公司财务绩效进行因子分析：净资产收益率、总资产利润率、主营业务利润率、总资产净利润率、成本费用利润率、营业利润率、主营业务成本率、销售净利率、净资产收益率、股本报酬率、净资产报酬率、资产报酬率、三项费用比率、非主营比重、流动比率、速动比率、现金比率。

3. 统计量设置

点击**描述**按钮，设置是否返回变量统计特征的描述和相关性矩阵。勾选**单变量描述**、**初始解**、**KMO 和巴特利特球形度检验**(图 2-3)。单变量描述会返回因子分析的各指标平均值、标准偏差、个案数量。初始解显示初始公因子方差、特征值和已解释方差的百分比。KMO 和巴特利特球形度检验是进行因子分析的前提，检验通过才可以进行因子分析。

图 2-2　SPSS 因子分析对话框　　　　图 2-3　因子分析/描述对话框

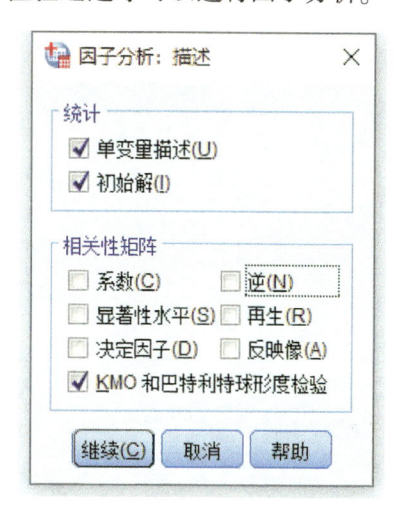

4. 因子提取方法

在因子分析对话框(图 2-2)点击**提取**按钮，弹出提取对话框。方法下拉列表可以选择不同的因子抽取方法，默认选择主成分分析法，也可选择未加权最小平方、广义最小平方等(图 2-4)。提取方法默认选择提取特征根大于 1。如果选出的因子只有一个，或不符合研究预期，可以在提取中选择"因子的固定数目"，输入预期的因子个数。输出框勾选**碎石图**、**未旋转因子解**。未旋转因子解显示未旋转因子载荷、公因子方差和因子解的特征值。碎石图是与每个因子相关联的方差的图，用于确定因子个数。

5. 因子旋转方法

在因子分析对话框中点击**旋转**按钮，弹出旋转对话框(图 2-5)。方法框选择因子旋转方法，可用的方法有最大方差法、直接斜交法、四次幂极大法等。输出框勾选**载荷图**，生成前 3 个因子的 3 维因子载荷图。

6. 因子得分方法

点击因子分析对话框的**得分**按钮，弹出因子得分对话框。勾选**保存为变量**、**显示因子得分系数矩阵**，可将因子得分保存在数据中，用于后续分析。计算因子得分的可选方法有回归法、巴特利特方法和安德森—鲁宾法。默认选项为回归(图 2-6)。

图 2-4 因子分析/提取对话框

图 2-5 因子分析/旋转对话框

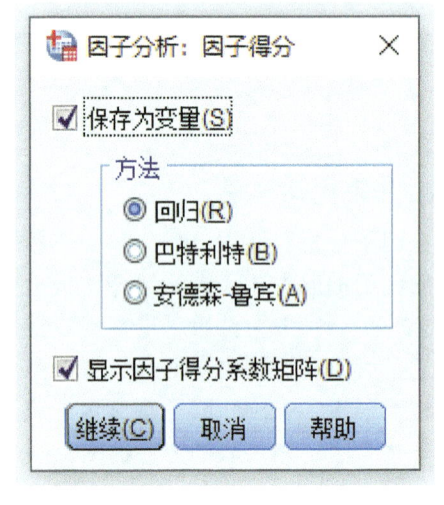

图 2-6 因子分析/得分对话框

点击确定,即可生成因子分析结果。

二、SPSS 因子分析结果解读

1. KMO 与巴特利特球形检验

案例的 KMO 和巴特利特球形检验结果如表 2-1 所示。巴特利特球形检验的统计量值为 1182.797,相应的概率 p 值为 0。在 1% 的显著性水平下拒绝原假设,认为相关系数矩阵与单位矩阵存在显著差异。根据常用的 KMO 度量标准,KMO 值在 0.9 以上非常适合,0.8 以上表示适合,0.8 表示一般,0.6 表示不太适合,0.5 以下不适合。案例样本 KMO 值为

0.684，适合做因子分析。

表 2-1　KMO 和巴特利特检验结果

KMO 取样适切性量数		0.884
巴特利特球形检验	近似卡方	1182.797
	自由度	153
	显著性	0.000

2. 公因子方差

图 2-7 是各个变量的公因子方差，其中提取值表示每个变量可以被所有因子解释的方差。一般认为提取值大于 0.7 就说明变量被公因子很好地表达。案例中绝大多数变量的提取值大于 0.8，变量能被公因子很好地表达。

3. 解释总方差

图 2-8 是因子贡献率结果，左侧为初始特征值，右侧为提取主因子结果。"总计"指因子的特征值，"方差百分比"表示该因子的特征值占总特征值的百分比，"累积%"表示累积的百分比。基于特征值大于 1，提取 4 个因子。4 个因子共同解释了 18 个原始指标总方差的 87.54%。总的来看，原始指标信息丢失较少，因子的分析效果比较理想。

变量	初始	提取
净资产收益率加权(%)	1.000	.915
总资产利润率(%)	1.000	.950
主营业务利润率(%)	1.000	.961
总资产净利润率(%)	1.000	.940
成本费用利润率(%)	1.000	.977
营业利润率(%)	1.000	.971
主营业务成本率(%)	1.000	.980
销售净利率(%)	1.000	.943
净资产收益率(%)	1.000	.954
股本报酬率(%)	1.000	.567
净资产报酬率(%)	1.000	.924
资产报酬率(%)	1.000	.877
三项费用比重(%)	1.000	.762
非主营比重(%)	1.000	.838
主营利润比重(%)	1.000	.822
流动比率(%)	1.000	.540
速动比率(%)	1.000	.907
现金比率(%)	1.000	.930

图 2-7　变量共同度表

4. 碎石图

图 2-9 是特征值的碎石图。根据总方差解释结果，结合观察碎石图，可进一步判断因子提取个数。碎石图的左侧为特征根，其趋势一般是由陡峭变平缓，因第一个因子可解释最多的信息，随着坡度变缓，后续的因子可解释的信息就会变少。在本例碎石图中，因子个数为 5 时坡度明显变缓，说明后续因子可解释的信息已经很少，前 4 个因子已经可以涵盖大部分的信息，因此可选用因子个数为 4。

5. 成分矩阵

图 2-10 是因子载荷表，又称成分矩阵，是各个原始变量的因子表达式的系数，反映提取的公因子对原始变量的影响程度。通过因子载荷矩阵可以得到原始指标变量的线性组合。

根据图 2-10 成分矩阵，提取的第一个因子可表达为

$$F_1 = 0.921X_1 + 0.972X_2 + 0.621X_3 + 0.968X_4 + 0.986X_5 + 0.973X_6 - 0.424X_7$$
$$+ 0.962X_8 + 0.932X_9 + 0.582X_{10} + 0.917X_{11} + 0.936X_{12} - 0.819X_{13}$$
$$+ 0.101X_{14} + 0.389X_{15} + 0.497X_{16} + 0.482X_{17} + 0.531X_{18} \tag{2-31}$$

总方差解释

成分	初始特征值 总计	方差百分比	累积%	提取载荷平方和 总计	方差百分比	累积%
1	10.661	59.228	59.228	10.661	59.228	59.228
2	2.432	13.512	72.741	2.432	13.512	72.741
3	1.555	8.639	81.380	1.555	8.639	81.380
4	1.110	6.164	87.544	1.110	6.164	87.544
5	.665	3.696	91.240			
6	.573	3.185	94.425			
7	.429	2.383	96.808			
8	.219	1.219	98.027			
9	.130	.724	98.751			
10	.088	.491	99.242			
11	.052	.288	99.530			
12	.033	.186	99.716			
13	.022	.123	99.839			
14	.016	.090	99.928			
15	.010	.057	99.985			
16	.002	.011	99.996			
17	.001	.003	99.999			
18	.000	.001	100.000			

提取方法：主成分分析法。

图 2-8　因子贡献率结果

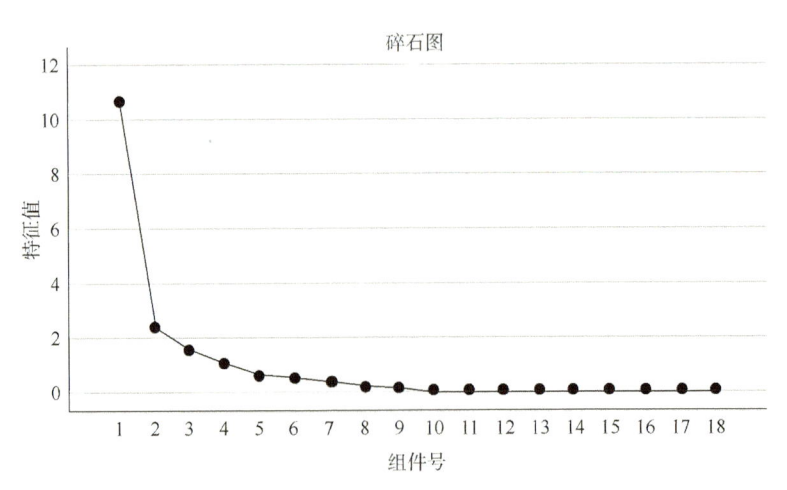

图 2-9　碎石图

成分矩阵

	成分 1	成分 2	成分 3	成分 4
净资产收益率加权(%)	.921	.235	-.098	-.041
总资产利润率(%)	.972	.035	-.042	.035
主营业务利润率(%)	.621	-.481	-.105	-.577
总资产净利润率(%)	.968	.041	-.014	.033
成本费用利润率(%)	.986	.000	-.034	.052
营业利润率(%)	.973	.111	-.092	.055
主营业务成本率(%)	-.424	.688	.000	.572
销售净利率(%)	.962	.102	-.085	.009
净资产收益率(%)	.932	.243	-.158	.039
股本报酬率(%)	.582	.459	-.084	-.098
净资产报酬率(%)	.917	.253	-.134	-.016
资产报酬率(%)	.936	.024	-.020	-.006
三项费用比重(%)	-.819	-.191	-.183	-.148
非主营比重(%)	.101	.174	.883	-.134
主营利润比重(%)	.389	.282	.748	-.177
流动比率(%)	.497	-.525	.016	.135
速动比率(%)	.482	-.615	.189	.510
现金比率(%)	.531	-.717	.236	.281

提取方法：主成分分析法。

图 2-10　因子载荷图

根据成分矩阵中各指标的系数，可以推断每个因子的现实意义。

第一个因子中，总资产收益率、总资产利润率、总资产净利润率、成本费用利润率、营业利润率、销售净利率、净资产收益率、净资产报酬率、资产报酬率具有较高的载荷，因此可以判断第一个因子主要考察上市公司的盈利能力。

第二个因子中，主营业务成本率、股本报酬率具有相对较高的载荷，因此可以判断第二个因子主要考察上市公司的成本水平。

第三个因子中，非主营比重、主营利润比重具有较高的载荷，可以判断第三个因子主要考察上市公司多元化程度；

第四个因子中，主营业务成本率、流动比率、速动比率具有较高的载荷，可以判断第四个因子主要考察上市公司的偿债能力。

综上，案例中提取的因子 F_1，F_2，F_3，F_4 分别考察了上市公司的盈利能力、成本水平、多元化程度和偿债能力。

6. 综合得分

因子分析除了进行降维，还可以对各个研究样本进行综合评价。由于前文操作中勾选了保存为变量，因此各公司的各个因子得分被保存在数据中。根据因子分析原理，各个因子具有可比性和可加性，因此可将 4 个因子得分求和，作为财务业绩综合得分（表 2-2）。

表 2-2　基于因子分析的房地产上市公司综合评价结果

	F_1 盈利能力	F_2 成本管理	F_3 多元化经营	F_4 偿债能力	综合财务绩效	排名
万科 A	0.64	1.39	0.46	0.70	3.19	1
沙河股份	0.04	-0.28	-0.95	0.77	-0.42	22
大悦城	0.12	-0.17	-0.42	0.02	-0.46	24
华联控股	1.69	-4.09	-0.92	-1.35	-4.67	33
中洲控股	0.17	0.50	-0.53	0.27	0.41	17
金融街	0.47	-0.57	-0.13	-0.33	-0.56	25
ST 海投	0.61	0.02	-0.71	-2.41	-2.49	30
新华联	-0.80	0.39	1.09	0.36	1.04	13
美好置业	-0.61	-0.71	4.70	-1.50	1.88	5
中交地产	0.30	-0.03	-0.28	-0.13	-0.14	21
中国武夷	0.41	-0.05	-0.11	0.62	0.87	14
嘉凯城	-2.79	0.74	-0.60	-1.83	-4.47	32
招商蛇口	0.44	0.43	0.03	-0.05	0.86	15
广宇集团	0.09	0.87	-0.07	-0.68	0.21	18
荣盛发展	0.46	0.75	0.26	0.43	1.89	4
保利发展	0.65	0.63	0.32	0.44	2.03	2
冠城大通	0.26	0.56	-0.16	0.44	1.10	11
宋都股份	0.00	0.70	-0.46	0.19	0.44	16
香江控股	0.19	-0.08	-0.24	1.86	1.73	7
卧龙地产	0.99	-0.68	0.24	0.99	1.54	9
新湖中宝	0.21	0.31	-0.47	0.04	0.09	19
金地集团	0.73	0.55	0.29	0.36	1.94	3
ST 粤泰	-1.32	-0.15	-0.20	-1.66	-3.33	31
黑牡丹	0.62	0.06	-0.03	-0.57	0.07	20
*ST 基础	-3.71	-1.40	-1.26	1.27	-5.11	34
迪马股份	0.28	0.87	0.04	-0.14	1.05	12
绿地控股	0.25	1.51	0.05	-0.62	1.19	10
信达地产	0.33	-0.40	-0.56	-0.29	-0.92	29
天地源	0.16	0.24	-0.38	-0.74	-0.73	27
珠江股份	-0.90	-0.83	0.56	0.55	-0.62	26
光明地产	-0.13	0.64	-1.01	-0.23	-0.73	28
上实发展	0.40	-0.55	-0.19	-0.11	-0.45	23
京能置业	-0.54	-1.45	1.43	2.25	1.70	8
世茂股份	0.30	0.30	0.20	1.08	1.88	6

第三节 应用案例：基于因子分析的地化特征降维

本节选取的案例论文题目为"Application of factor analysis to investigating molecular geochemical characteristics of organic matter and oil sources: an exploratory study of the Yanchang Formation in the Ordos Basin, China"（因子分析在有机质分子地球化学特征及油源研究中的应用——以鄂尔多斯盆地延长组为例），发表于"Journal of Petroleum Science and Engineering"期刊（SCI，影响因子5.168）。

该论文以鄂尔多斯盆地延长组为例，采用因子分析方法分析了有机质分子地球化学特征，在一定程度上解决了延长组由于不同层位烃源岩生物标志物特征的相似导致的油源研究困难、传统研究方法有效性不强的问题。

一、研究背景

经过50多年的勘探开发，鄂尔多斯盆地目前油气产量7000多万吨油当量，是中国最大的油气田之一。延长组是鄂尔多斯盆地最重要的产油层，属于大型湖相烃源岩，生烃能力强。然而，延长组烃源岩在垂直方向和水平方向的不同位置往往具有相似的地球化学特征和生物标志物，使延长组油源判定的难度较高。

过去，由于盆地石油地质条件相对简单，勘探一般围绕烃源岩进行，经济效益较好。但随着勘探开发进入中期，油源的模糊性造成了诸多障碍。一方面，在盆地边缘，甚至远离延长组烃源岩的地区发现了越来越多的油藏，一般认为这类油藏是石油从盆地中心向盆地边缘横向运移的结果，但很难准确追溯其来源和运移路径。另一方面，对油源的了解又会影响到井的布局和生产深度和层位规划。不可控的油源会增加成熟勘探区精细勘探的成本。

二、研究过程

本研究共采集分析了102个样品（包括3个原油样品、63个砂岩样品、36个泥岩样品），在垂向上基本覆盖了延长组所有主要油层。首先对这些样品进行气相色谱—质谱（GC—MS）测试，然后对获得的数据进行因子分析处理。

将采集的样品洗涤、清洗、干燥，研磨成小于80目的颗粒。然后，以三氯甲烷为溶剂，进行持续72小时的索氏提取，最后通过色谱分离饱和烃。作者收集了40多个分子地球化学参数，在排除了受热成熟度影响较大的参数后，最终将31个参数作为因子分析的指标。

三、研究结果

从基于参数相似性矩阵还是样本相似性矩阵出发，因子分析可以分为两种：R型因子分析、Q型因子分析。其中，R型因子分析从参数相似性矩阵出发，关注参数之间的关系，对参数进行分类；Q型因子分析从样本相似矩阵出发，关注样本之间的关系，对样本进行分类。

对来自延长组的 102 个样品分别进行了 R 型因子分析和 Q 型因子分析，结果如下。

1. R 型因子分析结果

采用 R 型因子分析得到的因子载荷矩阵如图 2-11。因子载荷矩阵表示了原始参数与公共因子之间的关系。根据图 2-11，原始的 31 个地球化学参数被分为了 9 组，分别命名为 F_1 至 F_9。从统计学角度，同一组内的地球化学参数高度相关。从地质学角度，同一组的参数具有相同的地质成因和地质意义。

分子地球化学参数	F_1	F_2	F_3	F_4	F_5	F_6	F_7	F_8	F_9
$C_{23}TT/C_{30}\alpha\beta$	0.957	-0.022	-0.022	0.118	0.099	-0.023	0.005	0.014	0.039
$\Sigma C_{19-26}TT/C_{30}\alpha\beta$	0.954	-0.019	-0.001	0.121	0.092	0.067	0.016	0.013	0.031
$C_{24}TET/C_{30}\alpha\beta$	0.920	-0.029	0.188	-0.061	-0.100	0.034	-0.002	0.028	-0.069
$Ga/C_{30}\alpha\beta$	0.844	-0.112	0.030	0.080	-0.026	0.103	0.061	-0.028	0.241
TT/(TT+藿烷)	0.823	0.073	-0.230	-0.004	0.222	0.264	-0.112	-0.015	-0.050
$Ga/C_{31}\alpha\beta$	0.730	-0.089	-0.146	0.036	0.052	0.335	0.036	-0.078	0.230
C_{28}/C_{27-29}甾烷	-0.012	0.866	-0.317	-0.259	0.164	-0.118	-0.013	0.072	-0.008
C_{28}/C_{29}甾烷	0.078	0.820	-0.347	0.286	0.092	-0.181	0.031	0.060	-0.037
重排甾烷/甾烷	0.235	-0.769	-0.034	-0.053	-0.247	-0.227	0.107	0.079	-0.165
（孕甾烷+同孕甾烷）/甾烷	0.429	-0.545	-0.201	-0.333	-0.224	-0.092	-0.181	0.009	-0.251
$C_{19}TT/C_{23}TT$	0.222	-0.229	0.807	-0.052	-0.068	0.265	-0.055	-0.024	-0.017
Pr/Ph	0.121	-0.281	0.765	0.085	-0.087	-0.027	0.073	-0.216	0.111
$C_{24}TET/C_{26}TT$	-0.406	-0.129	0.718	0.017	0.044	0.223	0.037	0.239	-0.068
$C_{24}TET/C_{23}TT$	-0.481	-0.134	0.688	-0.084	-0.062	0.066	0.081	0.160	-0.158
C_{27}/C_{27-29}甾烷	0.045	-0.071	0.096	0.950	-0.126	0.042	0.064	-0.101	0.020
C_{29}/C_{27-29}甾烷	-0.040	-0.499	0.108	-0.837	0.025	0.033	-0.059	0.059	-0.016
$C_{27}/C_{29}\alpha\alpha\alpha R$	0.326	0.183	-0.284	0.719	-0.021	0.061	-0.243	0.127	0.032
$C_{22}TT/C_{29}TT$	0.018	0.100	0.226	0.565	0.008	0.490	-0.075	-0.183	-0.139
重排甾烷 $C_{29}S/(S+R)$	0.023	0.353	0.064	-0.032	0.712	0.090	-0.001	-0.089	-0.078
ETR	0.219	0.208	-0.406	-0.195	0.706	0.112	0.004	0.049	-0.061
$C_{29}\alpha\beta/C_{30}\alpha\beta$	0.310	0.207	0.118	-0.279	0.697	-0.077	-0.054	0.145	0.190
$C_{26}TT/C_{25}TT$	0.133	-0.027	0.459	-0.228	-0.605	0.050	-0.311	0.133	0.007
$C_{31}S/(S+R)$	0.007	-0.120	-0.008	0.530	0.578	-0.062	-0.014	0.184	0.292
$C_{20}TT/C_{23}TT$	0.202	-0.032	0.033	0.038	0.024	0.933	-0.031	0.052	-0.017
$(C_{19}+C_{20})TT/(C_{23}+C_{24})TT$	0.223	-0.129	0.281	0.038	0.021	0.892	-0.033	0.032	-0.009
$(C_{31}+C_{32})\alpha\beta/(C_{33}+C_{34})\alpha\beta$	-0.053	0.042	0.221	0.103	0.047	0.122	-0.853	0.092	-0.101
$C_{33}S/(S+R)$	-0.174	0.016	0.135	0.065	0.067	0.086	0.807	0.045	-0.013
$C_{34}S/(S+R)$	0.464	0.056	0.194	-0.058	0.053	-0.098	0.669	0.072	-0.185
同孕甾烷/甾烷	-0.075	0.038	-0.022	-0.028	0.059	0.016	0.033	0.880	-0.018
重排甾烷 $C_{27}S/(S+R)$	-0.231	-0.050	-0.351	0.196	0.352	-0.045	0.283	-0.448	-0.171
甾烷/藿烷	0.210	0.089	-0.020	0.027	0.041	-0.048	-0.017	0.007	0.848

图 2-11 地球化学参数 R 型因子分析得到的载荷矩阵

R 型因子分析将 31 个分子地球化学参数分为 9 组。在选出的参数组中，F_1 至 F_4 组和 F_9 组的含义比较明显，F_5 至 F_8 组的含义较为模糊。F_1 有两种可能的含义：一方面，它与三环萜烷(TT)与藿烷(Hopane)丰度的比值有关，一般认为这一比值受热成熟度的影响。另一方面，它也与 Ga 和 C24TET 相关，这两种物质主要依赖于水盐度。

图 2-12 举例说明了在 R 型因子分析后，同组内的地球化学参数指标具有较强的一致性。例如，$Ga/C_{30}\alpha\beta$ 与 $C_{24}TET/C_{30}\alpha\beta$ 都属于 F_1 组，二者之间存在较为明显的正相关关系，经线性拟合后拟合优度(R^2)为 0.52。

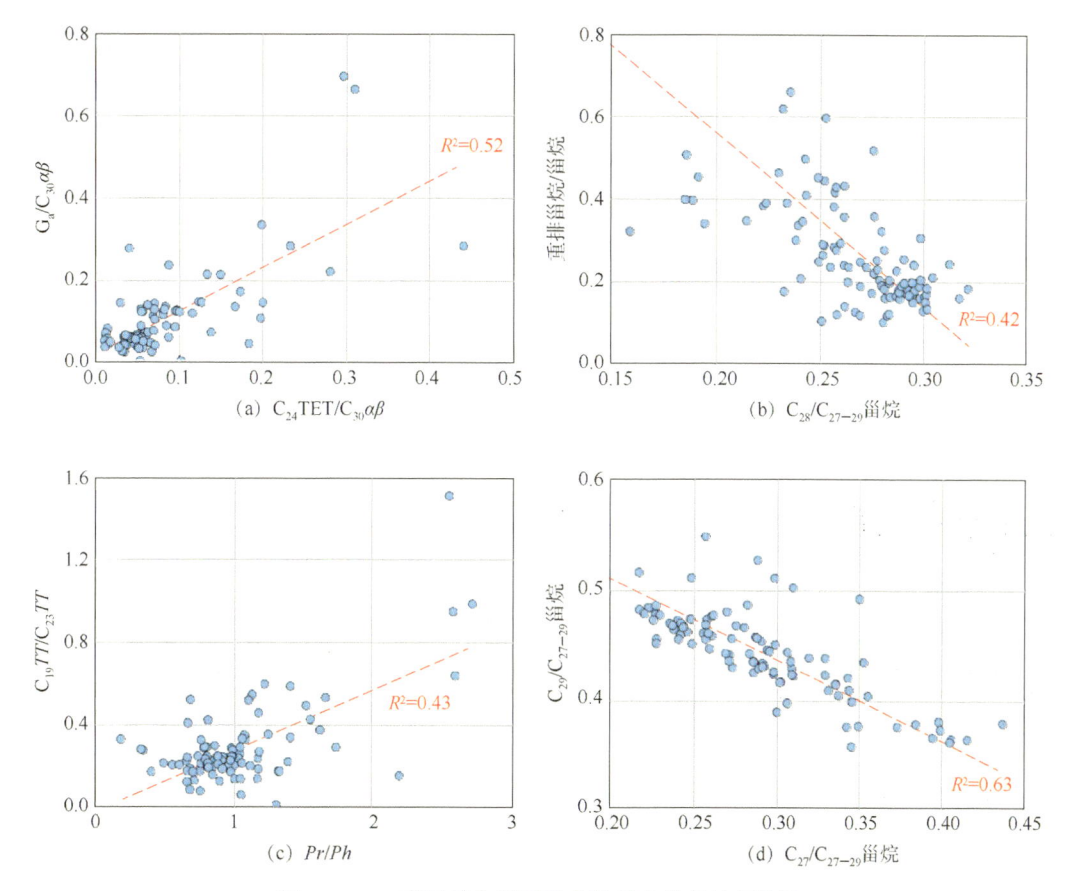

图 2-12　R 型因子分析同组参数具有较高的相关性

在分析了 R 型因子分析所识别的每个参数组的地质意义后，可以根据原油样品在每个参数组的因子得分来判断的油源。从图 2-13 可以看出，因子得分能够直观、有效地表征不同位置/层位样品间的地球化学差异。图 2-13(a)中，盆地中部华池地区、吴起—志丹地区、西部环县地区、东部甘泉地区 F_1 因子得分较高，说明这些地区烃源岩成熟度或水矿化度较高。其次，盆地中部的华池地区和西部的环县地区 F_3 因子得分较低，说明这两个地区的烃源岩存在相对还原的环境，其他地区则相对处于氧化环境。第三，在有机质母质类型(F_2 和 F_4)上，北部盆地(环县—盐池—横山—甘泉)浮游生物比例较高，藻类比例较低，植物比例较高；而南部盆地(平凉—华池—正宁)的情况正好相反。F_9 在盆地东部的衡山和甘泉地区均呈现高分，与盆地其他地区明显不同。

图 2-13(a)是不同层位样品的因子得分对比，深度较大的长 8、长 9、长 10 油组具有更高的成熟度或水矿化度(F_1)，而长 7 油组及其上覆层成熟度或水矿化度较低。其次，氧化

还原环境条件(F_3)在不同的油组中并无显著差异。长7油组有机质具有较高的浮游生物比例(F_4)。

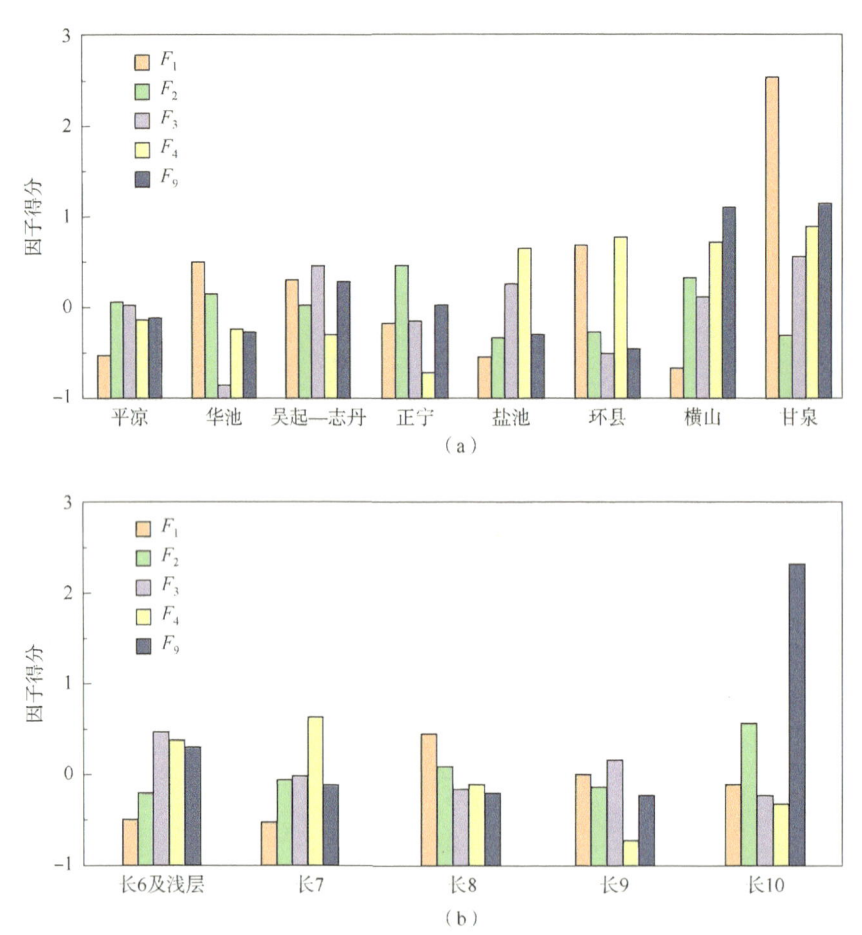

图 2-13 鄂尔多斯盆地延长组不同区域(a)和层位(b)各参数组平均因子得分直方图

结合其他学者的研究成果,在平面上,长7烃源岩沉积中心位于环县—姬塬地区、华池—青城地区和河水地区东部,盆地中北部长7油层组可能具有较好的烃源岩条件。纵向上,长9烃源岩有机质主要由陆相输入贡献,烃源岩形成于低氧—缺氧环境。基于因子分析的认识与上述观点一致,说明因子分析对石油地球化学分析有较强的适用性。

2. Q 型因子分析结果

Q 型因子分析将原始的 102 个样本分为 7 组,命名为 A 至 G。图 2-14 对 Q 型因子分析的因子负荷进行求和,表示了每个样本和每个样本组之间的权重关系。绝对值越接近 1 时,样本和对应的样本组之间的关联度越高。一般认为,当样本的在某个组的因子载荷大于在 0.6 时,该样本就纳入这个样本组。0.5~0.6 的值意味着"可能混合"。例如,盆地中部华池地区 W97 井 2021m 深度的泥岩样品,在 B 组和 A 组的载荷值都比较高,分别为 0.774 和 0.593,因此确定该样品属于 B 组,但该样品可能混入了 A 组的油。

因子得分代表了每个原始分子地球化学参数与每个样本组之间的相关性。绝对值越高,说明该参数对该组样本特征的捕捉能力越强。符号代表正相关或负相关。从图 2-14 可以看出，样本主要集中在 A，B，C，D 组，属于 A 组的样品数量最多。共有 75 个样品被鉴定为 A 组或与 A 组油混合，占总样品的 70% 以上。此外，A 组样品分布在盆地的各个区域，而主要存在于长 8、长 7 和较浅油藏中。根据样品数量和分布，可以推断出 A 组代表长 7 烃源岩或其产物。

区域	井号	油组	深度(m)	样品类型	各组因子载荷得分							主要类别	潜在混合类别
					A	B	C	D	E	F	G		
Pingliang	M16	Jurassic	2126	Sandstone	0.901	0.363	0.169	0.141	0.044	-0.012	0.006	A	
Pingliang	M53	Chang7	2339	Mudstone	0.857	0.444	0.087	0.127	0.046	-0.053	-0.056	A	
Pingliang	M53	Chang7	2340	Mudstone	0.837	0.461	0.083	0.117	0.111	-0.070	-0.064	A	
Pingliang	M53	Chang7	2341	Mudstone	0.863	0.395	0.092	0.118	0.114	-0.067	-0.074	A	
Pingliang	M53	Chang7	2342	Mudstone	0.867	0.419	0.081	0.114	0.085	-0.034	-0.061	A	
Pingliang	M53	Chang7	2370	Mudstone	0.879	0.413	0.077	0.101	0.026	0.034	-0.026	A	
Pingliang	M53	Chang7	2389	Mudstone	0.892	0.414	0.045	0.112	0.033	0.082	-0.022	A	
Pingliang	M53	Chang7	2392	Mudstone	0.913	0.356	0.077	0.120	-0.030	0.083	-0.016	A	
Pingliang	M53	Chang7	2393	Mudstone	0.907	0.370	0.062	0.110	0.059	0.083	-0.026	A	
Pingliang	M53	Chang7	2397	Mudstone	0.871	0.426	0.023	0.093	0.185	0.007	-0.031	A	
Pingliang	M53	Chang7	2409	Mudstone	0.639	0.309	-0.061	0.045	0.678	0.093	-0.047	E-A	
Pingliang	M15	Chang8	2338	Sandstone	0.870	0.397	0.234	0.129	0.075	-0.015	-0.007	A	
Pingliang	M15	Chang8	2341	Sandstone	0.840	0.467	0.208	0.130	0.063	0.002	-0.010	A	
Pingliang	Y98	Chang8	2355	Sandstone	0.881	0.381	0.064	0.123	0.217	-0.015	-0.001	A	
Pingliang	M22	Chang8	2357	Sandstone	0.896	0.394	0.122	0.134	0.075	-0.010	0.003	A	
Pingliang	M16	Chang8	2360	Sandstone	0.897	0.379	0.152	0.126	0.070	0.041	-0.016	A	
Pingliang	M22	Chang8	2362	Sandstone	0.912	0.349	0.134	0.136	0.063	-0.006	-0.001	A	
Pingliang	M22	Chang8	2375	Sandstone	0.846	0.476	0.121	0.125	0.097	-0.035	0.013	A	
Pingliang	Y59	Chang8	2375	Sandstone	0.923	0.326	0.119	0.134	0.023	0.005	0.001	A	
Pingliang	Y59	Chang8	2380	Sandstone	0.922	0.333	0.108	0.132	0.034	0.020	0.005	A	
Pingliang	M20	Chang8	2394	Sandstone	0.917	0.336	0.147	0.121	0.070	0.007	-0.019	A	
Pingliang	M20	Chang8	2401	Sandstone	0.908	0.367	0.126	0.122	0.078	0.028	-0.003	A	
Pingliang	M53	Chang8	2438	Sandstone	0.883	0.408	0.118	0.135	-0.033	0.048	0.004	A	
Pingliang	M53	Chang8	2443	Sandstone	0.903	0.371	0.139	0.123	0.034	0.057	-0.014	A	
Pingliang	M53	Chang8	2452	Sandstone	0.865	0.444	0.143	0.140	0.004	0.017	0.019	A	
Pingliang	M15	Chang9	2382	Sandstone	0.846	0.447	0.206	0.130	0.088	-0.028	0.012	A	
Pingliang	M15	Chang9	2389	Sandstone	0.876	0.389	0.231	0.132	0.058	-0.004	0.000	A	
Pingliang	M14	Chang9	2405	Sandstone	0.895	0.368	0.185	0.139	0.040	0.000	-0.014	A	
Pingliang	M14	Chang9	2409	Sandstone	0.880	0.389	0.205	0.138	0.074	-0.013	-0.010	A	
Pingliang	M16	Chang9	2441	Sandstone	0.897	0.367	0.167	0.142	-0.015	0.028	0.003	A	
Pingliang	M53	Chang9	2496	Sandstone	0.918	0.340	0.116	0.132	0.035	0.033	0.007	A	
Pingliang	M53	Chang9	2503	Sandstone	0.927	0.282	0.159	0.146	0.059	0.013	-0.027	A	
Pingliang	M53	Chang9	2675	Sandstone	0.925	0.302	0.142	0.131	0.078	-0.028	-0.026	A	
Pingliang	M53	Chang9	2676	Sandstone	0.927	0.285	0.153	0.129	0.061	-0.029	0.033	A	
Huachi	W100	Chang7	1905	Mudstone	0.794	0.491	0.097	0.140	0.039	0.291	0.038	A	
Huachi	W97	Chang7	2021	Mudstone	0.593	0.774	0.144	0.113	0.042	-0.020	0.004	B	A
Huachi	W70	Chang8	1906	Sandstone	0.871	0.210	0.341	0.034	-0.096	-0.071	0.078	A	
Huachi	W61	Chang8	2159	Sandstone	0.388	0.069	0.863	0.117	-0.098	0.236	0.008	C	
Huachi	B253	Chang8	2229	Sandstone	0.805	0.188	0.489	0.153	-0.140	0.019	0.137	A	
Huachi	L134	Chang8	2229	Sandstone	0.697	0.133	0.625	0.184	-0.176	0.079	0.109	A-C	
Huachi	B429	Chang8	2290	Sandstone	0.187	0.049	0.486	-0.009	0.079	0.744	-0.030	F	
Huachi	Y297	Chang8	2335	Sandstone	0.357	0.062	0.909	0.043	-0.062	0.158	0.015	C	
Huachi	B455	Chang8	/	Oil	0.941	0.244	0.111	0.133	0.077	0.091	0.051	A	
Huachi	B306	Chang8	/	Oil	0.732	0.461	0.375	0.144	0.203	-0.034	-0.020	A	
Huachi	B304	Chang8	/	Oil	0.771	0.384	0.422	0.201	0.064	0.031	-0.004	A	
Wuqi-Zhidan	G135	Chang7	1813	Mudstone	0.848	0.444	0.067	0.141	0.023	0.160	0.050	A	
Wuqi-Zhidan	G135	Chang7	1841	Mudstone	0.708	0.567	0.041	0.121	0.302	0.197	0.035	A	B
Wuqi-Zhidan	D137	Chang8	1507	Sandstone	0.093	0.537	0.826	0.013	0.048	0.047	-0.018	C	B

图 2-14　样品 Q 型因子分析载荷得分

B 组原油所占比例次之，主要分布在盆地中部吴起—志丹地区的长 10、长 9、长 8 油层中。平面分布上，长 9 烃源岩主要发育在盆地东北部，吴起—志丹地区与长 9 烃源岩最大发育地区相关联。纵向上，长 7 油组广泛分布的泥岩/页岩阻碍了原油向上运移，因此长 9 烃源岩生成的烃类应集中在长 7 油组以下的层位。B 组样品的分布符合上述地质分析，因此 B 组油应是长 9 烃源岩或长 9 烃源岩产物。

C 组原油主要包括盆地中部华池地区、西部华县地区和东部甘泉地区的部分样品。该组样品三环萜烷含量较高，表明热成熟度较高，因此认为 C 组油是 A 组油热成熟后的产物。从地质学的角度来看，这些样品多出现在长 7 烃源岩最大厚度的区域，埋藏较深。D 组样品主要来自盆地东北部衡山地区，主要特征是甾烷/藿烷值高。

总体来看，虽然盆地不同区域、不同层位的油/烃源岩呈现出较高的相似性，但它们并不完全相同。传统的油源分析方法很难识别不同烃源岩之间的差异，可能将盆地延长组的油粗略归为长 7 烃源岩，而低估了深层烃源岩(如长 9)。

四、研究结论

油源研究是石油勘探的重要组成部分，但传统的图表法与人工讨论相结合已经难以满足当前勘探及相关研究的需要，尤其是在面对大规模数据量时效率低下。因子分析表明，

$C_{26}TT/C_{25}TT$、甾烷/藿烷、$C_{19-26}TT/C_{30}\alpha\beta$ 等参数能有效区分延长组不同烃源岩样品，这些参数是过去不太受重视的参数。基于此，长 8、长 10 油组原油普遍与长 9 烃源岩产物混合，证实了后者对延长组原油来源存在一定贡献，支持了延长组原油来自多层烃源岩的观点。此外，通过因子分析探索沉积环境特征和母质类型也是非常有效的。

在样本范围较广、样本数量较多的情况下，采用定性图和散点图的传统方法很难精细提取数据中包含的信息，不仅工作量大，且容易受到人为因素的影响。因子分析为石油地球化学提供了一种系统的方法，可以将更多的化合物和参数纳入分析，从而减少工作量、提高分析质量。

第三章 主成分分析

与因子分析法类似，主成分分析法也是一种常用的数据降维方法。该方法将输入的多维变量通过计算协方差、特征根、主成分提取、确定主成分数量等过程转换为低维变量，构建的低维变量保留了原始变量的信息，且不同主成分之间不相关，可有效降低处理问题的复杂度。

第一节 主成分分析方法原理

一、主成分分析法概述

主成分这一概念最早是在1901年由皮尔逊（Karl Parson）针对非随机变量提出的。主成分分析简单来说就是把原本众多的具有一定相关性的变量，通过线性组合的方式重新组合为新的无相关性变量，即主成分，以此来代替原始变量（图3-1）。主成分分析法是一种经典的提取特征的方法，能够在不减少原始数据所包含的信息的前提下，将原始数据转化为维数较少的特征成分。

运用主成分分析法得到的主成分与原始变量满足以下特征：(1)各主成分因子由原始变量进行线性组合而成；(2)各个主成分

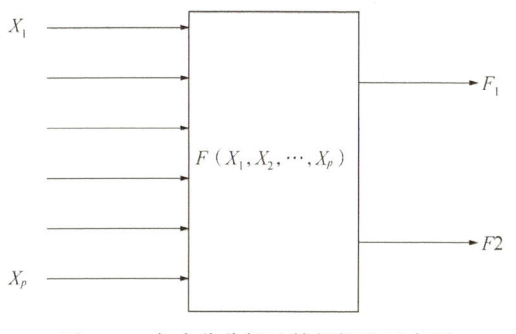

图3-1 主成分分析法特征提取示意图

互不相关；(3)线性组合后形成的主成分数量远少于原始变量；(4)原始变量的绝大多数信息能够被主成分保留。

为便于分析，以二维空间为例展示主成分分析的几何意义。假设有 n 个样本，观察每个样本的 x_1、x_2 两个变量特征，并在平面直角坐标系中表示，如图3-2所示。这些样本点呈带状分布，沿 x_1、x_2 轴都有较大的离散性，即变量的方差较大。如果仅用 x_1 或仅用 x_2 来代替原始数据，则会造成原始信息丢失。

如果将图中的坐标轴逆时针旋转 θ 度，可以得到如图3-3所示新的坐标系，则 y_1、y_2

可表示为

$$\begin{cases} y_1 = x_1\cos\theta + x_2\sin\theta \\ y_2 = -x_1\sin\theta + x_2\cos\theta \end{cases} \quad (3-1)$$

用矩阵形式可以表示为

$$\begin{bmatrix} y_1 \\ y_2 \end{bmatrix} = \begin{pmatrix} \cos\theta & \sin\theta \\ -\sin\theta & \cos\theta \end{pmatrix} \begin{bmatrix} x_1 \\ x_2 \end{bmatrix} = \boldsymbol{U}'x \quad (3-2)$$

其中，$\boldsymbol{U}' = \begin{pmatrix} \cos\theta & \sin\theta \\ -\sin\theta & \cos\theta \end{pmatrix}$，是正交矩阵。

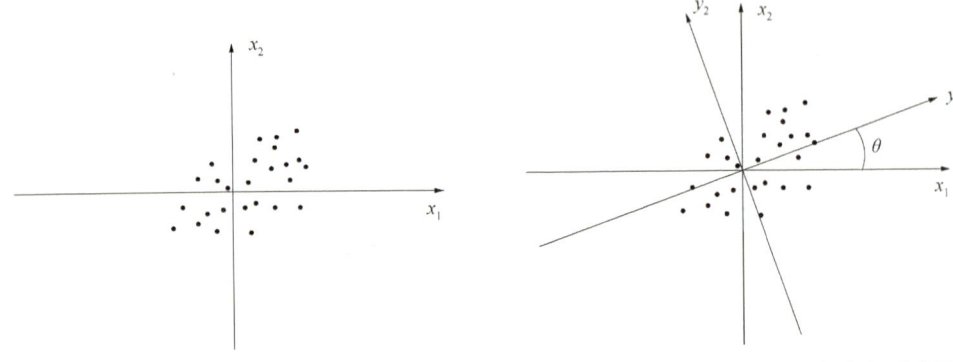

图 3-2 二维空间样本分布图　　图 3-3 主成分分析法的几何意义示意图

图 3-3 中，旋转后得到的 y_1、y_2 是原始变量 x_1、x_2 的线性组合，样本点沿 y_1 轴离散程度较大，即 y_1 的方差较大，而沿 y_2 轴离散程度较小，即 y_2 的方差较小，因此在进行样本分析时，仅用 y_1 变量来代替原始数据就能够较为全面的反映出 n 个样本的主要信息，从而实现了数据的降维。

主成分分析法是一种最常用的降维方法，它通过数据处理能够提取事物的主要特征，使得处理问题的难度大大降低。主成分分析法的基本思想是通过线性变换将原本相关的多个指标重新组合，形成一组互不相关的新指标，用以代替原始指标进行数据分析。线性变换后得到的新指标的方差越大，则这个指标包含的信息量越多，方差最大的新指标被称为第一主成分。若第一主成分包含的信息量不足以反映原始数据的情况，则再选取第二主成分，并在第二主成分中除去第一主成分中已有的信息，避免信息冗余，以此类推。主成分分析实现了对原始变量的优化，避免了数据分析的主观性，处理结果更加客观科学。

二、主成分分析法的数学原理

假设 X_1，X_2，…，X_p 是研究某事物涉及的 p 个随机变量，其构成 p 维随机向量记为 $X(X_1, …, X_p)'$，随机向量 X 的均值为 μ，协差阵为 $\sum$。

通过主成分分析将 p 个随机变量进行线性转换，表述为 p 个综合随机变量 y_1，y_2，…，

y_p，即

$$\begin{cases} Y_1 = l_{11}X_1 + l_{12}X_2 + \cdots + l_{1p}X_p \\ Y_2 = l_{21}X_1 + l_{22}X_2 + \cdots + l_{2p}X_p \\ \cdots \\ Y_p = l_{p1}X_1 + l_{p2}X_2 + \cdots + l_{pp}X_p \end{cases} \quad (3-3)$$

不同的变换方式得到的综合变量 Y_1，Y_2，$\cdots$，Y_p 是不同的。一个较好的变换需要满足以下条件：$Y_i(i=1，2，\cdots，p)$ 的方差 $D(Y_i) = D(l'_1 X) = l'_1 \sum l_i$ 尽量大，且 Y_1，Y_2，$\cdots$，Y_p 的方差相互独立。

为确保新的综合变量(主成分)能够保留原始变量的绝大多数信息且不重复，并且各个主成分在总方差中所占的比重依次递减，便于挑选前几个方差最大的主成分来代替原始变量，为线性变换设定3个条件：

(1) $l'_i l_i = 1$，即 $l_{i1}^2 + l_{i2}^2 + \cdots + l_{ip}^2 = 1 (i=1，2，\cdots，p)$。
(2) Y_i 与 Y_j 不相关，即 $\text{cov}(Y_i, Y_j) = 0 (i, j = 1，2，\cdots，p，i \neq j)$。
(3) Y_i 在 X_1，X_2，$\cdots$，X_p 的能满足条件(1)的综合变量中方差最大，即

$$D(Y_i) = \max_{l'_i l_i = 1; \text{cov}(Y_i, Y_j) = 0} D(l'_i X)$$

三、主成分分析法的求解步骤

在实际问题中，总体协方差矩阵或相关阵一般都是未知的，需要通过样本数据来估计。设有 n 个样品，每个样品有 p 个变量，这样形成观察数据矩阵如下

$$\boldsymbol{X} = \begin{bmatrix} x_{11} & x_{12} & \cdots & x_{1p} \\ x_{21} & x_{22} & \cdots & x_{2p} \\ \vdots & \vdots & \vdots & \vdots \\ x_{n1} & x_{n2} & \cdots & x_{np} \end{bmatrix} = \begin{bmatrix} x'_{(1)} \\ x'_{(2)} \\ \vdots \\ x'_{(n)} \end{bmatrix} \quad (3-4)$$

则样本协方差矩阵 S 为

$$S = \frac{1}{n-1} \sum_{\alpha=1}^{n} (x_{(\alpha)} - \bar{x})(x_{(\alpha)} - \bar{x})' = (S_{ij})_{p \times p} \quad (3-5)$$

其中，

$$\bar{x} = \frac{1}{n} \sum_{\alpha=1}^{n} x_{(\alpha)} = (\overline{x_1}, \overline{x_2}, \cdots, \overline{x_p}) \quad (3-6)$$

$$S_{ij} = \frac{1}{n-1} \sum_{\alpha=1}^{n} (x_{\alpha i} - \overline{x_l})(x_{\alpha i} - \overline{x_l})' \quad (3-7)$$

样本相关阵 $\boldsymbol{R}$：

$$\boldsymbol{R} = \begin{bmatrix} r_{11} & r_{12} & \cdots & r_{1p} \\ r_{21} & r_{22} & \cdots & r_{2p} \\ \vdots & \vdots & \ddots & \vdots \\ r_{p1} & r_{p2} & \cdots & r_{pp} \end{bmatrix} = (r_{ij})_{p \times p} \tag{3-8}$$

其中

$$r_{ij} = \frac{s_{ij}}{\sqrt{s_{ii}}\sqrt{s_{jj}}} \tag{3-9}$$

用样本协方差矩阵 $\boldsymbol{S}$ 作为总体协方差阵 $\boldsymbol{\Sigma}$ 的无偏估计，样本相关阵 $\boldsymbol{R}$ 作为总体相关阵 $\boldsymbol{\rho}$ 的估计。若将原始数据矩阵 $\boldsymbol{X}$ 经过标准化处理，则 $\boldsymbol{S}$ 与 $\boldsymbol{R}$ 完全相同。然后，采用总体主成分的求解方法就可以解出样本主成分。前面分析中，主成分分析通过线性组合将多个变量转换为少数综合变量，对于样本数据而言，主成分分析还是一种数据处理方法。假定观测数据已经中心化，并计算得到样本协差阵 $\boldsymbol{S}$ 或者样本相关阵 $\boldsymbol{R}$，由 $\boldsymbol{S}$ 或 $\boldsymbol{R}$ 出发得的特征根仍记为 $\delta_1 \geqslant \delta_2 \geqslant \cdots \geqslant \delta_m > 0$，对应的标准正交特征向量仍记为 u_1，u_2，$\cdots$，u_m，求出的 m 个样本主成分仍记为 F_1，F_2，$\cdots$，F_m，显然，第 k 个样本主成分为

$$F_k = u'_k = u_{k1}x_1 + u_{k2}x_2 + \cdots + u_{k3}x_3 (k=1, 2, \cdots, m) \tag{3-10}$$

将第 α 个样品数据 $x_{(\alpha)} = (x_{\alpha 1}, x_{\alpha 2}, \cdots, x_{\alpha p})'$ 值代入 F_k 的表达式，计算得到的值称为第 α 个样品在第 k 个主成分上的得分，记为 $F_{\alpha k}$，有

$$F_{\alpha k} = u'_k x_\alpha (\alpha = 1, 2, \cdots, n; k=1, 2, \cdots, m) \tag{3-11}$$

最终形成主成分得分的矩阵形式如下

$$\begin{bmatrix} F_{11} & F_{12} & \cdots & F_{1m} \\ F_{21} & F_{22} & \cdots & F_{2m} \\ \vdots & \vdots & \ddots & \vdots \\ F_{n1} & F_{n2} & \cdots & F_{nm} \end{bmatrix} \tag{3-12}$$

主成分分析的数学模型构建过程主要包括：构建矩阵与归一化、正交分解与协方差计算和成分矩阵计算等。

(1) 构建矩阵与归一化。

首先，将原始多变量汇总形成二维矩阵，原始坐标分别为变量类别和其详细信息。为确保后续计算过程中的各个指标的稳定性，需要将整体矩阵进行标准化处理，一般采用归一化手段进行。在归一化后的矩阵可以直接作为原始输入数据进行主成分分析。

(2) 正交分解与协方差计算。

正交分解是主成分分析的核心运算，主要采用协方差矩阵和特征向量进行原矩阵的替换计算，将原始变量进行相关系数矩阵的计算，得到对应的特征值和特征向量，进而得到

协方差矩阵，根据协方差矩阵得到分解后的特征向量，再根据方差和贡献选择成分。一般来说，当主成分的贡献比例达到 90%时，可认为满足了用部分代替整体的要求，分解后得到的主成分可以在很大程度上代替全部整体。

(3) 成分矩阵计算。

根据选取的主成分，按照其方差值计算成分矩阵，可得到每个正交分离后的主成分中原始变量的贡献占比情况。主成分的成分矩阵系数则为每个主成分中各个变量的占比情况，即权重。由原始变量和新形成的主成分可以构建二者之间的定量计算关系。

第二节　主成分分析的软件操作

以人参品级分类为例，介绍基于 SPSS 的主成分分析软件操作。选取 8 个样本观测 7 种有效成分含量，希望用较少的指标来对人参进行分级。采用主成分分析法提取恰当数量的主成分进行降维。

一、数据导入与变量选择

在 SPSS 软件中输入或导入原始数据(图 3-4)。

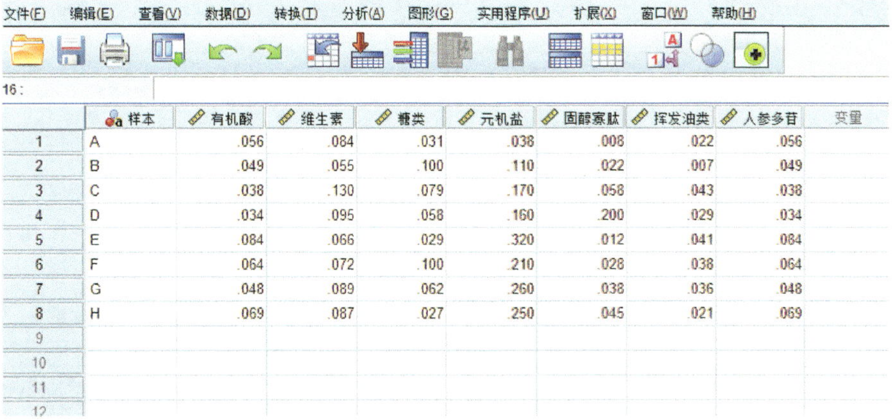

	样本	有机酸	维生素	糖类	元机盐	固醇寡肽	挥发油类	人参多苷	变量
1	A	.056	.084	.031	.038	.008	.022	.056	
2	B	.049	.055	.100	.110	.022	.007	.049	
3	C	.038	.130	.079	.170	.058	.043	.038	
4	D	.034	.095	.058	.160	.200	.029	.034	
5	E	.084	.066	.029	.320	.012	.041	.084	
6	F	.064	.072	.100	.210	.028	.038	.064	
7	G	.048	.089	.062	.260	.038	.036	.048	
8	H	.069	.087	.027	.250	.045	.021	.069	
9									
10									
11									
12									

图 3-4　主成分分析案例原始数据图

选择**分析/降维/因子**命令，选择进行因子分析的变量。本案例中选择 7 个有效含量指标进入变量列表框(图 3-5)。

因子分析得到因子贡献率表、成分矩阵(图 3-6、图 3-7)。

二、计算特征向量矩阵

因子分析结果中的主因子数目决定了主成分分析中的主成分数目。在 SPSS 中新建一个数据文件，确定第一步因子分析“成分矩阵”中得到的主因子数目，在新文件中定义相同数量的新变量，如 $F1$、$F2$。而后，将因子分析得到的成分矩阵中的因子载荷分别输入新数据文件定义的变量中(图 3-8)。

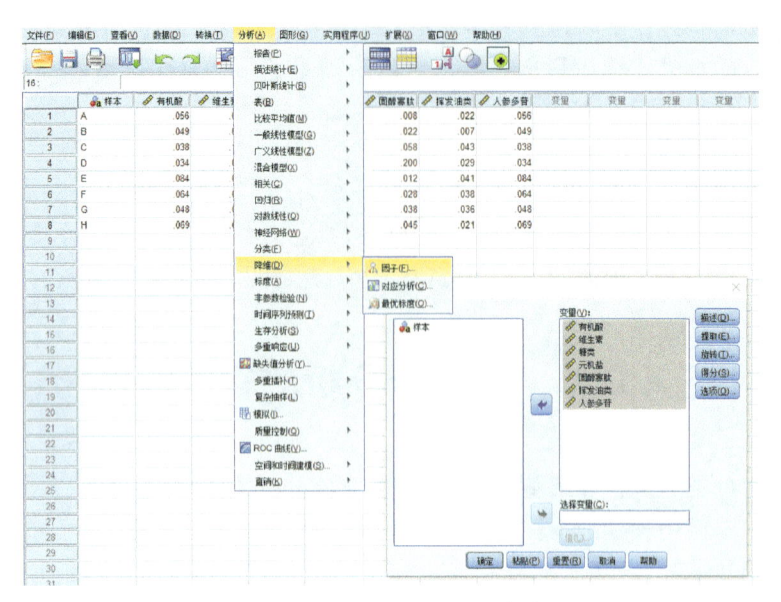

图 3-5 SPSS 主成分分析步骤

总方差解释

成分	初始特征值 总计	方差百分比	累积 %	提取载荷平方和 总计	方差百分比	累积 %
1	3.251	46.450	46.450	3.251	46.450	46.450
2	1.795	25.647	72.097	1.795	25.647	72.097
3	.952	13.599	85.695			
4	.700	10.001	95.696			
5	.210	3.006	98.702			
6	.091	1.298	100.000			
7	-3.669E-16	-5.241E-15	100.000			

提取方法：主成分分析法。

图 3-6 因子贡献率表

成分矩阵[a]

	成分 1	成分 2
有机酸	.988	.006
维生素	-.580	.662
糖类	-.439	-.286
无机盐	.574	.623
固醇寡肽	-.655	.308
挥发油类	.102	.890
人参多苷	.988	.006

提取方法：主成分分析法。
a. 提取了 2 个成分。

图 3-7 成分矩阵   图 3-8 按因子结果定义的新变量

在新数据文件的数据编辑窗口选择**转换/计算变量**命令，打开计算变量对话框（图 3-9）。在目标变量中输入变量名，如 $S1$，数字表达式中输入"F1/SQRT(3.251)"。其中，F1 是新数据文件中定义的变量名,SQRT 是计算平方根的函数,3.251 为因子分析得到的第一个因子的初始特征根(图 3-6)。

一般有几个主因子就要定义几个特征变量。本案例中有两个主因子,因此需定义两个特征变量。重复上述步骤,点击**转换/计算变量**命令,打开计算变量对话框,在目标变量中输入变量名 $S2$,数字表达式中输入"F2/SQRT(1.795)"。得到如图 3-10 所示的特征向量矩阵。

图 3-9　计算变量对话框

图 3-10　特征向量矩阵

三、计算主成分矩阵

对第一步中参与因子分析的原始变量进行标准化,在原数据文件编辑器窗口,依次选择**分析/描述性统计/描述**按钮,弹出描述性对话框(图 3-11)。将 7 个有效成分变量放入变量列表,并勾选"将标准化值另存为变量"复选框。得到各变量标准化值(图 3-12)。

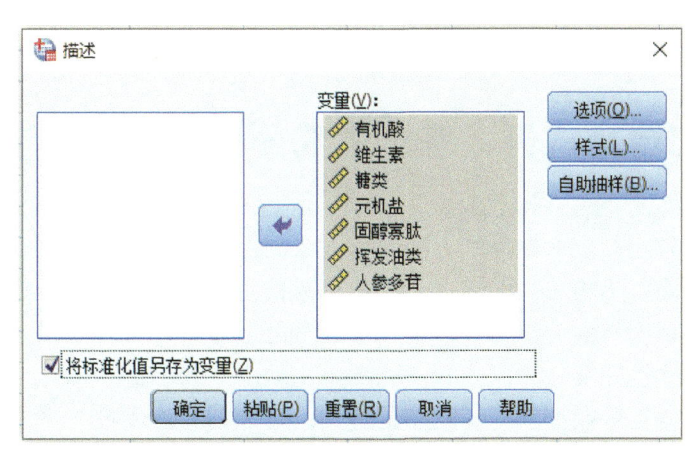

图 3-11　描述性对话框

从特征向量矩阵可以得到主成分的计算公式

$$z_1 = 0.55x_1 - 0.32x_2 - 0.24x_3 + 0.32x_4 - 0.36x_5 + 0.06x_6 + 0.55x_7 \tag{3-13}$$

$$z_2 = 0.49x_2 - 0.21x_3 + 0.47x_4 + 0.23x_5 + 0.66x_6 \tag{3-14}$$

其中，x_i 为标准化后的变量，z_i 为主成分。在变量视图点击**转换/计算变量**，在计算变量对话框输入式(3-13)、式(3-14)，即可得到主成分得分(图3-13)。通过主成分分析，将原始的7个人参营养物质含量指标降维到了2个，通过这2个综合指标可以较好地表达原始指标所包含的人参品级信息。

Z有机酸	Z维生素	Z糖类	Z元机盐	Z固醇寡肽	Z挥发油类	Z人参多苷
.04513	-.03319	-.97965	-1.68755	-.69591	-.61851	.04513
-.37606	-1.31634	1.29248	-.88687	-.47129	-1.83524	-.37606
-1.03793	2.00216	.60096	-.21963	.10629	1.08492	-1.03793
-1.27860	.45353	-.09056	-.33084	2.38454	-.05070	-1.27860
1.72988	-.82963	-1.04551	1.44846	-.63173	.92269	1.72988
.52648	-.56415	1.29248	.22519	-.37503	.67934	.52648
-.43623	.18805	.04116	.78122	-.21459	.51711	-.43623
.82733	.09956	-1.11137	.67001	-.10228	-.69962	.82733

图 3-12　标准化后的变量

z1	z2
-.03	-1.17
-.53	-2.65
-1.97	1.49
-2.50	.60
3.17	.96
.70	-.08
-.19	.74
1.35	.11

图 3-13　主成分分析结果

第三节　应用案例：基于主成分分析的岩性边界识别

主成分分析是常用的多指标降维方法，该方法利用指标数据本身所含有的信息，通过数学算法提取若干个互不相关、能够代表指标信息的主成分，使决策人员能够更为清晰地了解多个原始指标所含有的关键信息。采用主成分分析对指标进行降维，不需要人为设定权重，提高了可操作性和准确性。

主成分分析在各行各业都取得了较多的应用。具体到石油领域，主成分分析可以应用到岩性边界识别、主控因素分析、油水层预测、投资效益研究等方面。本节以岩性边界识别为例，介绍主成分分析在石油科学领域的应用方法。选取的案例文章题目为"Well-to-well correlation and identifying lithological boundaries by principal component analysis of well-logs"(基于测井曲线主成分分析的井间对比和岩性边界识别)，该文章于2021年发表在Computers and Geosciences 杂志(SCI 一区，影响因子5.168)。

一、研究背景

岩性划分是找矿工作中的一项重要研究内容。测井资料具有多元性和高相关性特点，能反映不同岩性地球物理属性的变化规律，是岩性分层的重要依据。确定岩性界面位置是储层表征的重要步骤之一，这一过程通常依靠人工对不同井的测井数据进行对比来完成。为了提升岩性界面的识别效率，学者们提出了一些基于统计和信号处理的自动化方法来分析测井资料，例如多元回归、判别分析、移动平均、小波变换、神经网络、机器学习等。然而，这些方法大多使用单井测井数据。由于每条测井资料都包含特定的岩石和流体性质信息，因此同时使用各种测井资料可以提高对比精度。

案例文章的研究目标是观察从多个测井资料的信息来进行自动的井间对比，并使用主成分分析法来降低从多个测井资料中提取的特征维度，选用的测井资料来自中东某碳酸盐岩储层。结果表明，主成分分析法结合多井测井资料，可以显著提高不同井的岩性边界识别能力。

二、研究过程

1. 井间对比基础方法

井间对比是利用地球物理测井数据，识别两个或更多个相似地质剖面的过程。在该研究中使用的是 Partov 和 Sadeghnejad 提出的基础井间对比模型。该方法假设某口井为参考井，其他井被认为是观测井。首先，在参考井的目标地质边界上设置一个固定大小的窗口[图 3-14(a)]。然后，对上窗和下窗，计算测井数据的多个统计属性（平均值、变异系数、最大最小值之比和趋势角）和分形属性（分形维数）。计算结果是一个 $1×N$ 的向量，N 为计算属性的个数。

而后，令一个相似大小的窗口在观察井上从上到下移动并计算相同的属性[图 3-14(b)]。该步骤的输出是一个 $M×N$ 矩阵，其中 M 等于观察井的曲线数据点个数。最后，按照式(3-15)计算沿观察井的相似概率曲线（即，一个 $M×1$ 矩阵）[图 3-14(c)]。

$$P=(W_{i,m} \mid R_i)=\frac{1}{\sqrt{2\pi\sigma_i^2}}\exp\frac{\mid -E_{i,m}^2 \mid}{2\sigma_i^2} \tag{3-15}$$

式中　m——深度；

　　　$W_{i,m}$——深度 m 处观察井中第 i 个属性的值；

　　　R_i——参考井中第 i 个属性在选定边界处的值；

　　　$E_{i,m}$——参考井中所选边界处属性值与深度 m 处观察井中属性值的差值；

　　　σ_i——第 i 个属性随观测井的标准差；

　　　$P=(W_{i,m} \mid R_i)$——观察井中深度 m 处第 i 个属性（统计量或分形参数）的条件概率。

条件概率表示观察井每个深度与参考井目标边界的相似度。利用条件概率曲线，可识别观察井与参考井的目标地质边界最相似的深度（图 3-14c 中的峰值）。对其他边界和观察井重复上述过程。

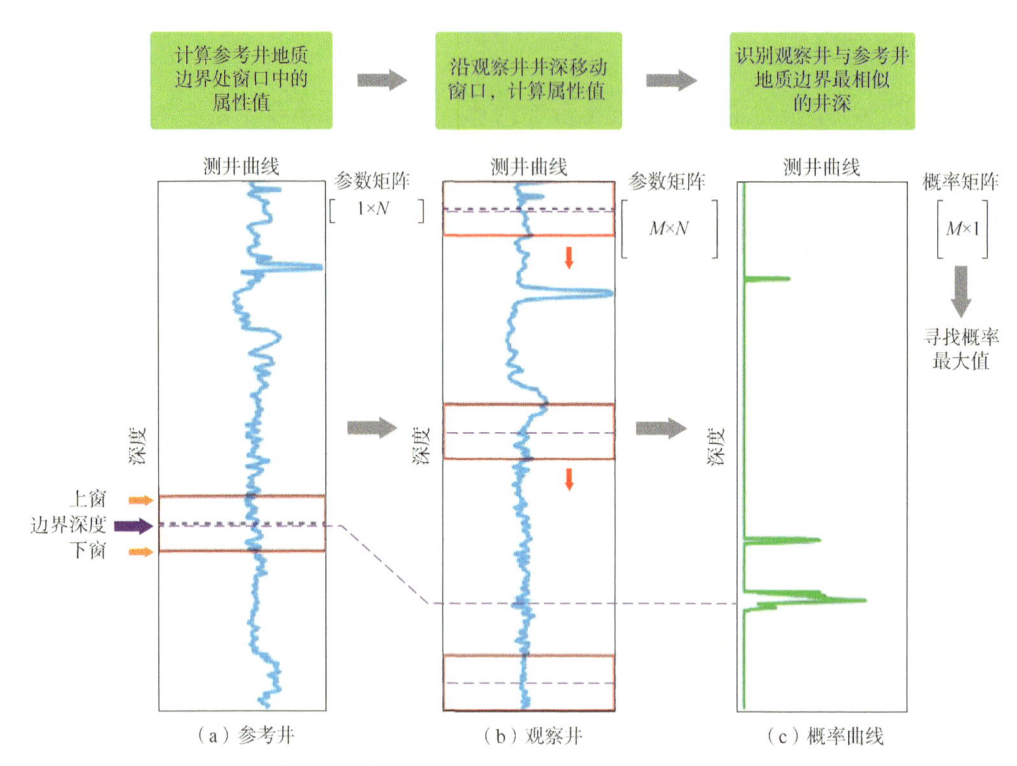

图 3-14　自动井间对比方法（N 为属性个数，M 为观测井的测井数据点个数）

2. 基于主成分分析的井间对比

在基本井间对比模型中，不考虑被分析统计属性间的相互影响。然而，这些属性并不是完全独立于彼此的。可以利用主成分分析，在开展井间对比之前消除这些属性数据的相互作用。此外，基础模型的井间对比仅使用各参考井或观察井的单一测井记录。然而，主成分分析可以在多种测井数据上应用，以提高岩性边界对比的准确性。针对不同情境开展主成分分析，并研究不同的主成分分析实施方法如何影响井间对比结果的准确性。主成分分析的主要优势在于识别数据模式，并在最大程度保存信息的条件下，通过减少数据维度实现数据压缩。主成分分析法的应用过程如图 3-15 所示。

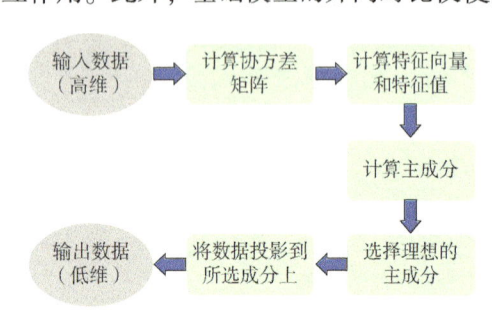

图 3-15　利用主成分分析对数据资料降维的步骤

为了减少统计学属性的相互依赖性或将多条测井曲线的维数从 $x_i \in R^n$ 降至 $y_i \in R^d$，其中 $d \leqslant n$，主成分分析法试图找到一个正交矩阵 $U \in R^{n \times d}$，使降维数据 $y_i = U^T x_i$ 具有最大的方差。已证明，这个正交矩阵 $U \in R^{n \times d}$ 由以下协方差矩阵的前 k 个较大特征值对应的 k 个特征向量组成

$$C = \frac{1}{N-1} \sum (x_i - \overline{x_i})(x_i - \overline{x_i})' \tag{3-16}$$

式中 $\overline{x_i}$——第 i 个统计属性或测井曲线的均值；

N——统计属性或测井曲线的个数。

为计算主成分，计算式(3—16)中的 C 值：

$$Cu_i = \lambda u_i \tag{3-17}$$

其中，$\{u_i\}^{i=1,2,\cdots,k}$ 被称为主成分。在井间对比分析中，并非所有主成分均被用于后续分析。为了找出最有效地包含数据原始信息的主成分，实现对原始测井资料的降维，需要计算各个主成分的能量。

能量分析用于确定保存输入测井数据的完整信息的主成分的数量。计算所有测井数据的特征值，并按从大到小顺序排列，求出所有特征值（即总能量）之和，$\sum_{i=1}^{n} \lambda_i$。选择正确的特征值数量 r，使前 r 个最大特征值（E_r）的总和代表总能量的特定信息[式(3—18)]。一般认为，60%是比较理想的主成分提取标准，说明主成分从高维资料中携带了足够的信息。

$$E_r = \frac{\sum_{i=1}^{r} \lambda_i}{\sum_{i=1}^{n} \lambda_i} \tag{3-18}$$

式中 E_r——所有主成分的能量分数（累积能量之和）；

λ_i——第 i 个分量的特征值；

n——主成分的个数；

r——适当的主成分数量。

3. 方法和流程

图 3—16 是采用主成分分析进行岩性边界识别的流程图。根据输入测井曲线的数量分为两类：单测井曲线方法或多测井曲线方法。对每口井的可用测井曲线（如 SGR、CGR、RHOB 和 DT）应用 PCA，并使用能量分量参数计算等效测井曲线的数量。此外，对不同的主成分分析应用情境（情境Ⅱ和情境Ⅲ）开展分析，以明确引入不同种类测井曲线的益处并找到结果准确度最高的方法。

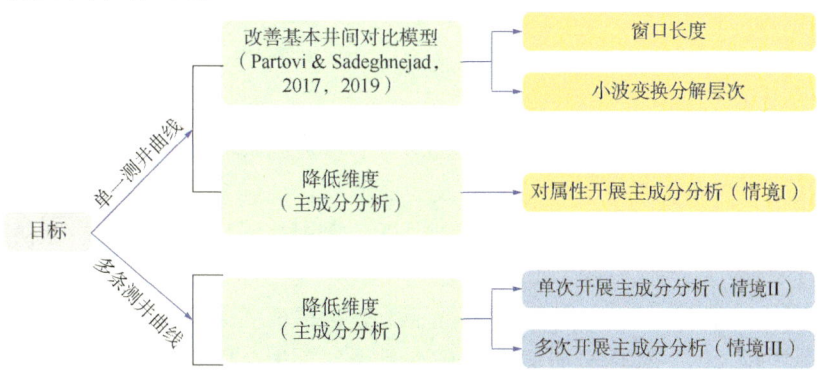

图 3—16 基于主成分分析识别岩性边界的流程图

石油经济管理模型及应用

以中东某碳酸盐岩油藏3口井的测井资料为例,对该方法的有效性进行了评估。该油田位于伊朗西南部,长67千米,宽4千米。1号井和2号井有6个地质层(即L1到L6),3号井有2个地质层(即L1和L5),分别具有不同的岩性和厚度。每一层的岩性和厚度是利用钻井和取心数据,通过人工井间对比确定的,地质层细节如图3-17所示。在本研究中,岩性边界是指两个不同层之间的边界。表3-1和表3-2总结了各地质层及其对应厚度和边界。L1、L4和L6层由石灰岩组成,L2为泥质灰岩,L3为黏土页岩,L5为灰质白云岩。泥质灰岩是一种石灰岩,包括碳酸钙和10%~40%黏土矿物。第1、2、3和5层在1号井和2号井中发育,而在3号井中缺失。L4和L5层在所有井中均发育。

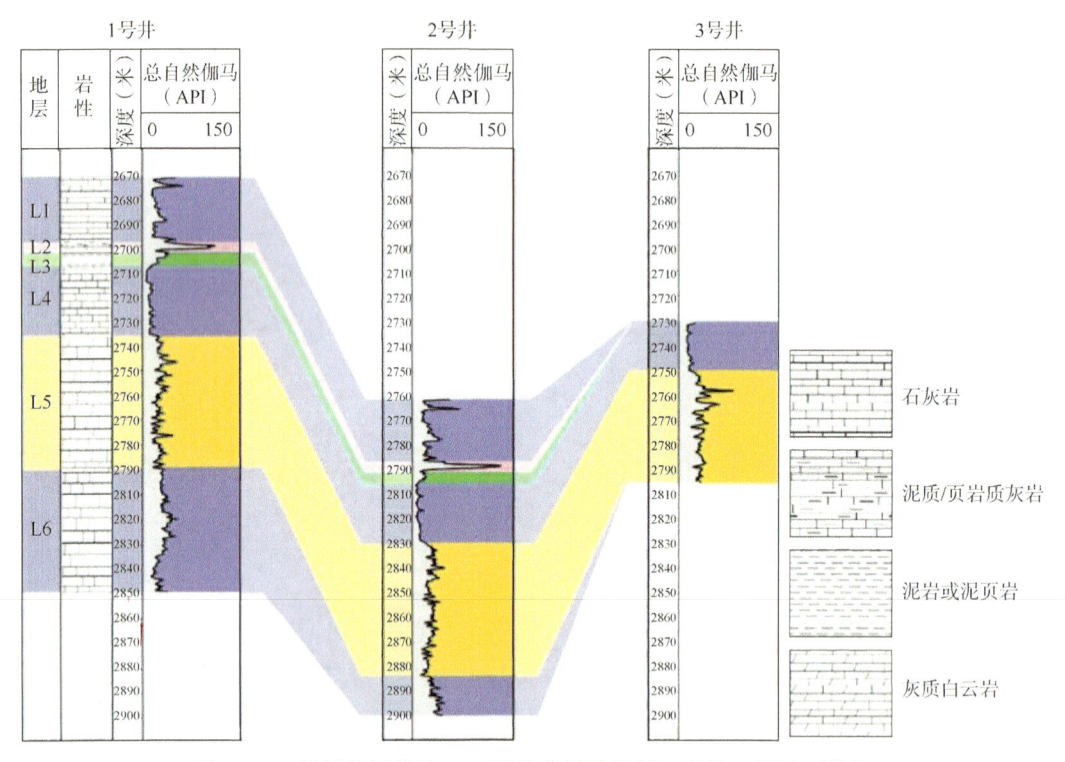

图3-17 案例分析井的SGR测井曲线及地层、岩性、层界、深度

三、研究结果

1. 确定窗口长度

窗口长度是在井间对比中确定统计参数和分形参数的最关键参数之一。纳入在窗口中的测井曲线数据的数量会随着窗口长度的改变而改变。最佳窗口长度不能超过层厚。如果窗口长度超过地质层厚度,则在属性计算期间将会使用相邻地层的信息,这使得所研究地层的窗口属性非唯一。因此,窗口长度存在一个上限值,等于参考井中最薄层的厚度。此外,为了获得可靠的窗口,窗口长度不应低于某一特定值。窄窗口通常没有足够的数据点来提供指定地层相关的、有意义的信息。在本案例分析中,应该在开展自动井间对比之前计算最佳窗口长度。由于每个新地层的岩性和非均质性的差异,不同案例分析的最佳窗口

长度可能不同。

对人工井间对比中使用不同的窗口长度所得的全部岩性边界的平均偏差值进行了计算，以找到合适的窗口长度。根据案例分析中发育地层的厚度（表3-1），参考井（1号井）中最小层厚度为3.5米。考虑到测井数据间隔为0.15米，设定最小窗口大小为包含至少16个测井数据点的窗口大小。因此，设定了包含16个、32个和64个数据点的窗口长度来对窗口长度的影响进行分析。

表3-1　不同井中地层厚度　　　　　　　　　　　　　　　　　单位：米

井中层段	1号井	2号井	3号井
L1	26.2	25.8	—
L2	3.5	2.8	—
L3	5.5	4.6	—
L4	28.2	24.5	19.9
L5	53.3	54	45.1
L6	49.4	16.5	—

采用小波变换分解计算分形参数，小波变换分解具有2个层次。图3-18（a）展示了在2号和3号井中的4个岩性边界（即B1、B2、B3和B5）的自动和人工井间对比结果的差异。如果井间对比无法识别边界，则假定误差值为10米。图3-18（b）是不同时间窗误差均值，据图可知窗口包含32个数据点时误差最大，窗口包含16个和64个数据点时误差基本一致且相对较小。考虑到厚度小于包含64个数据点的窗口长度的薄层的存在，选择包含16个数据点的窗口长度作为后续井间对比中的窗口长度。

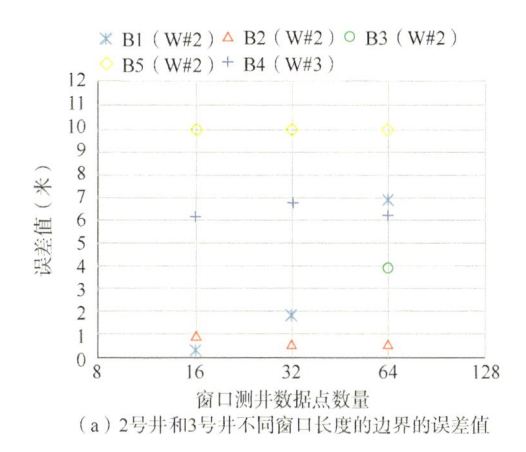

（a）2号井和3号井不同窗口长度的边界的误差值

（b）不同时间窗误差均值

图3-18　自动和人工井间对比结果差异

2. 确定小波变换分解层数

分形小波标准差指数参数（Hws）是由第 j 个小波变换分解层的 $\log_2(\text{STD})$ 与 $\log_2(2^j)$ 的最佳最小二乘拟合的斜率计算得到的。为了找到合适的小波变换分解层次，对不同层次变换的回归参数进行了研究。R^2 值越高，说明回归线的适应度越高。

1号井和2号井中L1、L4、L5和L6层不同变换分解层次的 R^2 和对应平均值如图3-19

所示。二层分解的 R^2 值等于1。因为直线一定会穿过两个给定的点,因此这种方法不能研究二层小波分解。由于 L2 和 L3 层厚度太小,只能进行 3 层分解。因此,在图 3-19(a) 和图 3-19(b) 中未给出 L2 层和 L3 层。如图 3-19(c) 所示,通过增加小波变换分解层数,R^2 值减小。

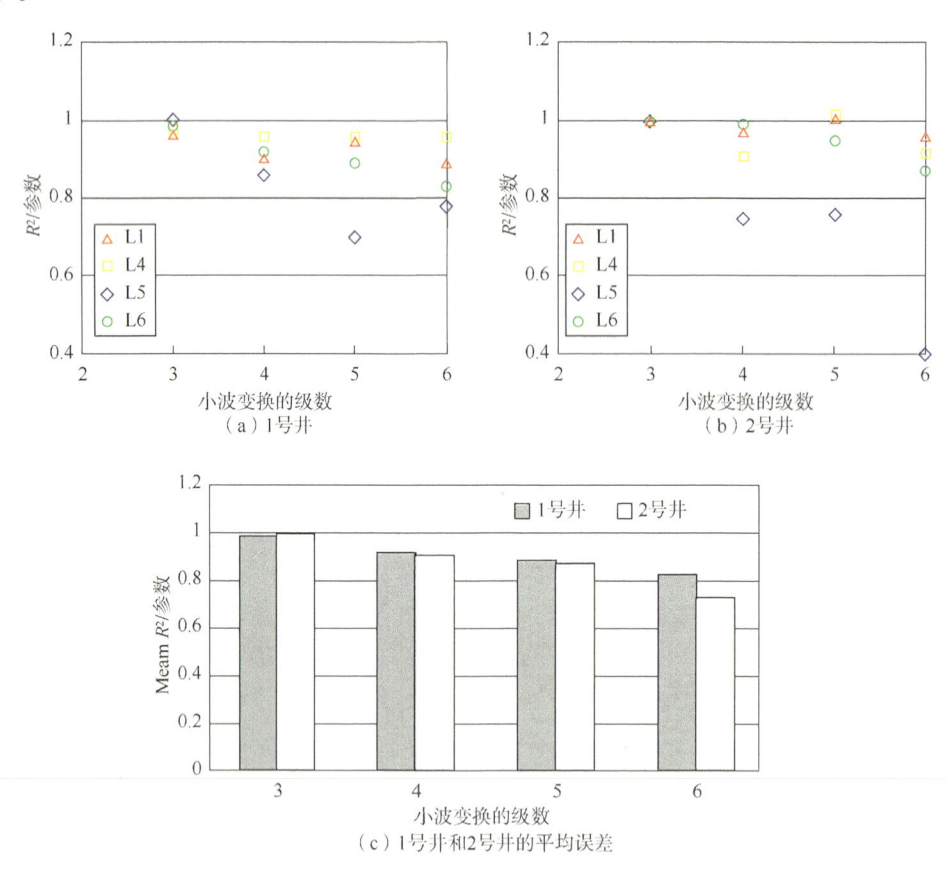

图 3-19 不同小波系数计算 Hurst 参数中回归分析相关系数 R^2 计算结果

此外,最优的小波变换分解层次应可产生最小的细节值。因此,使用范数函数来计算各分解层次的测井细节。为了平等地比较各层次中的细节值,将每个层次的范数函数值除以该层次对应系数值。使用各层次的细节指数 Tc 来比较层次分解中的测井细节,1号、2号和3号井的2~6层分解的 Tc 结果如表 3-2 所示。结果显示信号的二层分解具有最低 Tc 值,与 R^2 分析结果相一致。因此,选择二层分解作为计算测井曲线 Hws 参数的最佳层次。

表 3-2 不同分解层次条件下各井的 Tc 值

分解层次数		2	3	4	5	6
井号	1 号	2.50	5.83	7.16	13.06	25.73
	2 号	2.45	5.38	9.10	10.51	21.76
	3 号	3.35	6.80	13.83	14.25	22.30

3. 主成分能量

本案例分析中三口井的测井数据主成分的累积能量值如图3-20所示。结果表明，所有井中的第一成分占据了总能量的70%以上。当包括之后的成分(第二和第三)时，观察到总累积能量值略有增加。例如，在2号井中，第一主成分的能量以及第一和第二主成分的累积能量分别为83%和93%。这意味着通过引入第二主成分只能带来10%的总能量增量。由于我们设定了60%的能量分数阈值，因此只需第一主成分即满足条件。该主成分可携带原始维度的足够信息，在降维过程中丢失的数据更少。因此，使用与第一主成分相对应的曲线。

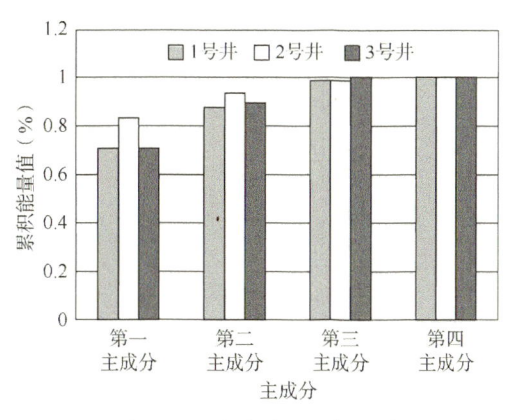

图3-20 主成分累积能量值

4. 主成分分析应用情境评估

图3-21是基于主成分分析的3种情景示意图。图3-21(a)是情景Ⅰ，即对参考井的SGR测井数据的均值、方差系数、最大值与最小值比和趋势角等统计参数通过PCA方法合并为单个信号。随后，该新统计信号和Hws被用于井间对比。

为了提高计算精度，在情景Ⅱ和情景Ⅲ中，将PCA方法应用于多条测井曲线(SGR、CGR、RHOB和DT)，并计算主成分能量以确定所需测井曲线的数量。在情景Ⅱ中[图3-21(b)]，经主成分分析，输入的4个测井曲线形成了一个主成分，这个主成分被用于井间对比。在情景Ⅲ中[图3-21(c)]，4种测井曲线被分成两组分别做了主成分分析。首先，将两个GR测井曲线(即SGR、CGR)通过主成分分析转换为一个新的主成分测井曲线，而后，将DT和ROHB通过主成分分析转换为一个新的主成分测井曲线。最后，对生成的两个测井曲线再次使用主成分分析，得到第一个主成分，并将这个主成分用于井间对比。所有情景中采用的参数相同，即窗口长度为16个测井数据点，小波变换分解层数为2。

上述3种情景下岩性边界识别结果如图3-22所示。其中，图3-22(a)对比了基础方法、情景Ⅰ、情景Ⅱ和情景Ⅲ在2号井识别B1到B5边界的结果。不同情景使用的参数相同，因此结果具有可比性。结果表明，基于主成分分析法的岩性边界识别效果更好。具体地，情景Ⅰ与基础模型相比，在大多数边界的误差有效减小。产生这一结果的原因可能是，基础模型假定各个统计参数是独立的，这种假设可能会导致识别岩性边界时出现误差。主成分分析考虑了统计参数之间的相关性，从而降低了识别岩性边界的误差。据图3-22(a)，由于统计参数的依赖性，基础方法未能识别出B3、B4和B5的边界。情景Ⅰ有效识别了边界B3，未能识别边界B4和B5。

图3-22(b)对比了各种情景下边界识别的平均误差。结果表明，在多个测井曲线上的主成分分析法应用(情景Ⅱ和情景Ⅲ)的效果比采用单个测井曲线计算(基础方法和情景Ⅰ)的误差小。此外，情景Ⅱ和情景Ⅲ有效识别了全部的岩性边界，而基础模型和情景Ⅰ分别遗漏了3个边界和2个边界。情景Ⅱ和情景Ⅲ的平均误差值分别为1.01m和1.71m，低于情景Ⅰ的4.76m和基础模型的6.25m。

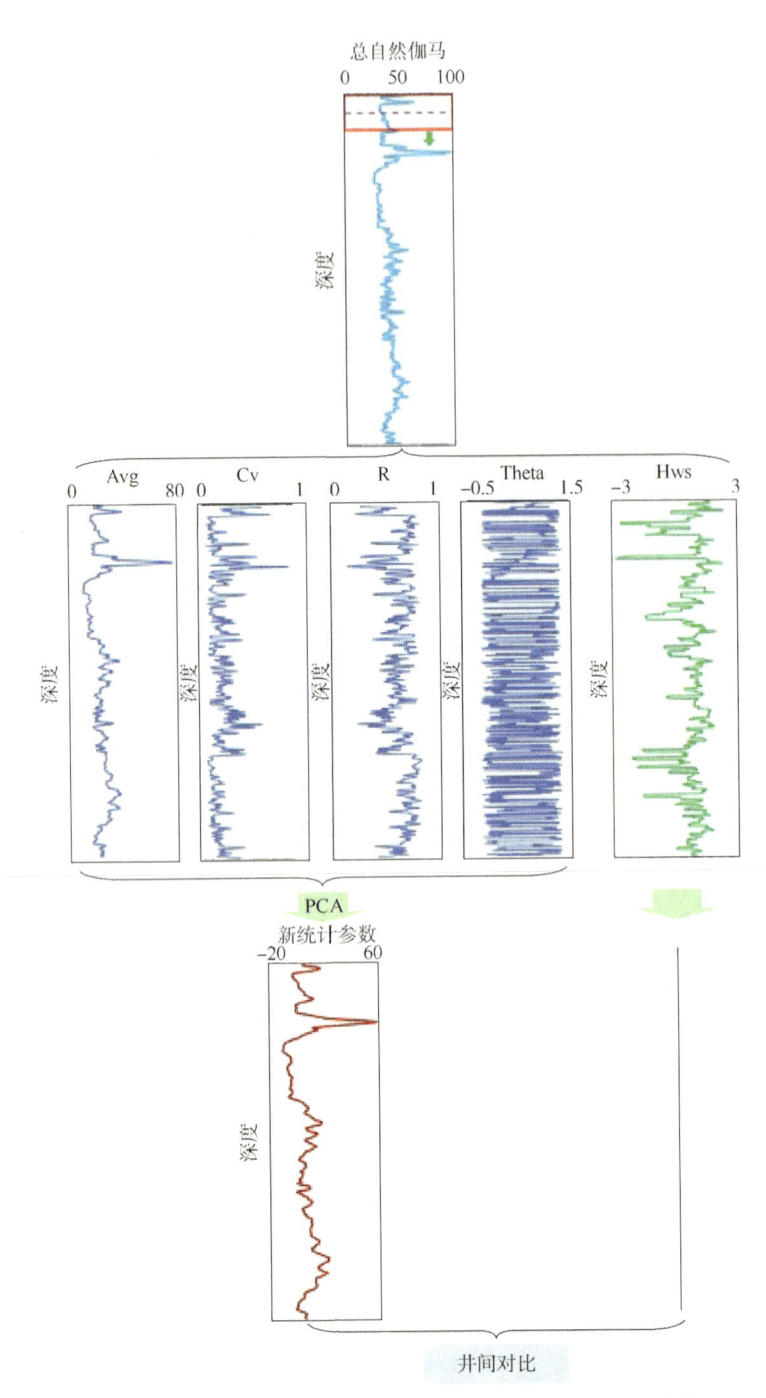

(a)情景Ⅰ：对参考井SGR测井曲线的统计参数开展主成分分析

图 3-21 基于主成分分析的 3 种情景示意图

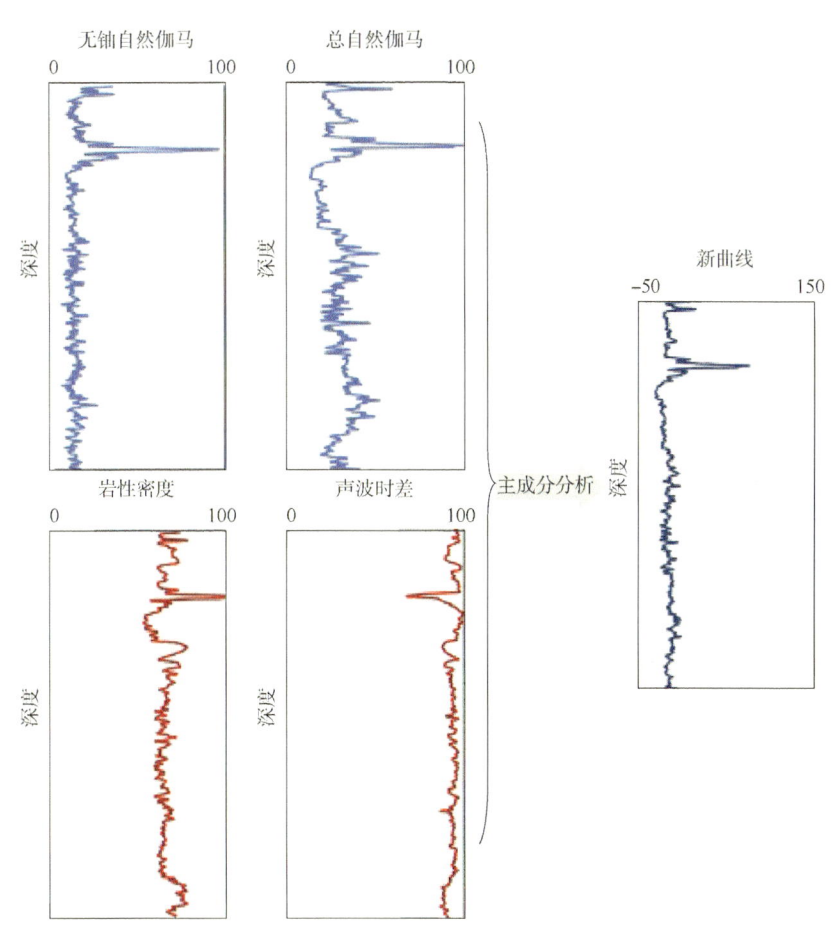

(b)情景Ⅱ：对参考井的所有测井曲线开展主成分分析

图 3-21　基于主成分分析的 3 种情景示意图(续)

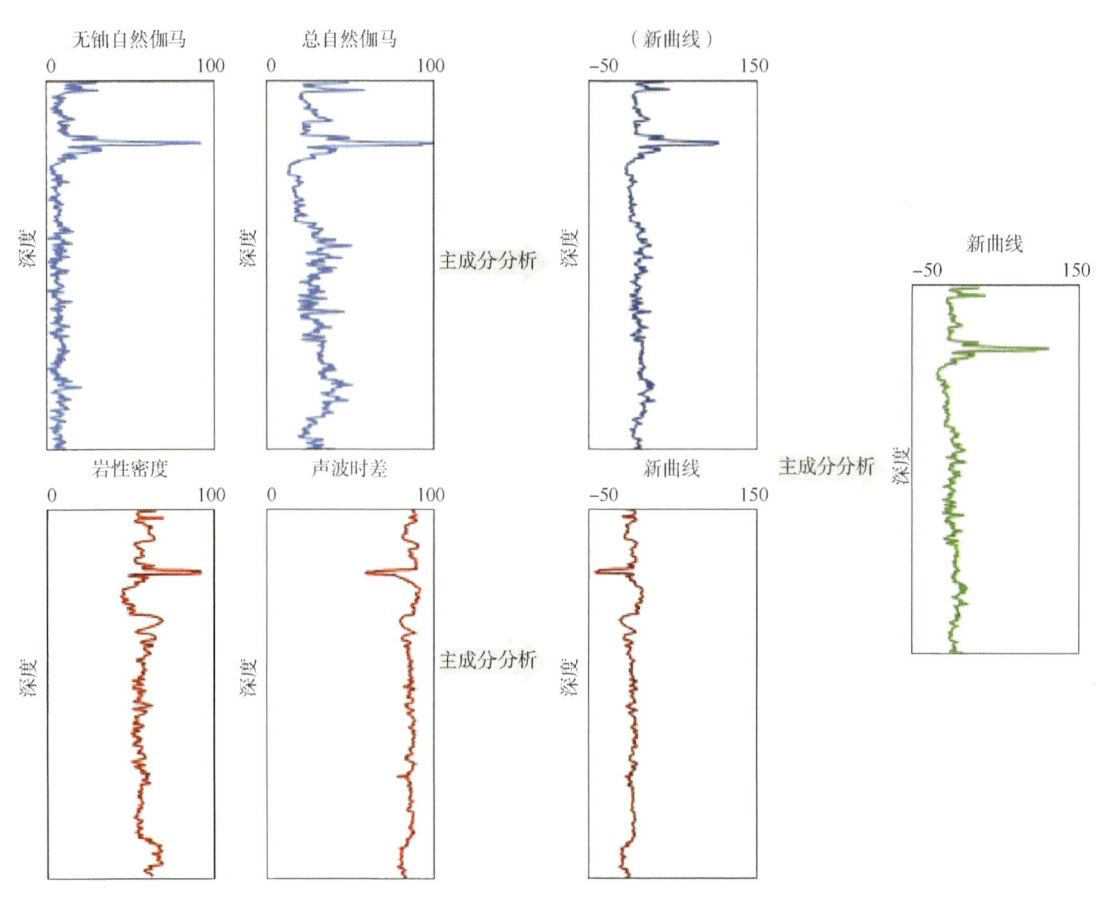

(c)情景Ⅲ：对参考井的测井曲线多次、分步开展主成分分析

图 3-21　基于主成分分析的 3 种情景示意图(续)

图 3-22(c)以 2 号井为例,对比了人工方法、基础模型、情景Ⅰ、情景Ⅱ、情景Ⅲ的结果。结果显示,采用主成分分析法的情景Ⅰ、情景Ⅱ、情景Ⅲ识别岩性边界的结果较好,主要原因是这些方法综合利用了 4 种测井曲线,而每种测井曲线都包含了有价值的层位信息,而基础模型和情景Ⅰ只采用了单个测井数据(SGR 曲线)。使用更多的物理信息来确定所需的边界可以有效降低误差。此外,对比情景Ⅱ和情景Ⅲ的结果表明,在测井数据上多次应用主成分分析会降低数据简化的准确性,从而影响岩性识别结果。综合上述分析,基于 4 种测井曲线和单次主成分分析的情景Ⅱ算法,在识别岩性边界时效果最好。

四、研究结论

主成分分析法是一种常用的降维方法,将输入的多维变量,通过计算协方差、特征根、主成分提取、确定主成分数量等过程,转换为低维变量。构建出的低位变量保留了原始变量的信息,且不同主成分之间不相关。

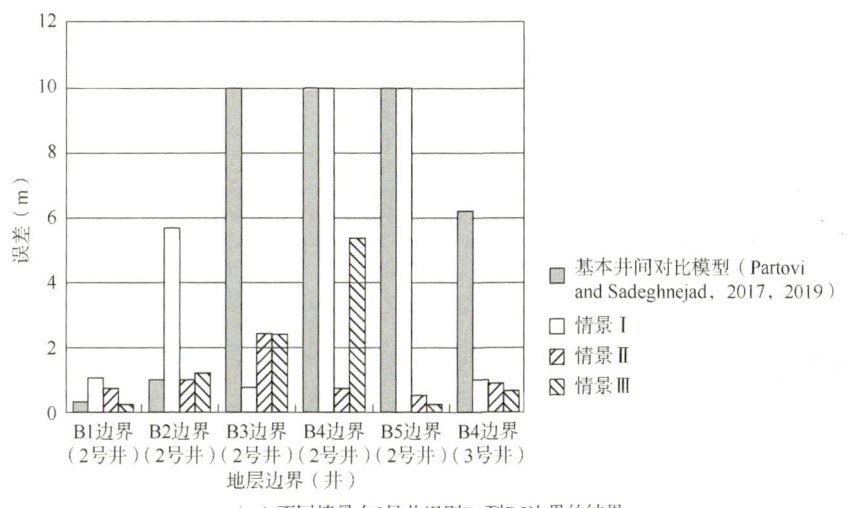

(a)不同情景在2号井识别B1到B5边界的结果

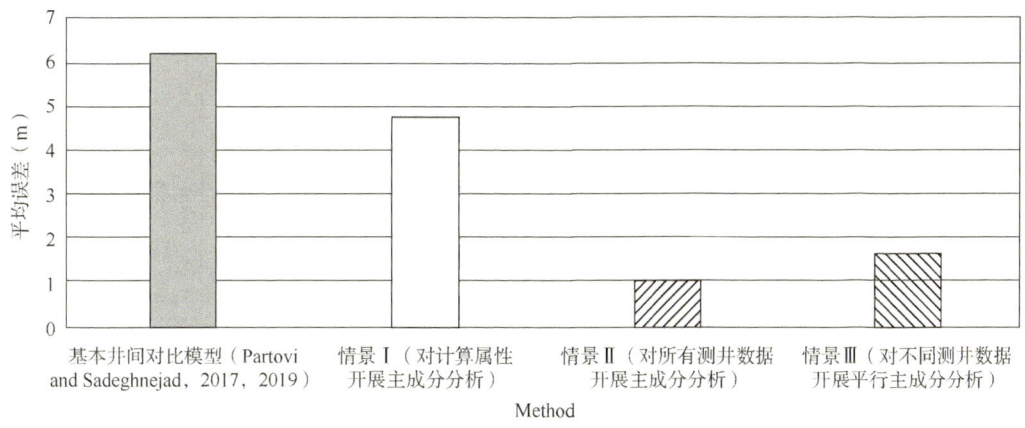

(b)不同情景下边界识别的平均误差

图 3-22 3 种主成分情景井间对比结果

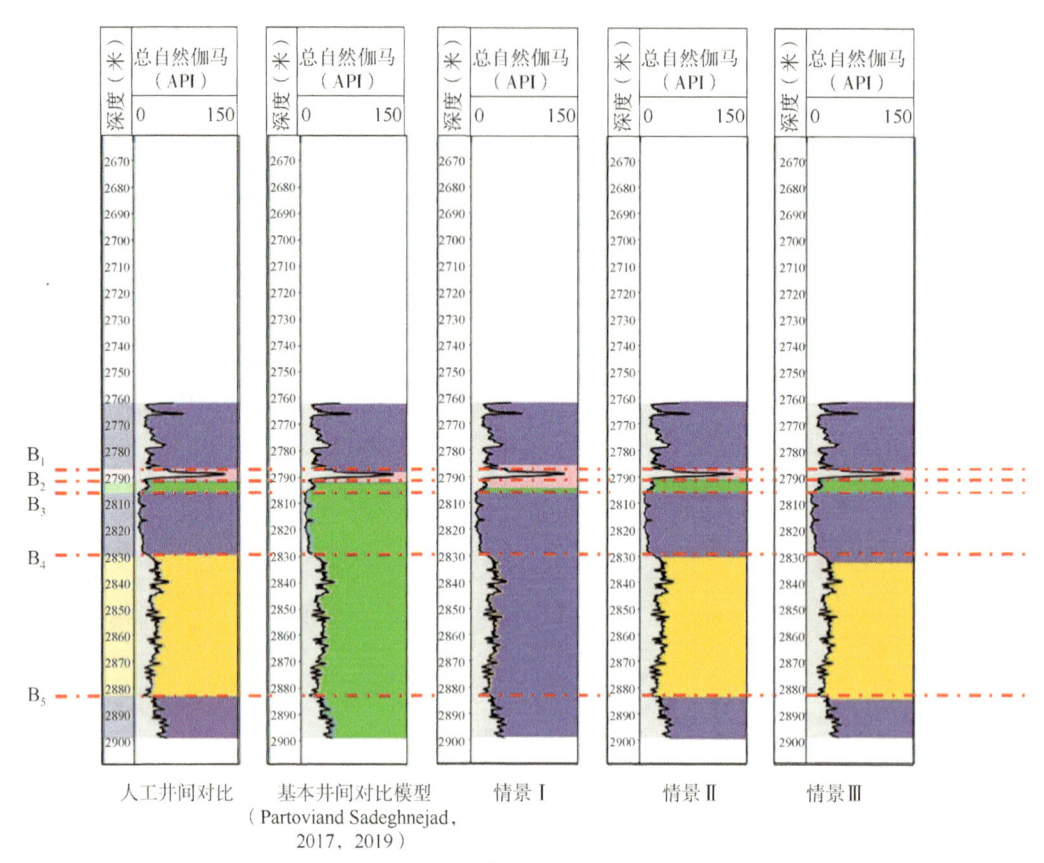

（c）2号井人工方法、基础模型、情景Ⅰ、Ⅱ、Ⅲ岩性边界识别结果

图 3-22　3 种主成分情景井间对比结果(续)

案例论文将主成分分析应用于中东某碳酸盐岩油藏的岩性边界识别，文章对比了用 4 种不同的模型进行岩性识别的效果，分别是：不采用主成分分析的基础模型、采用单个测井曲线的主成分模型、采用 4 个测井曲线的主成分模型、采用 4 个测井曲线和两次主成分计算的模型。结果显示，采用 4 个测井曲线的主成分模型能够识别出案例中的全部岩性边界，且识别误差较小，显著提升了基础模型识别岩性边界的效果和准确度。

虽然研究结果显示主成分分析法显著提升了岩性识别的准确性，但文章指出这一方法有 3 个局限。一是运用该方法需要预先获得岩性边界的参考井信息；二是最佳窗口长度需要视地层情况确定；三是该算法不能识别地层尖灭、整个油藏的均匀性和非常薄的地质层。

第四章 线性回归分析

第一节 线性回归方法原理

线性回归是研究变量之间线性相关关系的方法。变量之间的关系可以分为两类：确定性关系、非确定性关系。确定性关系就是指存在某种函数关系，非确定性关系是指变量之间存在一定关联，但又不存在确定性的数值关系。例如，汽车销量与人口数量、经济发展水平相关，但是同样的人口数量和经济发展水平的两个地区，汽车销量很可能是不同的。这种既有关联又不存在确定性数值关系的关系，就称为相关关系。回归分析就是研究变量之间相关关系的一种数理统计分析方法。

回归分析主要研究以下几个问题：
(1) 拟合：建立变量之间有效的经验函数关系；
(2) 变量选择：在一批变量中确定哪些变量对因变量有显著影响，哪些没有实质影响；
(3) 估计与检验：估计回归模型中的未知参数，并且对模型提出的各种假设进行推断；
(4) 预测：给定某个自变量，预测因变量的值或范围。

根据自变量个数和经验函数形式的不同，回归分析可以分为许多类别。

一、一元线性回归

一元线性回归是分析只有一个自变量的线性相关关系的方法。给定一组数据点(x_1, y_1)，(x_2, y_2)，$\cdots$，(x_n, y_n)，如果通过散点图可以观察出变量间大致存在线性函数关系，则可以建立如下模型

$$\begin{cases} Y = a + bX + \varepsilon \\ \varepsilon \sim N(0, \sigma^2) \end{cases} \tag{4-1}$$

式中　Y——因变量；

　　　X——自变量；

　　　a、b——回归系数；

　　　ε——回归值与测量值之间的误差；

　　　σ——误差的标准差。

估计回归系数最常用的方法是最小二乘法。已知(x_1, y_1)，(x_2, y_2)，…，(x_n, y_n)，代入回归模型得到

$$y_i = a + bx_i + \varepsilon_i, \quad \varepsilon_i \sim N(0, \sigma^2), \quad i = 1, 2, \cdots, n \tag{4-2}$$

最小二乘法的原理是寻求使观测值与回归值的离差平方和最小的估计系数。对应样本中的每一个x_i都有一个y_i的估计值$\hat{y_i}$，$i = 1, 2, \cdots, n$（图4-1）。

y_i与$\hat{y_i}$之间存在一个偏差ε_i，于是有

$$\varepsilon_i = y_i - \hat{y_i} = y_i - a - bx_i \tag{4-3}$$

设

$$Q = \sum_{i=1}^{n} \varepsilon_i^2 = \sum_{i=1}^{n} (y_i - a - bx_i)^2 \tag{4-4}$$

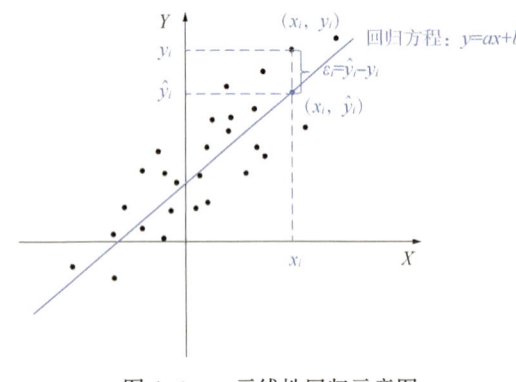

图4-1 一元线性回归示意图

式中 Q——离差平方和。

可见，离差平方和Q是参数a、b的函数。为了求得离差平方和最小的估计系数，利用极值原理

$$\frac{\partial Q}{\partial a} = 0, \quad \frac{\partial Q}{\partial b} = 0 \tag{4-5}$$

即

$$\begin{cases} \dfrac{\partial Q}{\partial a} = -2 \sum_{i=1}^{n} [y_i - (a + bx_i)] = 0 \\ \dfrac{\partial Q}{\partial b} = -2 \sum_{i=1}^{n} x_i [y_i - (a + bx_i)] = 0 \end{cases} \tag{4-6}$$

求解此联立方程，可得

$$b = \frac{n \sum_{i=1}^{n} x_i y_i - \sum_{i=1}^{n} x_i \sum_{i=1}^{n} y_i}{n \sum_{i=1}^{n} x_i^2 - \left(\sum_{i=1}^{n} x_i \right)^2} \tag{4-7}$$

$$a = \frac{1}{n} \sum_{i=1}^{n} y_i - \frac{b}{n} \sum_{i=1}^{n} x_i \tag{4-8}$$

令$\bar{x} = \dfrac{1}{n} \sum_{i=1}^{n} x_i$，$\bar{y} = \dfrac{1}{n} \sum_{i=1}^{n} y_i$，则有

$$b = \frac{\sum_{i=1}^{n} x_i y_i - \bar{x} \sum_{i=1}^{n} y_i}{\sum_{i=1}^{n} x_i^2 - \bar{x} \sum_{i=1}^{n} x_i} \tag{4-9}$$

$$a = \bar{y} - b\bar{x} \tag{4-10}$$

回归模型建立以后,需要对因变量与自变量线性关系的显著性、模型的有效性进行统计检验。常用的对回归方程的统计检验包括 t 检验和 F 检验。

(1) t 检验。

t 检验用于检验自变量对因变量的影响是否显著。t 检验的原假设是 H_0:$\rho=0$(ρ 为总体相关系数),即总体的因变量与自变量之间的线性相关性不显著。备择假设是 H_1:$\rho \neq 0$,即总体的因变量与自变量相关系数不为零,表明总体的两变量之间存在显著的线性相关关系。

可以证明,当原假设 H_0:$\rho=0$ 成立时,统计量 t 服从自由度为 $n-2$ 的 t 分布,即

$$t = r\sqrt{n-2}/\sqrt{1-r^2} \sim t(n-2) \tag{4-11}$$

对于给定的显著性水平 α,查 t 分布表得临界值 $t_{\alpha/2}(n-2)$,将 t 值与临界值进行比较:

当 $|t| < t_{\alpha/2}(n-2)$ 时,接受 H_0,总体的两变量之间线性相关性不显著;

当 $|t| \geq t_{\alpha/2}(n-2)$ 时,拒绝 H_0,总体的两变量之间线性相关性显著,即样本的相关系数绝对值接近1,并不是由于偶然机会所导致。

(2) F 检验。

F 检验用于检验 y 与 x 之间是否存在显著的线性统计关系,是对回归方程总体有效性的检验。F 检验值计算公式如下

$$F = \frac{\sum_{i=1}^{n}(\hat{y_i} - \bar{y_i})^2}{\sum_{i=1}^{n}(\hat{y_i} - \bar{y_i})/(n-2)} \tag{4-12}$$

F 检验操作方法如下:根据式(4-12)计算出 F 统计量的值,给定显著性水平 α,取自由度 $v=n-2$,查 F 检验表,得 F 的临界值 F_α,将 F 与临界值 F_α 比较:

当 $F \geq F_\alpha$ 时,y 与 x 在 α 显著性水平下存在线性统计关系,检验通过,回归模型有效;

当 $F < F_\alpha$ 时,检验未通过,回归模型无效。

二、多元线性回归模型

当因变量 y 受多个自变量 x_1,x_2,…,x_m 影响,且各个自变量 x_j($j=1$,2,…,m)与 y 都近似地表现为线性相关时,可建立多元线性回归模型来进行分析和预测。多元线性回归模型的一般形式为

$$\hat{y_i} = b_0 + b_1 x_1 + b_2 x_2 + \cdots + b_m x_m + \varepsilon \tag{4-13}$$

对 $i(i=1, 2, \cdots, n)$ 个样本，式（4-13）可写为

$$\hat{y_i} = b_0 + b_1 x_{1i} + b_2 x_{2i} + \cdots + b_m x_{mi} + \varepsilon, \quad i=1, 2, \cdots, n \tag{4-14}$$

其中，b_0，b_1，b_2，$\cdots$，b_m 为回归系数，ε 为随机误差项，n 为样本个数，m 为自变量个数。多元线性回归方程的系数估计可以采用最小二乘法，也可以采用矩阵解法。式（4-14）的矩阵形式如下

$$\boldsymbol{Y} = \boldsymbol{XB} \tag{4-15}$$

$$\boldsymbol{Y} = \begin{bmatrix} y_1 \\ y_2 \\ \vdots \\ y_n \end{bmatrix}, \quad \boldsymbol{X} = \begin{bmatrix} 1 & x_{11} & \cdots & x_{m1} \\ 1 & x_{12} & \cdots & x_{m2} \\ 1 & \vdots & \ddots & \vdots \\ 1 & x_{1n} & \cdots & x_{mn} \end{bmatrix}, \quad \boldsymbol{B} = \begin{bmatrix} b_0 \\ b_1 \\ \vdots \\ b_m \end{bmatrix} \tag{4-16}$$

式（4-15）的两边左乘 $\boldsymbol{X}^{\mathrm{T}}$，得

$$\boldsymbol{X}^{\mathrm{T}} \boldsymbol{Y} = \boldsymbol{X}^{\mathrm{T}} \boldsymbol{XB} \tag{4-17}$$

$\boldsymbol{X}^{\mathrm{T}} \boldsymbol{X}$ 是方阵，可求逆，可得

$$\boldsymbol{B} = (\boldsymbol{X}^{\mathrm{T}} \boldsymbol{X})^{-1} \boldsymbol{X}^{\mathrm{T}} \boldsymbol{Y} = \begin{bmatrix} b_0 \\ b_1 \\ \vdots \\ b_m \end{bmatrix} \tag{4-18}$$

多元线性回归模型的统计检验与一元线性回归类似，主要包括 t 检验和 F 检验。t 检验用于检验回归系数 b_1，b_2，$\cdots$，b_m 的统计意义，即检验自变量 x_1，x_2，$\cdots$，x_m 对自变量 y 的影响是否显著。

多元线性回归 t 检验统计量为

$$t_{bi} = b_i / s_{bi} \tag{4-19}$$

式中　t_{bi}——回归系数 b_i 的 t 统计量；

　　　s_{bi}——回归系数 b_i 的标准差。

根据式（4-19）计算出回归系数 b_i 的 t 统计量的值，查 t 检验表得到临界值 $t_{\alpha/2}$，当 $t_{bi} > t_{\alpha/2}$ 时检验通过，回归系数 b_i 显著，说明自变量 x_i 对因变量 y 有显著影响；否则，说明自变量 x_i 对因变量 y 的影响在 α 显著性水平下不显著，模型中应当剔除 x_i。

多元线性回归 F 检验的统计量为：

$$F = \frac{\boldsymbol{B}^{\mathrm{T}} \boldsymbol{X}^{\mathrm{T}} \boldsymbol{Y}}{m s^2} \tag{4-20}$$

计算出 F 值后，查 F 检验表得 F_α。当 $F > F_\alpha$ 时，检验通过，模型有效。

值得注意的是，多元线性回归模型可能会遇到多重共线性的问题。多重共线性是指自变量之间存在线性关系或接近线性关系。如果它们完全相关，则$(X^TX)^{-1}$不存在，最小二乘法失效。如果自变量之间的相关程度较低，其影响可以忽略。若自变量之间高度相关，则回归系数无效或无意义。这时，应当选择其他新的自变量或替换变量进行模型构建。

第二节　线性回归软件操作

本节介绍基于 EViews 的线性回归操作过程。EViews 是 Econometrics Views 的缩写，意为通过计量经济学方法定量考察社会经济活动中的数量关系。EViews 软件具有操作简便、可视化等优势，是计量经济学领域最常用的软件之一。本节案例通过构建多元线性回归模型考察我国能源消费总量受宏观经济指标的影响程度，数据采用 1990—2021 年我国能源消费总量、经济发展水平、人口数量、城镇化率、资本投资等，数据来源是国家统计局数据库。

一、数据导入

基于 EViews 进行线性回归的第一步是数据导入。打开 EViews 软件，点击初始界面的 **Create a new EViews workfile** 按钮（图 4-2），弹出新建文件对话框。

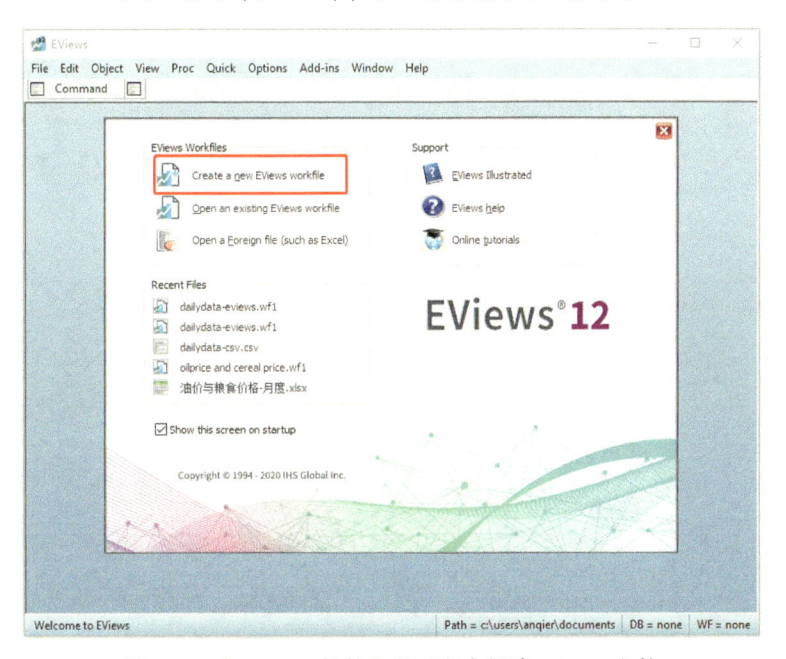

图 4-2　在 EViews 软件主界面点击新建 EViews 文件

由于案例数据是年度数据，在 **Workfile structure typy** 中选择 Dated-regular frequency（日期—固定频率）。数据频率选择 **Annual**（年度），起始日期输入 1990，结束日期输入 2021（图 4-3）。

图 4-3　新建 EViews 文件对话框

新建 EViews 文件后，软件自动生成两个时间序列，c 表示常数项，resid 表示误差。而后，需要录入或导入原始数据。以导入数据为例，点击菜单栏的 File/Import/Import from file，即可从 Excel 文件中导入原始数据（图 4-4）。软件自动将第一行识别为变量名。

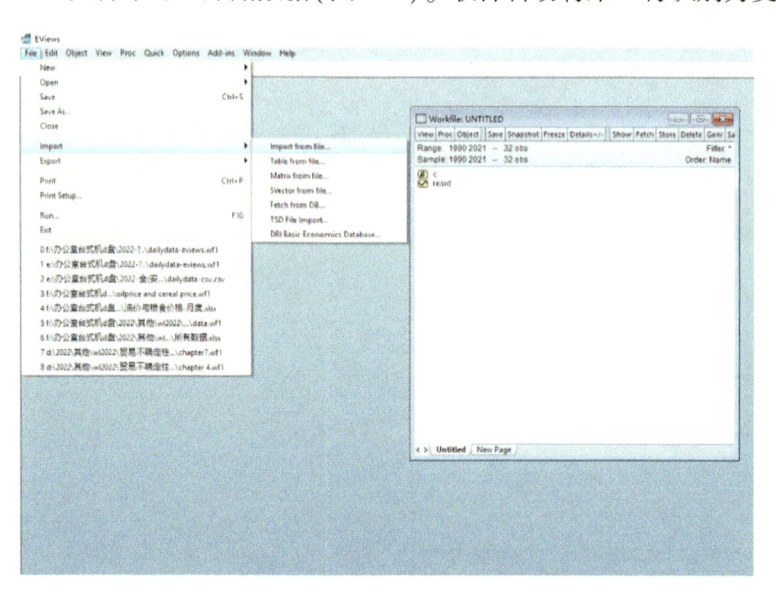

图 4-4　EViews 数据导入步骤

二、模型设置

导入数据后，软件界面出现相应变量（图 4-5）。本案例通过构建多元线性回归模型，考察产业结构、人口数量、投资、城镇化率对能源消费总量的影响。选取的因变量为：

lnenergy，能源消费总量的自然对数。自变量有 4 个，分别为：ln*indus*，第二产业增加值占 GDP 的比重；ln*invest*，资本投资的自然对数；ln*pop*，年末人口数的自然对数；ln*urb*：城镇化率。欲构建的多元线性回归模型为：

$$\text{ln}energy = \alpha_0 + \alpha_1 \text{ln}indus + \alpha_2 \text{ln}invest + \alpha_3 \text{ln}pop + \alpha_4 \text{ln}urb + \varepsilon \quad (4-21)$$

点击菜单栏Quick/Estimate Equation，弹出公式估计对话框（图 4-6）。在Equation specification（公式描述）窗口输入需要拟合的线性回归公式，顺序是因变量、常数项、自变量，变量中间以空格隔开，即：lnenergy c lnpop lnurb lninds lninvest。在Estimation setting（估计设置）菜单选择方法为LS-Least Squares（NLS and ARMA），即最小二乘法。

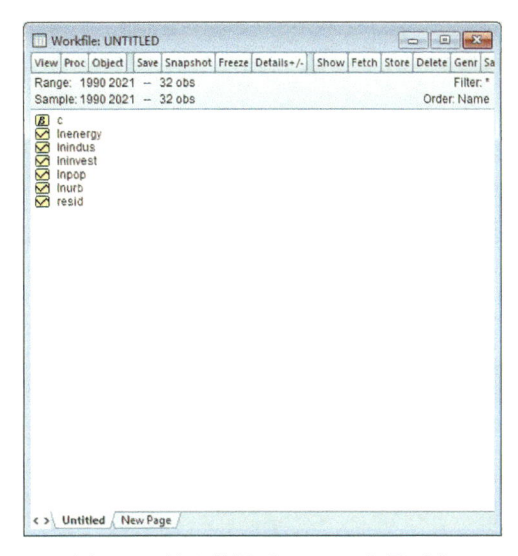

图 4-5　导入数据后 EViews 变量列表

图 4-6　EViews 估计公式对话框

三、结果解读

点击确定按钮，即可生成线性回归拟合结果（图 4-7）。图中，Coefficient 为估计系数，Std. Error 为标准误差，t-Statistic 为变量的 t 统计量，Prob. 为 t 检验的 p 值。根据图 4-7，对我国能源消费总量的线性回归模型估计结果为：

$$\text{ln}energy = 131.76 - 11.55\text{ln}pop + 2.75\text{ln}urb \\ + 0.65\text{ln}indus + 0.34\text{ln}invest + \varepsilon$$

$$(4-22)$$

各个自变量的 p 值均小于 0.01，表明自变量的系数在 1% 的显著性水平下显著不为零，

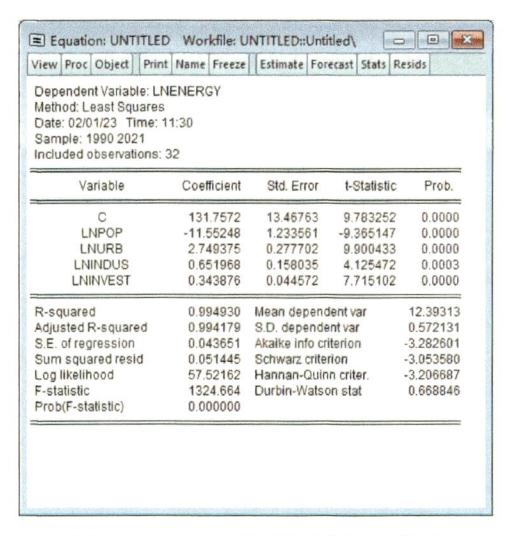

图 4-7　EViews 多元线性回归结果表

说明各个自变量对因变量都有显著影响。F 统计量的值为 1324.664，p 值为 0.000，F 检验通过，模型有效。模型的拟合优度为 0.995，说明自变量解释了 99.5% 的因变量的变化，拟合效果较好。

在图 4-7 中点击 View/Actual，Fitted，Residual，可显示回归模型的真实值、拟合值、残差值图表(图 4-8)。其中，Actual 表示样本中因变量的真实值，Fitted 表示根据回归模型拟合的因变量估计值，Residual 表示真实值与拟合值的差，虚线表示置信带，即一个标准误差范围。据图 4-8 可知，回归残差围绕 0 波动，大多数年份的残差都位于置信带区域内，模型拟合效果较好。

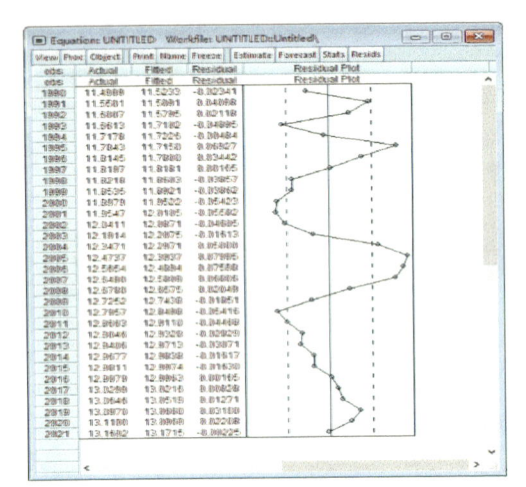

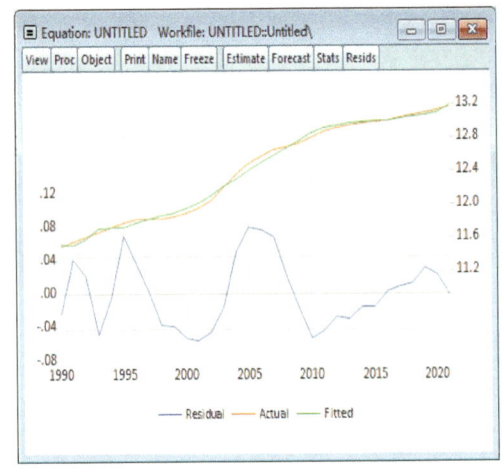

图 4-8　真实值、拟合值、残差值结果表(左)和趋势图(右)

第三节　应用案例：基于线性回归的钻井成本预测

线性回归在石油领域的应用较为广泛，很多学者将回归模型用于油田产量预测、投资预测、地层速度预测、石油消费影响因素分析、产能评价等。本节选用的案例论文题为"Modeling the time and cost to drill an offshore well"(海上钻井时间和成本建模)。该论文发表在 Energy 期刊(SCI，影响因子 8.857)。

一、研究背景

石油钻井是一项大型的开发工程，面临高昂的投资和复杂的地面、地下条件，不确定性较强，投资风险较高。深入分析钻井周期、钻井成本影响因素，对钻井风险管理和成本管理有重要意义。钻井周期和成本受很多地质条件、市场因素的影响，很多信息在钻井前无法获知，这就需要通过对经验资料进行统计分析，在一定的假设前提下基于已有资料对钻井周期和成本进行科学评估。

案例论文分析了海上钻井周期和钻井成本的影响因素，并基于墨西哥湾的实证数据对钻井周期、钻井成本与各项影响因素的关系进行了线性回归。由于位置偏远、环境复杂、后勤保障难度大等因素，海上钻井的风险和成本比陆上钻井更大。据统计，美国平均海上钻井成本是陆上的4倍。对海上钻井周期和钻井成本的分析评价有着较强的现实意义。模型选取的主要解释变量包括钻井距离、水平段长度、纵横比、套管柱数量、钻井液质量等。

虽然世界各地钻井的物理原理是基本一样的，但油井的复杂程度、类型却千差万别。为了更深入地理解钻井成本规律，提高钻井投资管理和风险管理水平，有必要充分考量各类影响钻井周期和成本的因素，并采用统计学方法量化各类影响因素对钻井性能的影响程度。

常用的评估钻井成本的方法可以分为两类。一是对特定钻井环境进行充分的现场实验和技术研究，确定钻井参数和性能；二是基于历史经验明确各类参数对钻井性能的影响，构建钻井性能与影响因素的关系模型，对钻井数据进行综合评估。这两种方法各有优缺点，第一种方法成本较高，第二种方法需要的历史经验资料较多。线性回归方法属于第二种方法。

采用线性回归估计钻井周期和钻井成本，需要梳理钻井基本原理、筛选钻井周期和钻井成本影响因素、构建回归模型、分析模型估计效果。案例论文以墨西哥湾的一组测井资料为案例，构建了钻井周期、钻井成本的多元线性回归模型，并对模型结果进行了检验。

二、研究过程

钻井周期和成本受到很多因素的影响（图4-9）。总体来说，影响钻井周期和成本的因素有8个类别：市场条件、钻井条件、地层评价、井场特点、钻机特点、外部事件、地质条件、环境条件。

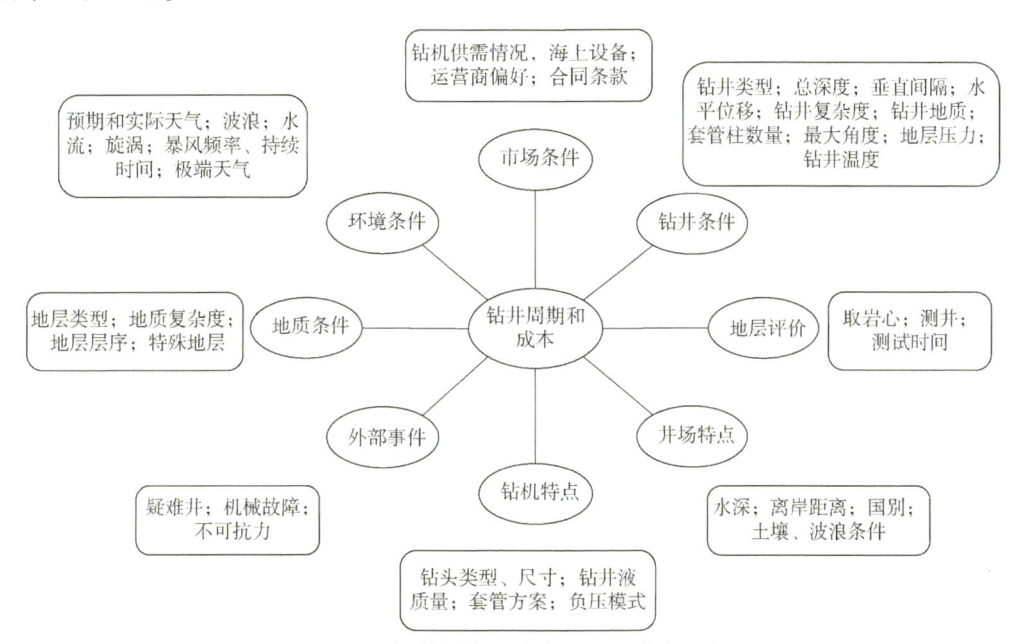

图4-9 钻井周期和成本的主要影响因素

世界各地的地质构造各不相同，在同一个生产盆地内也可能有很大差异。坚硬、非均质地层往往具有渗透率低、钻井故障率高的特点，钻井轨迹与计划轨迹的偏差也相对较大。

深度较大的储层具有渗透率低、高温高压、裂缝生长和应力状态复杂、CO_2和硫化氢等污染物高等特征。这些因素都会增加钻井的复杂性。钻井方法的选择取决于储层地质条件、技术水平、钻井公司经验和偏好、可用设备等。水深、区域政策等环境特征和井场特征会影响钻机类型，进而影响钻井周期和成本。此外，恶劣天气和机械故障等外部事件也会对钻井周期和成本产生重大影响。

1. 影响钻井周期和钻井成本的因素

钻井作业复杂且不确定，许多因素影响钻井周期和成本。这些因素相互依存、共同作用。按照因素是否可观察、可测量，可将所有影响钻井周期和钻井成本的因素分为3个类别（图4-10）。

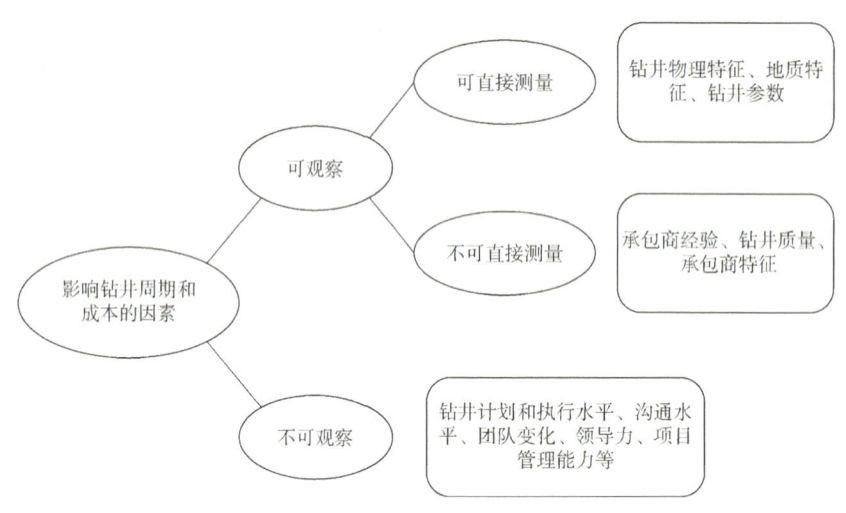

图4-10 钻井周期和成本影响因素分类

可直接测量因素可以直接纳入线性回归模型，如物理特征、地质特征和钻井参数。不可直接测量的变量如果要纳入模型需要寻找代理变量。例如，采用承包商钻井进尺总数作为经验的代理变量、钻井质量合格率作为供应商钻井质量的代理变量等。一些不可观察的因素，如沟通水平、领导力、项目管理能力等也会影响钻井绩效，但识别和测量这些变量难度较大，一般难以纳入回归模型。钻井周期和成本模型的因素选择是由钻井系统特征与数据可得性共同决定的。

（1）钻井类型。

有许多方法可以对油井进行分类，最常见的分类是勘探井和开发井。在未探明区域钻取以增加储量的井为勘探井，而在已知油田范围内钻取以产生已知储量的井则为开发井。大多数勘探井是直井，但在特殊情况下，可能以一定角度甚至水平钻取。开发井作为生产计划的一部分进行钻探，通常只有第一口开发井是垂直的，随后的油井垂直钻至一定深度，然后以"J"形或"S"形模式开始钻至总深度。有时为了增加开发效果，会在比井筒原始段浅的区域侧钻出井，以到达新的地层段。

勘探井的成本一般情况下高于开发井成本。这是因为勘探区域的地质构造未经测试，超压风险可能会导致井喷。勘探井中收集的信息会用于开发井，因此开发井的钻井周期更短，钻井成本更低。

因此，在钻井周期和钻井成本模型中将钻井类型作为自变量之一，记为 WD。WD 是取值为 0 或 1 的虚拟变量，当钻井为勘探井时 WD=0，当钻井为开发井时 WD=1。

（2）几何结构。

井眼是一个三维轨迹，可以用几何术语描述井眼长度、直径和曲率。定义海上钻井几何指标如下：

总深度（TD）：从钻井转盘沿井筒长度在 XY 平面上测量的井深；

垂直深度（VD）：从转盘在垂直平面上测量的井深；

开钻深度（SD）：从转盘到海床的距离；

钻探层段深度（DI）：总深度和开钻深度之差，DI=TD-SD；

垂直层段深度（VI）：垂直深度与钻探层段深度之差，VI=VD-DI；

水平位移（HD）：平面图中从转盘到总井深的距离；

水深（WD）：从水面到海床的距离。

钻井难度、成本和危险性都随着水深和钻探层段深度的增加而增加。水深是所有海上作业中的一个重要因素，随着水深的增加钻机规格也需要增加。使用浮子的钻井作业需要更专业的技术，这大大提高了日耗率。井眼越深，更换磨损钻头和下套管、测试和测井的往返时间就越长。遇到的地层数量通常会随着维持井控所需的套管柱数量的增加而增加。随着套管柱数量的增加，起下钻时间、安装时间、水泥和固井时间也将增加。

（3）套管柱数量。

额外套管柱也是影响钻井成本的重要因素之一。处理较大套管柱需要使用更昂贵的钻机、工具、泵、压缩机和井口控制设备。将套管柱数量从 3 根增加到 4 根可能会导致油井成本增加 10%~20%；将套管柱的数量从 4 根增加到 5 根可能会增加 20%~30% 的成本。海上钻井液是一种昂贵的化学制剂，井眼越深，需要的钻井液越多。超过泥线以下一定深度，技术复杂性和出现问题的概率显著增加。在许多深水井中，总成本中用于钻最后 10%~20% 深度的成本占总成本的比率高达 50%。

一口油气井由若干套管柱 S_i 组成，相对于参考坐标系以角度 $A(S_i)$ 定向。井筒的最大角度计算为 $MA=A(S_i)$。如果 $MA \geq 85°$，则该井被称为水平井。使用变量 HW 表示该井是否为水平井

$$HW = \begin{cases} 1, & MA \geq 85° \\ 0, & MA < 85° \end{cases} \quad (4-23)$$

令套管柱 S_i 的长度为 $L(S_i)$，则水平段的总长度为

$$HL = \{\sum_{i=1}^{l} L(S_i) \mid A(S_i) \geq 85°, \ i = 1, 2, \cdots, l\} \quad (4-24)$$

钻水平井的原因有很多，主要是为了提高产量和达到垂直井无法开发的储层。水平钻井不如垂直钻井稳定，测井和完井的难度更大，因此水平井的钻井成本通常是类似长度垂直钻井成本的 2~3 倍。具有长水平偏离的定向井称为大位移井，通常定义 TD/VD>2.0 的井为大位移井。

套管在钻井和完井中起着重要的作用，是钻井计划中最昂贵的部分之一，占完井总成本的10%~20%。套管可防止钻井过程中井眼坍塌，并将井眼流体与地下地层隔离。套管还为钻井液提供流动管道，并允许安全控制地层压力。没有遇到异常地层孔隙压力梯度、井漏区或盐段的井通常只需要导体和表面套管即可钻至目标。穿透异常压力地层、井漏区、不稳定页岩段或盐段的深井通常需要一根或多根中间套管柱来保护地层和避免井漏等问题。

每个套管段的直径为 $D_i = D(S_i)$，半径为 $R_i = R(S_i)$，长度为 $L_i = L(S_i)$。如果 $k = NS$ 表示与井相关联的套管柱的数量，则完工井由向量 $\boldsymbol{D} = (D_1, D_2, \cdots, D_k)$ 和 $\boldsymbol{L} = (L_1, L_2, \cdots, L_k)$ 表征。套管柱的数量间接表示了井的复杂度，因为复杂井通常与多个管柱以及孔隙压力和裂缝压力梯度之间的狭窄边缘相关。套管长度增量用 $\boldsymbol{L}^* = (L_1^*, L_2^*, \cdots, L_k^*)$ 表示，其中 $L_i^* = L_i - L_{i-1}$，$i = 1, 2, \cdots, k$；$L_0^* = 0$。

运营商通常希望生产套管尽可能大，以最大限度地提高产量，但大型生产套管需要大井筒，这意味着更复杂的工艺和更高的成本。平均钻孔尺寸和移除的岩石体积是表征最终钻井几何结构的数值度量。平均孔径 HS 由沿井筒的套管柱的加权平均直径确定

$$HS = \frac{\sum_{i=0}^{k} D_i L_i^*}{\sum_{i=0}^{k} L_i^*} \tag{4-25}$$

从井筒中移除的岩石体积 VR 定义为

$$VR = \pi \sum_{i=0}^{k} R_i^2 L_i^* \tag{4-26}$$

平均孔径越大、从井筒中移除的体积越大，钻井成本越高。

（4）钻井复杂度。

由于井的类型不同、参数不同，钻井的复杂度差异极大。但是影响钻井成本的各类参数众多，不仅包括可直接测量的参数，还包括不可直接测量的承包商技术经验、态度、管理水平等，因此钻井的复杂度也不能通过简单指标来测度。钻井复杂度通常需要借助物理特征来表示，如水深、垂直深度、最大角度和套管柱数量等。

高压/高温井在18000~20000ft深处开始出现高温。如果在地热活动区域，高温可能出现在更浅的区域。高压/高温井的规划和钻探通常是基于较少的地层信息。如果一口井的地层压力 FP 超过10000lbf/in²，或者沿井筒任何地方的温度 T 大于300℉，则该井通常被认为是复杂的。

复杂性指标用于识别钻井环境的复杂度，赋值规则如下

$$CI = \begin{cases} 1, & FP > 10000 \text{psi}❶, \ T > 300℉ \\ 0 \end{cases} \tag{4-27}$$

（5）井筒轨迹。

描述井筒轨迹的常用指标有3个：HR、AR、ER。其中，HR 为水平段长度与总进尺的

---

❶ 1psi = 6.89kPa。

比率,描述了水平条件下钻井进尺的百分比

$$HR = \frac{HL}{DI} \tag{4-28}$$

大多数勘探井的 HR 约等于0,开发井和延伸井的 HR 在 0~1 之间。

纵横比 AR 测量井眼轨迹的总曲率,公式为

$$AR = \frac{HD}{VI} \tag{4-29}$$

延伸比 ER 定义为总深度与垂直深度之比,公式为

$$ER = \frac{TD}{VD} \tag{4-30}$$

(6)运营商的偏好。

1)合同类型。

运营商不仅要决定在哪里钻井,还要决定如何钻井,以及签订合同的方式。合同类型、作业规范、市场价格和谈判策略是决定钻井周期和成本的重要因素。

2)钻井平台选择。

许多不同的钻机可以用来钻海上油井。钻机的选择取决于钻井类型、水深和环境标准、海底类型和密度、预期钻井深度、负载能力、移动频率、无支撑作业能力和可用性等因素。

(7)钻井参数。

1)钻头类型和尺寸。

不同的地层硬度、压力状态和钻井方案,需要使用不同类型和尺寸的钻头。钻头分为滚轮钻头和固定切削齿钻头。钻机的可用性也是需要考虑的因素。如果钻井地区的钻机需求超过供应,钻机价格将会上涨。

2)钻井液类型。

钻井液用于控制井筒中不同深度的压力。合成基钻井液的井下性能与油基钻井液类似,在某些情况下优于水基钻井液。钻井液系统选择中涉及的其他流体相关问题包括井眼清洁、润滑性、稳定性、重晶石凹陷和流体稳定性。在水平井、多分支井和大位移井应用中,与流体相关的问题变得更加复杂,而钻井液程序越复杂,钻井的预期成本就越大。

3)钻井液密度。

高密度钻井液通常用于制造过平衡,以防止液体进入井内。井眼压力越大,钻井液就越重,钻速也就越慢。每个井段的钻井液密度都不同。如果用于钻出 L_i^* $(i = 1, 2, \cdots, k)$ 井段的钻井液密度记为 $MWA(L_i^*)$,则钻井程序中使用的平均钻井液密度定义为

$$MWA = \frac{\sum_{i=0}^{k} MWA(L_i^*) L_i^*}{\sum_{i=0}^{k} L_i^*} \tag{4-31}$$

TD 处的钻井液密度记为 $MWTD$。在井筒上使用的最大钻井液密度确定为

$$NWMX = \max_{i=1,\cdots,k} MWA(L_i^*) \tag{4-32}$$

由于高压井的钻井更加复杂，MWA、$MWTD$ 和 $MWMX$ 可以用于描述井的复杂性。

（8）地层评价。

地层评价是油气勘探的关键步骤，是评价获得含油气储层有无信息的阶段。切割取心需要单独的往返起下钻来安装和拆卸取心组件，如果井深且间隔大，取心会花费大量的钻井时间。在任意井段取出岩心样品或试图取心的天数用 CD 表示。在达到总深度之前或之后（不包括随钻测井或地层评价钻井）进行测井或试图取心的天数用 LD 表示。取心和测井天数包括中断时间和等待天气时间。

（9）外源性事件。

外源性事件无法准确预测，但需要考虑其影响和持续时间，以规范承包商无法控制的情况。常见的外源性事件包括恶劣天气、设备故障和终端、卡钻、油气价格上涨导致钻机和材料成本上升等。

（10）不可见的变量。

许多影响钻井性能的变量很难量化，如钻井计划、准备工作、项目管理和技术等。由于这些变量对钻井程序的影响基本上是不可观察的，通常不可能将这些因素直接纳入建模中。然而，这些因素对钻井性能的重要性怎么强调都不为过，并且普遍认为它们在操作中扮演着重要的角色。

2. 模型公式

选取钻井时间、钻井成本作为因变量，影响钻井时间和成本的各类因素作为自变量，构建多元线性回归模型。

（1）建模过程。

大量参数影响钻井作业，并以复杂、动态的方式相互作用。回归分析为建立钻井变量之间的关系提供了一个标准而透明的分析框架。该方法遵循 4 个基本步骤：

1）选择模型中的解释变量，即影响钻井成本和钻井周期的因素。解释变量向量记为：X_1, X_2, $\cdots$, X_p。

2）将解释变量聚合成一个向量集

$$\boldsymbol{\Omega} = \{(X_1, X_2, \cdots, X_p) \mid A_i \leq X_i \leq B_i\} \tag{4-33}$$

其中，A_i 和 B_i 表示解释变量的取值范围，由作者定义。

3）构建如下回归模型，并检验变量系数（α_i）的显著性。

$$\varphi(\boldsymbol{\Omega}) = \alpha'_0 + \sum_{i=1}^{p} \alpha'_i X_i \tag{4-34}$$

4）保留系数显著的解释变量，重新估计回归模型。

$$\varphi(\boldsymbol{\Omega}) = \alpha'_0 + \sum_{i=1}^{q<p} \alpha'_i X_i \tag{4-35}$$

由于模型中忽略了一些可能影响钻井周期和成本的不可观察的变量，如管理工作、钻井质量、技术和天气条件,如果这些变量与其他自变量相关,那么忽略这些变量可能会导致偏差估计。可以使用固定效应模型,通过位置、时间和运营商固定效应来解决被忽略的变量问题。

(2)因变量。

本文构建的模型有3个因变量,分别是钻井天数(DHD)、干井成本(DHC)、钻井总成本(TWC)。其中,钻井天数(DHD)为从开钻日期到钻进至目标井深的天数;干井成本(DHC)包括运营成本、管理费用、基地运营、奖励支付、测井、运输、材料供应、船舶支持、海洋供应基地、港口设施和仓储等费用。钻井总成本(TWC)除了包括干井成本以外,还包括完井和试井作业、生产管柱/尾管、采油树、完井设备、长期日常租赁完井设备、油井设计和编程、现场调查和准备、钻机调动和遣散、油井暂停和再入成本、封井成本、弃井成本等费用。

(3)数据来源。

研究使用的数据包括2002年至2003年在墨西哥湾钻探的73口井。井的成本数据来自两家国内独立公司和一家提供其钻井项目代表性样本的公司。各项成本均以名义美元计价,由于研究期较短,成本数据未进行通胀调整。研究样本只考虑新井,不包括侧钻井、增强井和多边井。

三、研究结果

1. 描述性统计

模型中各变量描述性统计结果如图4-11所示。钻井类型(WT)的均值为0.51,表明样本中一半的钻井是勘探井,另一半是开发井。水深(WD)和钻井几何机构指标(DI、HD、VD)的标准差较大,说明样本钻井的水深和几何机构存在显著差异。套管柱数量(NS)的均值为4.1,说明大多数井需要3~5根套管柱。

Metric (unit)	Mean	Std. deviation	Min	Max
WT	0.51	0.50	0	1
WD (m)	1041	590	5	2432
DI (m)	3254	1219	1118	7027
HD (m)	823	789	0	2752
VD (m)	3916	1365	1619	7758
AR	0.36	0.39	0	1.5
ER	1.1	0.2	1	1.7
HL (m)	416	675	0	4540
FBS (in)	10.6	2.1	6	14.8
NS	4.1	0.9	2	6
MXMW (s.g.)	1.5	0.2	1.1	2.0

图4-11 自变量描述性统计结果

样本钻井周期和成本相关指标的描述性统计结果如图4-12所示。图中除了模型中的3个因变量钻井天数(DHD)、干井成本(DHC)、钻井总成本(TWC)以外,还描述了其他钻井周期和成本指标,包括钻速(ROP)、单日成本(CPD)、每米干井成本(DHCPM)、每米总成本(TWCPM)等。据图可知,每口井的平均干井时间(DHD)为31天,平均干井成本为每口井 980 万美元。油井总成本比干井成本高出近 1000 美元/米。

Metric (unit)	Mean	Std. deviation
DHD (days)	31.1	17.2
DHC ($ million)	9.8	6.1
TWC ($ million)	12.4	9.9
ROP (m/d)	99.3	66.8
CPD ($1000/d)	285.1	94.1
DHCPM ($/m)	3097.8	1674.5
TWCPM ($/m)	4014.2	2545.3
DHC/DHD ($1000/d)	315.1	121.2
TWC/DHC	1.27	0.41

图 4-12　钻井周期和成本描述性统计结果

2. 回归估计结果

分别以钻井天数（DHD）、干井成本（DHC）、钻井总成本（TWC）为因变量，各类影响因素为自变量构建多元线性回归模型，结果如图 4-13 所示。

$\varphi(\Omega) = \alpha_0 + \alpha_1 WT + \alpha_2 WD + \alpha_3 DI + \alpha_4 HD + \alpha_5 AR + \alpha_6 NS$			
	DHD	DHC	TWC
α_0	−26.3 (−3.8)	−13.9 (−4.7)	−10.99 (−3.0)
α_1		1.79 (1.2)	
α_2	0.19 (1.1)	0.46 (4.4)	0.60 (4.6)
α_3	0.99 (7.6)	0.29 (4.7)	0.31 (4.1)
α_4	−0.86 (−1.8)	−0.28 (−1.3)	−0.22 (*)
α_5	13.43 (1.4)	6.54 (1.5)	4.62 (1.8)
α_6	6.16 (3.7)	2.32 (3.1)	2.01 (2.1)
R^2	0.66	0.59	0.48
n	73	73	73

图 4-13　钻井天数和成本回归结果图

据图 4-13 可知，钻井天数、干井成本、钻井总成本的回归模型如下

$$DHD = -26.3 + 0.2WD + 1.0DI - 0.9HD + 13.4AR + 6.2NS \tag{4-36}$$

$$DHC = -13.9 + 1.8WT + 0.46WD + 0.3DI - 0.28HD + 6.5AR + 2.3NS \tag{4-37}$$

$$TWC = -11.0 + 0.6WD + 0.3DI - 2.0HD + 4.6AR + 0.2NS \tag{4-38}$$

大多数变量具有统计学意义，且符号与预期一致。影响钻井天数（DHD）的最重要变量包括钻井层段（DI）和管柱数量（NS）。影响干井成本（DHC）和钻井总成本（TWC）的主要因素包括水深（WD）、钻井层段（DI）和套管柱数量（NS）。钻井层段是所有 3 种模型中的主要变量。变量和模型拟合的统计显著性合理。

3. 应用案例

应用上述回归公式对墨西哥湾某钻井的周期和成本进行预测。假定水深为 220m（$WD=220$），钻井类型为勘探井（$WT=1$），钻井层段为 1500m（$DI=1500$），水平位移为 250m（$HD=250$），纵横比为 0.2（$AR=0.2$），套管柱数量为 4（$NS=4$）。代入式（4-36）、式（4-37）、

式(4-38)可得：该井的钻井天数(DHD)为16.4天，干井成本(DHC)为307万美元，钻井总成本(TWC)为368万美元。

4. 结论与认识

钻井作业非常复杂，影响钻井时间和成本的因素很多。本文描述了影响钻井性能的因素，并概述一种在预测模型中量化钻井因素的一般方法。通过使用统计分析和实证建模，可以规范井筒的主要物理特征，建立相对稳健的关系来测度钻井时间和钻井成本。这种方法代表了一种理解钻井过程的框架，是量化评估钻井性能的有效方法。

第五章 时间序列分析

第一节 时间序列分析方法介绍

时间序列是指按时间间隔的顺序形成的随机变量。自然界和社会经济领域的很多数据都是按照日度、月度、年度统计的，如气象信息、物价指数、消费数据、股票价格等。随着时间推移这些数据就形成了时间序列变量。时间序列分析是统计学的重要分支，是基于概率论和数理统计而发展起来的具有很强实用性的数据分析方法。时间序列分析专题广泛而深入，本章只简要介绍几种常见模型。如果要深入理解时间序列分析方法的基本假设、模型选择、参数估计，可以参考针对时间序列方法的专业书籍。

时间序列分析就是挖掘时间序列数据内在的统计学规律，因此来提高经营决策水平。时间序列分析的主要功能有两个：一是描述功能，即建立模型来分析变量随时间推移的变化规律；二是预测功能，即利用时间序列过去和现在的资料预测未来变化趋势。近几年，大数据的发展和计算技术的进步为准确、快速、大规模进行时间序列分析提供了支撑。时间序列数据有两个特征：首先，样本变量的独立同分布条件常常不被满足，因为前后变量之间常常是有联系的；其次，时间具有一去不复返性，因此时间序列数据不能通过重复试验得到。

时间序列分析假设如果时间序列的任一期元素 Y_t 与其前若干期元素 Y_1，Y_2，…存在某种数学关系，则可以根据过去的观测值来预测未来。最为广泛使用的时间序列分析模型是自回归模型（AR）、移动平均模型（MA）以及混合模型。在实际生产运用中，混合模型主要有自回归移动平均模型（ARMA）以及差分自回归移动平均模型（ARIMA）。这些模型旨在回归变量自身之间建立线性组合。

一、相关概念

1. 随机过程

随机过程就是按时间顺序排列的一系列随机变量。假设 X 为一个随机变量，如果 X 是连续的，则记为 $X(t)$，如心电图；如果 X 是离散的，则记为 $X_t(t=1，t=2，t=3，…)$，如 GDP。现实中大多数经济数据都是在离散的时间点上收集的，都是离散型随机变量。例如，2020 年我国 GDP 是 101.36 万亿元。理论上，2020 年我国 GDP 可能是任何一个数字，这取决于当时政治、经济、文化等各方面的环境。数字 101.36 万亿元只是所有可能性中的一个特定实现。因此，可以说 GDP 是一个随机过程，而 2020 年结束后所统计到的实际值只是这个随机过程在 2020 年的一个特定样本。随机过程与现实数据的区别正是抽样调查当中总体与样本的区别。时间序列分析就是利用现实数据（即样本）对其背后的随机过程（即总体）的发展规律进行推断。

2. 时间序列的平稳性

以时间序列数据为基础的实证研究基本都假定时间序列是平稳的。平稳的含义是：若一个随机过程的均值和方差在时间过程上保持常数，并且在任何两个时期间的协方差只跟这两个时期间的距离有关，而不依赖于计算这个协方差的实际时间，则称之为平稳随机过程。如果时间序列 X_t 满足如下条件

$$E(x_t) = \mu$$
$$\mathrm{Var}(x_t) = \sigma^2 \quad \quad \quad (5-1)$$
$$\mathrm{Cov}(x_t, x_{t+k}) = \gamma_k = E[(x_t - \mu)(x_{t+k} - \mu)]$$

其中，μ、σ 与时间 t 无关；γ_k 仅与间隔 k 有关，与时间 t 无关，则称 X_t 为平稳时间序列。

简言之，如果一个时间序列是平稳的，那么不管在什么时间测量，该序列的均值、方差和协方差都是一样的。例如，工业生产中对液面、压力、温度的控制过程，某地的气温变化过程一般来说是平稳的时间序列。如果一个时间序列按照上述定义不是平稳的，则称之为非平稳时间序列。经济领域中多数宏观经济时间序列是非平稳的，如 GDP 序列、贸易额序列、投资序列等。一个非平稳时间序列，要么均值随时间变化而变化，要么方差随时间变化而变化，或者两者都随时间变化。如果一个时间序列是非平稳的，人们只能研究其在研究期间的行为，无法把研究结果推广到其他时间，因此时间序列的平稳性非常重要。

3. 白噪声过程

白噪声源于物理学与电学，原指音频和电信号在一定频带中的一种强度不变的干扰声。对于随机过程，如果均值为 0，不变方差为 σ^2，而且不存在序列相关，则称之为纯随机时间序列或白噪声过程。即对于随机过程 $\{x_t, t \in T\}$，如果：

$$E(x_t) = 0$$
$$\mathrm{Var}(x_t) = \sigma^2 < \infty \ (t \in T) \quad \quad \quad (5-2)$$
$$\mathrm{Cov}(x_t, x_{t+k}) = 0 (t+k \in T, k \neq 0)$$

则称 $\{x_t\}$ 为白噪声过程。图 5-1 为由白噪声过程产生的时间序列，其均值为 0，方差为 3。线性回归模型一般假设随机误差项是零均值、同方差、不自相关的序列，这就是一个白噪声的过程。

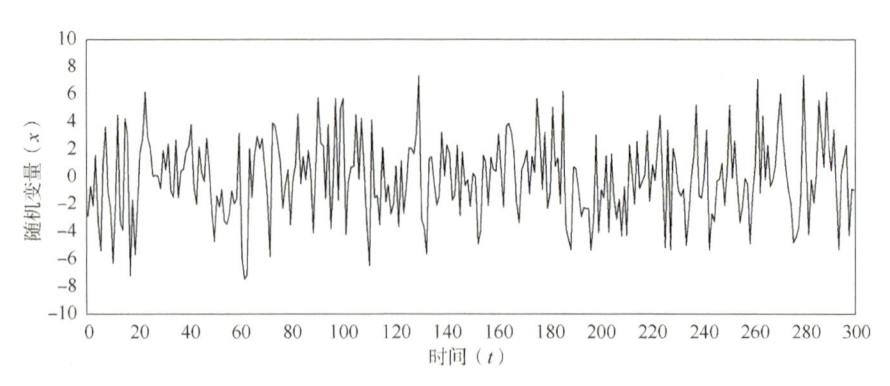

图 5-1　由白噪声过程产生的时间序列

4. 随机游走

随机游走模型是非平稳时间序列最经典的一个例子，诸如股票价格、汇率等资产价格通常都是随机游走过程。随机游走可以分为两类：不带漂移项的随机游走、带漂移项的随机游走。

不带漂移项的随机游走表达式为

$$x_t = x_{t-1} + \mu_t \tag{5-3}$$

其中，μ_t 为白噪声过程。不带漂移项的随机游走即 x 在第 t 期的值等于 $t-1$ 期的值加上一个随机冲击。通常认为股票价格是一个随机游走过程，即某天的股票价格等于上一天的股票价格加上一个随机冲击。

随机游走过程的均值为 0，方差随 t 的增加而增加。根据式(5-3)可以写出：

$$\begin{aligned}
x_1 &= x_0 + \mu_1 \\
x_2 &= x_1 + \mu_2 = x_0 + \mu_1 + \mu_2 \\
x_3 &= x_2 + \mu_3 = x_0 + \mu_1 + \mu_2 + \mu_3 \\
&\cdots \\
x_t &= x_0 + \sum \mu_t
\end{aligned} \tag{5-4}$$

因此

$$\begin{aligned}
E(x_t) &= E(x_0 + \sum \mu_t) = x_0 \\
\mathrm{Var}(x_t) &= t\sigma^2
\end{aligned} \tag{5-5}$$

所以不带漂移项的随机游走过程是非平稳的随机过程。

随机游走模型的一个特征是随机冲击的持久性，从式(5-4)可以看出，x_t 等于初始 x_0 加上各期随机冲击项之和，一个特定的冲击永远也不会消失，即随机游走具有无限记忆。

将式(5-3)改写成

$$x_t - x_{t-1} = \Delta x_t = \mu_t \tag{5-6}$$

其中，Δx_t 为一阶差分算子。容易看出，尽管 x_t 是非平稳的，但其一阶差分却是平稳的。图 5-2 为不带漂移项的随机游走示意图。

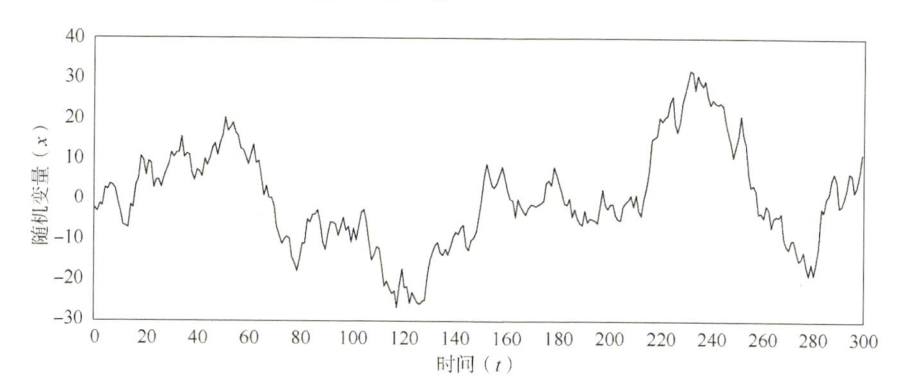

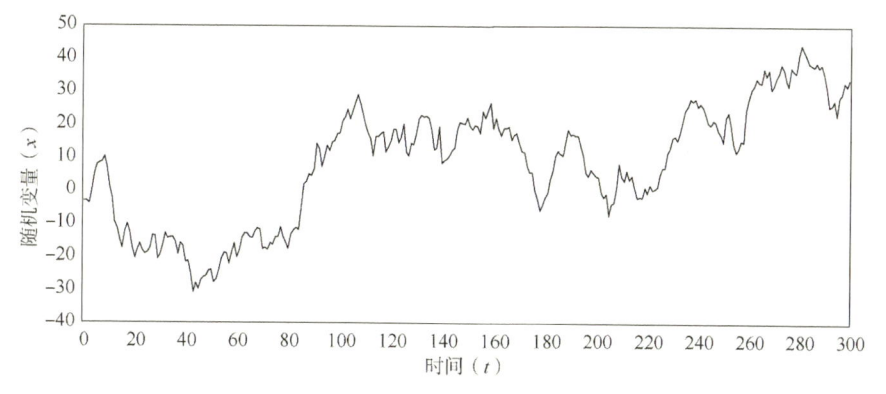

图 5-2　不带漂移项的随机游走

带漂移项的随机游走表达式为

$$x_t = \delta + x_{t-1} + \mu_t \tag{5-7}$$

将式(5-7)改写为：

$$x_t - x_{t-1} = \Delta x_t = \delta + \mu_t \tag{5-8}$$

则表明 x_t 会根据 δ 为正或者为负而向上或向下漂移。可以证明

$$\begin{aligned} \mathrm{E}(x_t) &= \mathrm{E}(x_0 + \sum \delta + \sum \mu_t) = x_0 + t\delta \\ \mathrm{Var}(x_t) &= t\sigma^2 \end{aligned} \tag{5-9}$$

带漂移的随机过程均值和方差都是随时间 t 递增的，同样违背了平稳性条件。无论是带漂移项还是不带漂移项的随机游走模型，都是非平稳的时间序列。图 5-3 为带漂移项的随机游走示例，示例中方差为 3，漂移项 δ 为 0.05。

图 5-3　带漂移项的随机游走

5. 趋势平稳和差分平稳随机过程

如果一个时间序列的趋势完全可以预测而且不变，称之为确定性趋势。若不能预测，则称之为随机趋势。考虑如下模型

$$x_t = c_0 + c_1 t + c_2 x_{t-1} + \mu_t \tag{5-10}$$

其中，μ_t 为白噪声序列。

当 $c_0 = 0$、$c_1 = 0$、$c_2 = 1$ 时，时间序列 x_t 为不带漂移项的随机游走过程，如前文所述，不带漂移项的随机游走过程是一个差分平稳过程。

当 $c_0 \neq 0$、$c_1 = 0$、$c_2 = 1$ 时，时间序列 x_t 为带漂移项的随机游走过程。其差分项 $\Delta x_t = x_t - x_{t-1} = c_0 + \mu_t$，这意味着 x_t 将表现出一个趋势。当 $c_0 > 0$ 时，x_t 表现出正的趋势；当 $c_0 < 0$ 时，x_t 表现出负的趋势。这种趋势被称为随机趋势。由于通过对时间序列取一阶差分就可以消除原来时间序列的非平稳性，因此带漂移项的随机游走过程也是一个差分平稳过程。

当 $c_0 \neq 0$、$c_1 \neq 0$、$c_2 = 0$ 时，式(5-10)为：

$$x_t = c_0 + c_1 t + \mu_t \tag{5-11}$$

式(5-11)是一个趋势平稳过程。虽然 x_t 的均值 $c_0 + c_1 t$ 不是一个常数，但是其方差(δ^2)是一个常数。只要知道 c_0 和 c_1 的值就能完全预测其均值，因此如果从 x_t 中减去其均值，所得到的序列是平稳的，因而叫做趋势平稳过程，这种去除确定性趋势的过程叫做除趋势。

二、模型形式

时间序列模型是采用自身变化规律进行建模，因此时间序列模型通常可以表示为时间序列自身过去的值及随机扰动项的函数，即

$$x_t = f(x_{t-1}, x_{t-2}, \cdots, \mu_t) \tag{5-12}$$

建立具体的时间序列模型需要注意以下3个方面：模型形式、滞后阶数、随机扰动项结构。一般来说，时间序列模型可以分为4类：自回归过程(AR)、移动平均过程(MA)、自回归移动平均过程(ARMA)、单整自回归移动平均过程(ARIMA)。

（1）自回归模型(AR模型)。

自回归模型是时间序列中的一种常见形式，是用自身做回归变量的过程，即利用前期若干时刻的随机变量的线性组合来描述以后某时刻随机变量的线性回归模型。一般 p 阶自回归模型表示为

$$Y_t = \alpha_1 Y_{t-2} + \alpha_2 Y_{t-2} + \cdots + \alpha_p Y_{t-p} + \mu_t \tag{5-13}$$

式中　Y——时间序列变量；
　　　t——时间；
　　　α_i——待估自回归系数；
　　　μ_t——随机误差项。

上式记为 $AR(p)$。随机误差项 μ_t 是相互独立的白噪声序列，且服从均值为0，方差为 σ^2 的正态分布。随机误差项和滞后变量序列不相关。自回归模型是时间序列分析中最为简

单和常见的一种分析模型,被广泛应用于包括时间序列分析问题中,通常被用作其他模型的对比模型。

(2)移动平均模型(MA模型)。

移动平均模型是利用当前和前期随机误差项 μ_t 的线性组合来表达当期的预测值。一般 q 阶移动平均模型表示为

$$Y_t = \mu_t - \theta_1\mu_{t-1} - \theta_2\mu_{t-2} - \cdots - \theta_q\mu_{t-q} \tag{5-14}$$

上式记为 MA(q)。参数 θ_1,θ_2,$\cdots$,θ_q 称为移动平均系数,是待估的参数。有限阶的移动平均过程总是平稳的随机过程,因此当 AR 模型的平稳性条件不满足时可以考虑使用 MA 模型。

(3)自回归移动平均模型(ARMA模型)。

自回归移动平均模型(Autoregressive Moving Average,ARMA)是将自回归模型和移动平均模型两者结合起来产生一个新的模型,这个模型可以模拟生成已有时间序列观测数据的随机过程。自回归移动平均模型是利用前期值以及当期和前期随机误差项 t 的线性组合来表达当期的预测值。其一般表达形式为

$$Y_t = \alpha_1 Y_{t-2} + \alpha_2 Y_{t-2} + \cdots + \alpha_p Y_{t-p} + \mu_t - \theta_1\mu_{t-1} - \theta_2\mu_{t-2} - \cdots - \theta_q\mu_{t-q} \tag{5-15}$$

上式记为 ARMA(p,q)。其中,参数 α_1,α_2,$\cdots$,α_p 称为自回归系数,参数 θ_1,θ_2,$\cdots$,θ_q 称为移动平均系数,都是待估的参数。ARMA(p,q)是一种比 AR(p)模型和 MA(q)模型更加具有普适性的一种时间序列分析模型。AR(p)模型可以看做是 ARMA(p,0)模型,MA(q)模型可以看做是 ARMA(0,q)模型。

(4)差分自回归移动平均模型(ARIMA模型)。

AR、MA、ARMA 模型都是平稳随机过程,但是实际问题中通常时间序列数据不一定是平稳的,存在系统性的上升或下降趋势,可能还伴随有季节性和周期性的波动,这样的时间序列数据通常是非平稳的。对于非平稳时间序列数据不能直接使用上述模型进行分析,需要通过差分变换将时间序列数据转化为平稳的随机过程,然后再使用 AR、MA、ARMA 模型来模拟随机过程,预测未来的数据。差分自回归移动平均模型就是先对时间序列数据做 d 次差分变换再适用 ARMA(p,q)模型,记为 ARIMA(p,d,q)。

三、建模步骤

建立时间序列模型通常有 5 个步骤:一是平稳性和非纯随机性检验,二是模型形式识别,三是估计未知参数,四是模型诊断与检验,五是根据模型进行预测(图5-4)。

1. 平稳性检验

简单来说,如果一组时间序列数据 x_t 的总体特征没

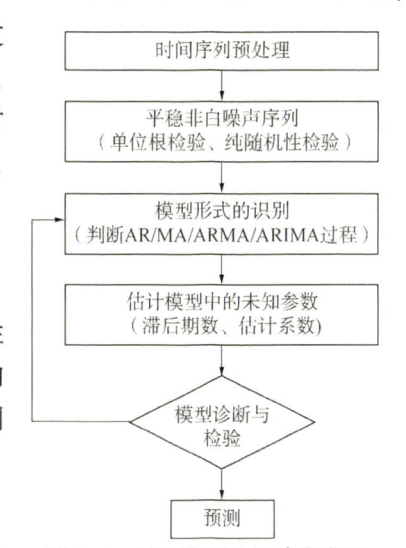

图 5-4 时间序列分析建模步骤

有明显的上升、下降的趋势，或者不存在显著的周期性，且各个数据围绕一个对于时间来说是常数的均值上下波动，那么这组时序数据可以视为平稳序列。

ADF 检验是时间序列平稳性检验常用的方法之一。在 ADF 检验中，若统计量 t 的实际值小于临界值，则序列可以视作是平稳序列。若统计量 t 的实际值大于或等于临界值，则接受序列为非平稳序列的原假设。

AIC、SC、HQC 是普遍应用于 B-J 方法的信息准则，式(5-16)中，k 为被估计的参数个数，L 表示对数似然值，n 为时间序列个数，三种信息准则越小越好。

$$AIC = -\frac{2L}{n} + \frac{2k}{n} \tag{5-16}$$

$$SC = -\frac{2L}{n} + \frac{k\log n}{n} \tag{5-17}$$

$$HQC = -\frac{2L}{n} + \frac{2k\log n}{n} \tag{5-18}$$

2. 纯随机性检验

纯随机性序列性质如下

$$\gamma(k) = 0, \quad \forall k \neq 0 \tag{5-19}$$

若序列是纯随机的，则说明序列之间没有任何规律可言，这时无需再对序列进行研究，而此时的序列为白噪声序列。

若一组序列的数值之间蕴含规律，存在一定程度的显著相关关系，则能说明序列为非纯随机序列。当样本数据为非纯随机序列时才可建立模型，且具有研究意义。

$$\gamma(k) \neq 0, \quad \forall k \neq 0 \tag{5-20}$$

3. 确定模型阶数

ARMA(ARIMA)模型阶数识别需要判断其截尾、拖尾特征，从而选择与自回归和移动平均相契合的阶数。如果序列的自相关函数随着滞后阶数的增加衰减极为缓慢或呈正弦式波动，即为拖尾状态，而若此时偏自相关函数随着滞后阶数的增加在 p 阶迅速衰减到 0，即 p 步截尾，则可以建立 AR 模型，其阶数为 p。若序列的偏自相关函数拖尾，自相关函数 q 步截尾，序列应当构建 MA 模型，其阶数为 q，如果序列的自相关和偏自相关函数都是拖尾，则需要建立 ARMA(ARIMA)模型。

4. 参数估计

参数估计时既需斟酌参数的显著性和个数，又需考虑所建立模型对时间序列的拟合程度，参数个数并不是越多越好，拟合程度与参数个数需要有合理的权衡，而 AIC、SC、HQ 信息准则便是衡量参数个数与拟合程度的判定标准。

5. 模型的有效性检验

ARIMA 方法的残差序列检验能够衡量所构建模型的优劣性，当判定模型的残差序列为白噪声序列时，即模型中所有的规律均被提取，则可以认为模型是合理的。模型的有效性检验，通常采用 χ^2 检验或者 LM 检验。

第二节　时间序列分析软件操作

以 1990—2019 年我国 GDP 数据为例，展示基于 EViews 的 ARIMA 模型软件操作。原始数据来自国家统计数据库。

使用 ARIMA 模型预测数据的主要步骤包括：序列平稳化、确定 d 参数、画出 ACF 和 PACF 图、确定 p 参数和 q 参数、使用找到的参数拟合 ARIMA 模型、在验证集上进行预测、评估预测效果。

一、数据导入

首先，在 EViews 软件导入原始数据。由于数据年度为 1990—2019，假定预测集为 2020—2024 年。则建立 Workfile 的类型为 Anuual，起止年份分别为 2009 年和 2024 年（图 5-5）。

图 5-5　在 EViews 中新建工作文件

点击 Object/New Object，在对象类型对话框选择 Series，对象名称输入"gdp"，点击 OK 按钮，建立 gdp 序列（图 5-6）。双击打开 gdp 序列，将原始数据复制到表格中。

二、数据平稳化

在 gdp 序列界面点击 View/Unit Root Test/Standard Unit Root Test，打开单位根检验对话框。检验类型选择 ADF 检验，检验序列选择 Level（即原始序列），包含趋势项和截距项，其他选项保持默认值，点击 OK（图 5-7）。

对 gdp 序列进行单位根检验结果如图 5-8 所示。由图可知，t 统计量的值远大于 1%、

77

5%、10%的临界值，接受原假设，gdp 序列存在单位根，即序列不平稳。

图 5-6　新建对象/序列

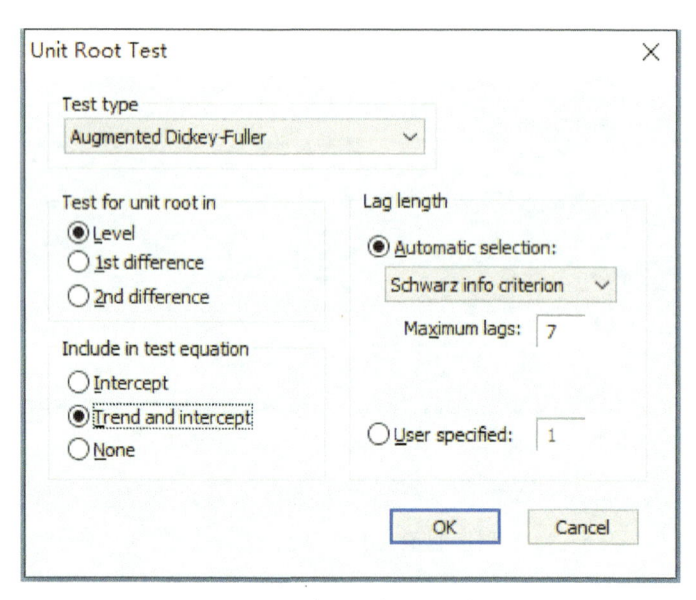

图 5-7　单位根检验对话框

在 EViews 的命令对话框输入 Series dgpd=d(gdp，1)，建立 GDP 的一阶差分序列 dgpd，对 dgdp 序列进行单位根检验，结果如图 5-9 所示。据图 5-9 可知，dgpd 单位根检验的 p 值为 0.2442，依然大于 0.05 的临界值，序列不平稳。

第五章 时间序列分析

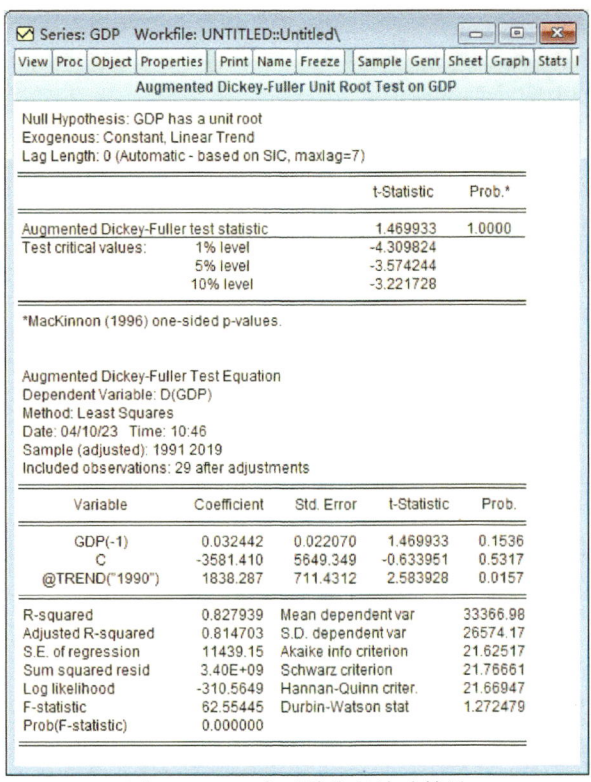

```
Series: GDP   Workfile: UNTITLED::Untitled\
View Proc Object Properties | Print Name Freeze | Sample Genr Sheet Graph Stats |

              Augmented Dickey-Fuller Unit Root Test on GDP

Null Hypothesis: GDP has a unit root
Exogenous: Constant, Linear Trend
Lag Length: 0 (Automatic - based on SIC, maxlag=7)

                                          t-Statistic    Prob.*

Augmented Dickey-Fuller test statistic     1.469933     1.0000
Test critical values:    1% level         -4.309824
                         5% level         -3.574244
                        10% level         -3.221728

*MacKinnon (1996) one-sided p-values.

Augmented Dickey-Fuller Test Equation
Dependent Variable: D(GDP)
Method: Least Squares
Date: 04/10/23   Time: 10:46
Sample (adjusted): 1991 2019
Included observations: 29 after adjustments

   Variable       Coefficient   Std. Error   t-Statistic   Prob.

   GDP(-1)          0.032442     0.022070    1.469933    0.1536
      C          -3581.410     5649.349    -0.633951    0.5317
 @TREND("1990")   1838.287      711.4312    2.583928    0.0157

R-squared              0.827939   Mean dependent var      33366.98
Adjusted R-squared     0.814703   S.D. dependent var      26574.17
S.E. of regression    11439.15    Akaike info criterion   21.62517
Sum squared resid      3.40E+09   Schwarz criterion       21.76661
Log likelihood         -310.5649  Hannan-Quinn criter.    21.66947
F-statistic            62.55445   Durbin-Watson stat       1.272479
Prob(F-statistic)      0.000000
```

图 5-8　gdp 序列单位根检验结果

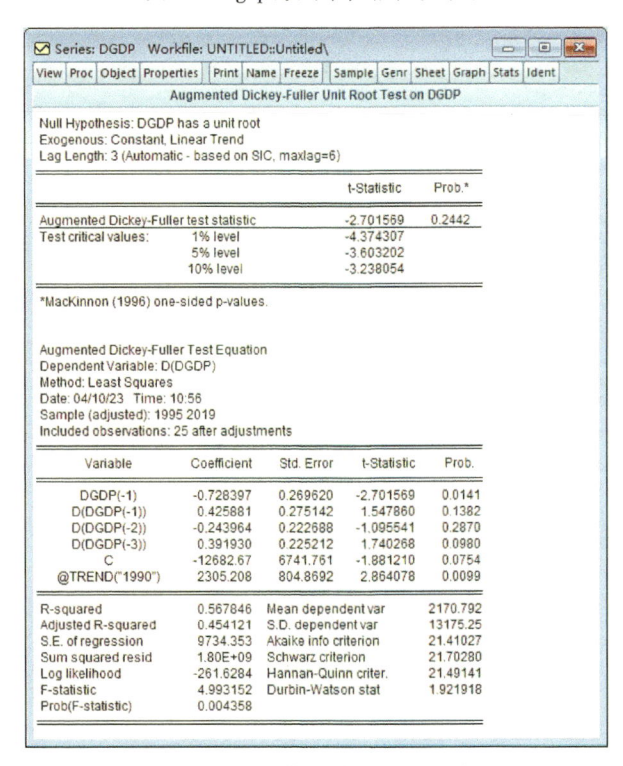

```
Series: DGDP   Workfile: UNTITLED::Untitled\
View Proc Object Properties | Print Name Freeze | Sample Genr Sheet Graph Stats Ident

              Augmented Dickey-Fuller Unit Root Test on DGDP

Null Hypothesis: DGDP has a unit root
Exogenous: Constant, Linear Trend
Lag Length: 3 (Automatic - based on SIC, maxlag=6)

                                          t-Statistic    Prob.*

Augmented Dickey-Fuller test statistic    -2.701569     0.2442
Test critical values:    1% level         -4.374307
                         5% level         -3.603202
                        10% level         -3.238054

*MacKinnon (1996) one-sided p-values.

Augmented Dickey-Fuller Test Equation
Dependent Variable: D(DGDP)
Method: Least Squares
Date: 04/10/23   Time: 10:56
Sample (adjusted): 1995 2019
Included observations: 25 after adjustments

   Variable       Coefficient   Std. Error   t-Statistic   Prob.

  DGDP(-1)        -0.728397     0.269620   -2.701569    0.0141
  D(DGDP(-1))      0.425881     0.275142    1.547860    0.1382
  D(DGDP(-2))     -0.243964     0.222688   -1.095541    0.2870
  D(DGDP(-3))      0.391930     0.225212    1.740268    0.0980
      C         -12682.67      6741.761   -1.881210    0.0754
 @TREND("1990")   2305.208      804.8692    2.864078    0.0099

R-squared              0.567846   Mean dependent var      2170.792
Adjusted R-squared     0.454121   S.D. dependent var      13175.25
S.E. of regression     9734.353   Akaike info criterion   21.41027
Sum squared resid      1.80E+09   Schwarz criterion       21.70280
Log likelihood         -261.6284  Hannan-Quinn criter.    21.49141
F-statistic            4.993152   Durbin-Watson stat       1.921918
Prob(F-statistic)      0.004358
```

图 5-9　dgdp 序列单位根检验结果

石油经济管理模型及应用

在命令对话框输入 Series ddgpd=d(dgdp,1)，建立 gdp 的二阶差分序列进行单位根检验，结果如图 5-10 所示，p 值为 0.000，序列平稳，即 gdp 序列经二阶差分后为平稳序列，因此 ARIMA(p,d,q) 中的 d 参数取值为 2。

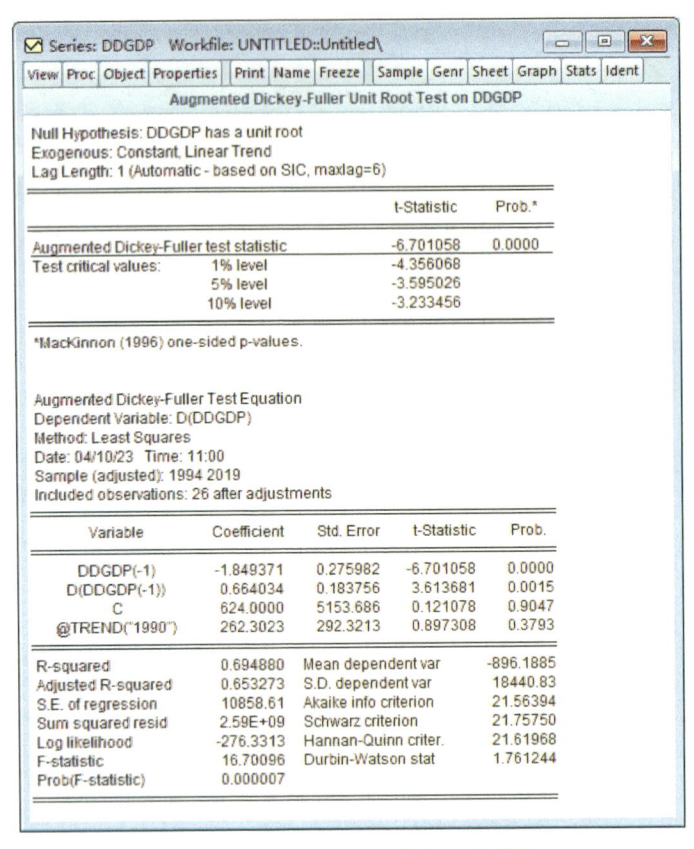

图 5-10　ddgdp 序列单位根检验结果

三、ACF 图和 PACF 图

在序列 ddgdp 窗口点击 View/Correlogram，绘制序列 ddgdp 的自相关(ACF)图和偏自相关(PACF)图(图 5-11)。ACF 图用于确定 ARIMA(p,d,q) 模型的参数 q。根据图 5-11，序列 ddgdp 的自相关函数在滞后 2 阶处显著地不为 0，因此 q=2。PACF 图用于确定 ARIMA(p,d,q) 模型的参数 p。序列 ddgdp 的偏自相关函数在滞后 2 阶处显著地不为 0，因此 p=2。

四、参数估计

选择 EViews 主菜单中的 Quick/Estimate Equation 命令，在弹出的方程定义对话框的 Equation specification 中输入 d(gdp,2) c ar(1) ar(2) ma(1) ma(2)，单击确定按钮，输出对 gdp 序列进行 ARIMA(2,2,2) 模型估计结果(图 5-12)。

AR(1) 的估计系数为 -0.007547，AR(2) 的估计系数为 -0.070102，MA(1) 的估计系数为 -0.077087，MA(2) 的估计系数为 -0.922574。根据式(5-15)，结合图 5-12 的结果，我

国 GDP 的 ARIMA(2，2，2)模型估计结果如下：

$$ddgdp_t = 2766.871 - 0.07547\, ddgdp_{t-1} - 0.070102\, ddgdp_{t-2} + \varepsilon_t + 0.077087\varepsilon_{t-1} + 0.922574\varepsilon_{t-2}$$

(5-21)

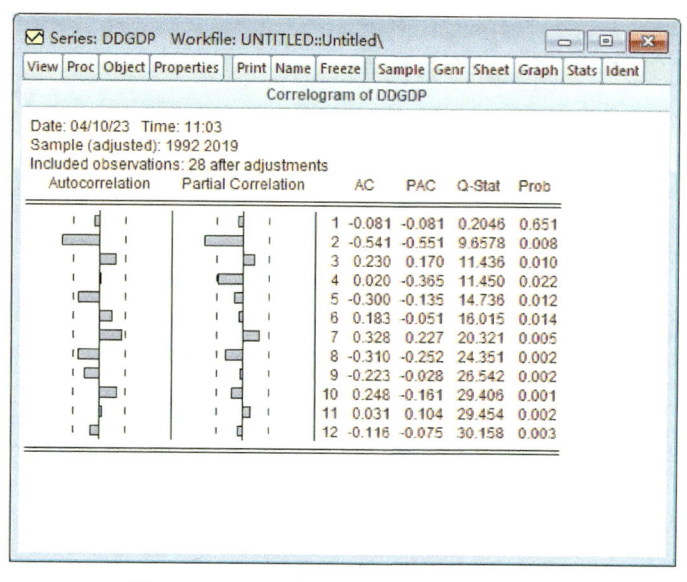

图 5-11　ddgdp 序列的相关图和 Q 统计量

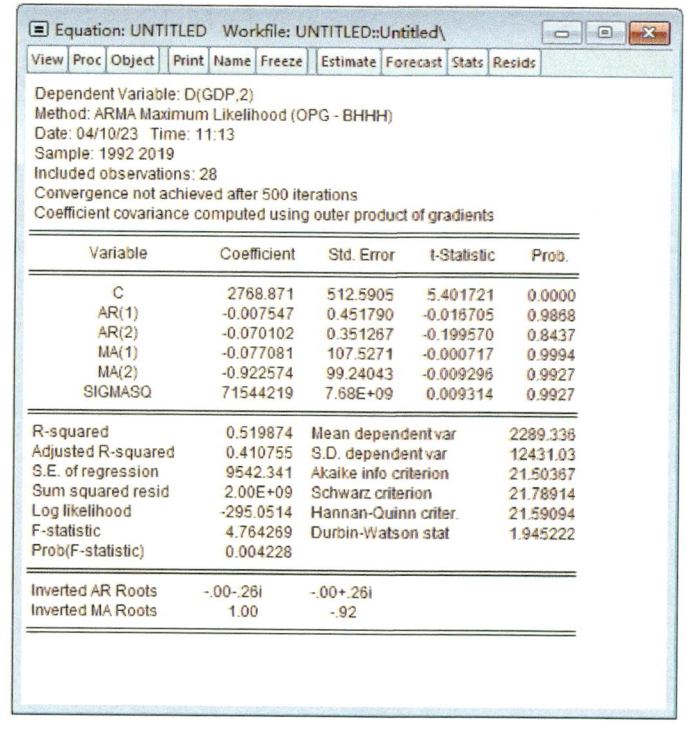

图 5-12　ARIMA 模型估计结果

模型的 R^2 为 0.52，调整后的 R^2 为 0.41，F 检验的 p 值为 0.004，小于 0.05 的临界值，模型有效。

在估计结果窗口点击 View/Actual, Fitted, Residual，绘制真实值、拟合值、残差值折线图（图 5-13）。从图中观察可知，拟合值较好地体现了真实值的波动，进一步说明模型拟合效果较好。此外，残差序列基本不具有序列相关性，除了 2009 年、2010 年以外，残差波动幅度基本在 2 倍置信区间内，振幅小于 5%。

五、白噪声检验

对估计结果的残差进行白噪声检验。打开 EViews 窗口中的 resid 序列，即为式（5-21）的残差序列。在 resid 序列窗口点击 View/Correlogram，生成残差序列的自相关图和偏自相关图（图 5-14）。据图可知，残差序列的样本自相关函数都在 95% 的置信区域以内，从滞后 1 阶到滞后 12 阶的自相关函数相应的概率值 p 都大于检验水平 0.05，因此不能拒绝原假设，残差序列满足随机性假设。

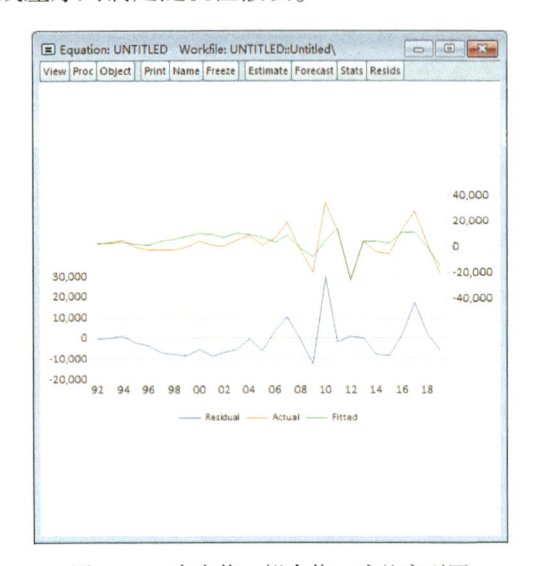

图 5-13 真实值、拟合值、残差序列图

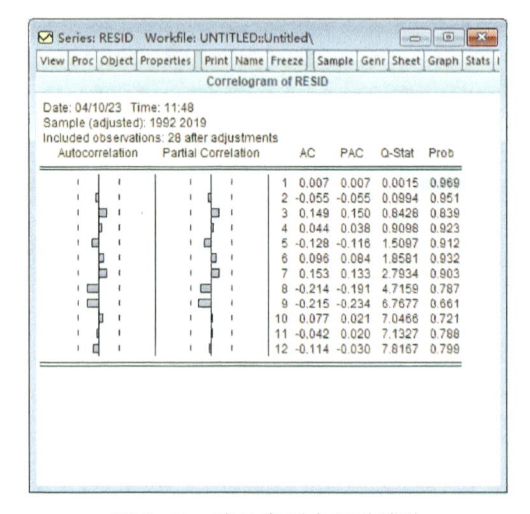

图 5-14 残差序列自相关检验

第三节　应用案例：能源价格的时间序列分析

本章选取的案例论文来自 Resources policy 期刊，文章题目为"Forecasting oil, coal, and natural gas prices in the pre-and post-COVID scenarios: Contextual evidence from India using time series forecasting tools"（基于数据和时间序列预测工具预测新冠疫情前后印度石油、煤炭和天然气价格）。Resources policy 为 SCI 一区期刊，2022 年影响因子为 8.222。

该文采用 3 种方法（ARIMA、SES、K-NN）预测了印度在新冠肺炎疫情前后的原油、煤炭、天然气价格，对比了不同方法的预测效果，发现 ARIMA 模型与其他两种方法相比预测误差较小，预测精度较高。

第五章 时间序列分析

一、研究背景

石油、煤炭、天然气在全球能源消费中占据主要份额，是各国经济发展和人民生活的重要支撑。上述能源价格的预测对能源生产者和需求者都具有重要意义。对能源生产者来说，预测价格走势是评估投资收益、制定生产经营策略的基础，对于能源需求者来说预测各类能源价格能够有效评估能源成本，及时制定和调整能源需求结构策略。因此，如何有效预测能源价格一直是学术界、企业界和政府部门持续关注的热点问题之一。

新冠肺炎疫情爆发以来，各类能源的供应链、市场供需都受到了较大冲击。全球各地区实施了不同程度的封锁措施，经济发展明显放缓，能源需求大幅下降。乌克兰危机等地缘政治事件也对能源供需格局带来了较大影响。此外，后疫情时代全球政治经济存在较大的不确定性，能源市场回报率预期也会受此影响。在此背景下，有必要对疫情前、疫情后能源价格变化规律及其差异进行研究，分析对比疫情前后石油、煤炭、天然气价格波动规律，选取适当的方法预测未来走势，为各类经济主体的生产经营决策和政策制定提供参考。

1995年，Fama指出金融市场价格数据表现为随机游走，预测价格变化是最困难的任务之一。此后各国学者采用各种方法对金融产品价格走势进行了实证分析。其中，ARIMA模型是较为流行的价格预测技术。从现有文献来看，基于ARIMA模型研究股票价格的文献较多，但用来研究能源价格预测的尚存不足，尤其是对于新冠疫情前后能源价格预测效果对比的研究还不多见。因此，案例论文期望通过对印度新冠疫情前后能源价格的变化进行实证分析，检验各类算法在预测能源价格走势方面的效果，以及新冠肺炎疫情前后能源价格可预测性的变化，讨论新冠肺炎疫情是否给能源价格带来了更大的不确定性。

二、研究过程

1. 原始数据

文章采用的数据是印度国家证券交易所NIFTY500指数的石油、煤炭和天然气周度收盘价，研究期为2020年1月至2022年5月。最终得到新冠疫情前、后各57个周度价格观测值（图5-15）。据图5-15可知，煤炭、石油、天然气价格走势都是高度非线性的。

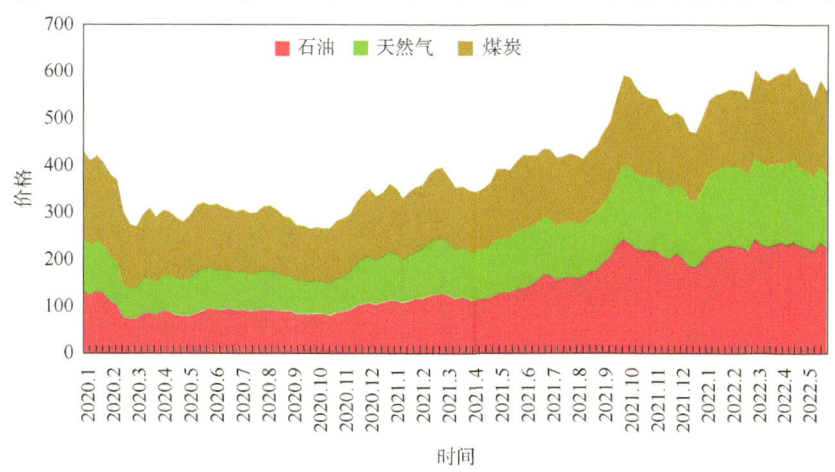

图5-15 2020年1月至2022年5月印度石油、天然气、煤炭收盘价走势

2. 预测方法

论文选取了3类预测方法进行对比。一是 ARIMA 模型，即差分自回归移动平均模型，二是简单指数平滑模型（SES），三是 K 最邻近算法（KNN）。其中，ARIMA 和 SES 是参数预测方法，需要估计参数；KNN 算法是非参数算法，不需要拟合参数。

（1）差分自回归移动平均模型（ARIMA）。

Box 和 Jenkins 提出的 ARIMA 方法是最流行的预测模型之一。ARIMA 预测模型的形式如式（5-22）

$$s_t = c + \varphi_1 s_{t-1} + \varphi_2 s_{t-2} + \cdots + \varphi_q s_{t-q} + \gamma_t - \alpha_1 \gamma_{t-1} - \alpha_2 \gamma_{t-2} - \cdots - \alpha_r \gamma_{t-r} \tag{5-22}$$

式中　　s_t——时间序列数据实际值；
　　　　c——常数项；
　　　　γ_t——随机误差项；
　　　　φ_t——自回归系数；
　　　　α_t——移动平均系数。

对于一个时间序列数据，需要确定 ARIMA 模型的3个参数：自回归阶数 p，差分阶数 d 和移动平均阶数 q。

（2）单指数平滑模型（SES）。

单指数平滑模型可以对 Level（水平）进行建模（Level 可以认为是序列的平均值）。该方法建立在过去的影响是在"未来与最近的过去更相关"的假设上进行加权。SES 适用于没有趋势和季节性的单变量时间序列 SES 模型的形式如式（5-23）

$$Forecast_{t+1} = \alpha Actural_t + (1-\alpha) Forecast_t \tag{5-23}$$

式中　　$Forecast_{t+1}$——$t+1$ 时刻的预测值；
　　　　$Actural_t$——t 时刻实际值。

（3）K 最邻近模型（KNN）。

KNN 模型是一种基于实例学习的机器学习算法，用于分类和回归。在分类问题中，KNN 模型将一个未知样本分类为与其距离最近的 k 个训练样本中出现最多的类别。在回归问题中，KNN 模型将一个未知样本的输出值定义为其 k 个最近邻居的平均输出值。KNN 模型特别适用于小样本数据集和高维数据集，其优点是简单易懂，缺点是计算复杂度高，训练时间长。KNN 模型形式如式（5-24）

$$y = \frac{1}{k} \sum_{i=1}^{k} x_i \tag{5-24}$$

式中　　x_i——来自预测训练数据集的第 i 个输出值；
　　　　y——输出预测值。

3. 判别标准

采用以下3个判别标准检验 ARIMA 模型、SES 模型、KNN 模型预测能源价格的有效性。

$$RMSE = \sqrt{\frac{1}{T}\sum_{t=1}^{T}(e_t - \hat{e_t})^2} \quad (5-25)$$

$$MAE = \frac{1}{T}\sum_{t=1}^{T}|e_t - \hat{e_t}| \quad (5-26)$$

$$MAPE = \frac{1}{T}\sum_{t=1}^{T}|(e_t - \hat{e_t})/e_t| \times 100\% \quad (5-27)$$

式中　e_t——t 时刻实际值；

　　　$\hat{e_t}$——t 时刻预测值；

　　　T——样本数量。

三、研究结果

1. 描述性统计和单位根检验

首先，对石油、天然气、煤炭收盘价时间序列进行描述性统计分析和单位根检验，结果如表 5-1 所示。据表可知，疫情前后能源价格发生了明显变化。与疫情前相比，疫情后石油、天然气、煤炭价格的均值分别上涨了 97%、66% 和 21%。能源价格的标准差也明显上升，说明价格波动更加剧烈。此外，价格序列的偏度、峰度也发生了较大变化。疫情后，石油、天然气呈现负偏态。JB 检验结果表明，除了疫情前煤炭价格以外，其余变量的 p 值均大于 0.05，不能拒绝原假设，说明能源价格不符合正态分布。

时间序列分析需要检验数据平稳性，当数据不平稳时容易形成伪回归。因此，对能源价格数据进行单位根检验，选用的方法为 ADF、PP、KPSS 检验。单位根检验的原假设是存在单位根，序列不平稳。根据表 5-1，对原始序列进行检验，3 种方法均不能拒绝原假设，即石油、天然气、煤炭价格是不平稳的，需要对数据进行差分处理。一阶差分后，单位根检验均拒绝原假设，所有变量都是平稳的。

表 5-1　能源价格序列描述性统计及单位根检验结果

变量		新冠疫情前			新冠疫情后		
		石油	天然气	煤炭	石油	天然气	煤炭
均值		102.47	86.08	137.54	202	143	166
中位数		97.08	81.5	134.9	215	147	162
最大值		135.37	115.76	184.82	286	174	202
最小值		77.24	64.15	112.62	119	105	129
标准差		15.82	14.89	16.28	39	21	19
偏度		0.458	0.359	1.287	0.454	0.137	0.174
峰度		2.056	1.903	4.521	2.378	1.558	1.767
JB 检验	JB 统计量	4.324	4.3	22.353	3.086	5.473	4.172
	p 值	0.115	0.116	0	0.213	0.064	0.124

续表

变量		新冠疫情前			新冠疫情后		
		石油	天然气	煤炭	石油	天然气	煤炭
ADF	水平值	−5.2049**	−3.2058	−2.9223	−2.003	−1.272	−2.868
	一阶差分	−7.5244***	−4.597**	−3.9371**	−5.107***	−3.904**	−3.632*
PP	水平值	−9.494	−9.1007	−9.1906	−8.366	−3.408	−16.606
	一阶差分	−45.656***	−43.257***	−37.17***	−53.216***	061.804***	−53.906***
KPSS	水平值	0.474*	0.507*	0.553*	1.084	0.925*	1.185*
	一阶差分	0.277***	0.294***	0.225***	0.235***	0.309***	0.459***

注：*、**和***表示在10%、5%和1%的显著性水平上显著拒绝零假设。ADF、PP和KPSS分别指Augmented Dickey-Fuller、Phillips Perron和Kwiatkowski Pesaran Schmidt-Shin单位根检验。

2. ARIMA 模型结果

对2020年1月至2022年5月石油、煤炭和天然气价格序列建立的ARIMA方法。由于原始序列不平稳，对原始序列进行一阶差分变换（图5-16）。据图可知各类时间价格序列在一阶差分后是平稳的。

（a）2020年1月至2021年4月

（b）2021年5月至2022年5月

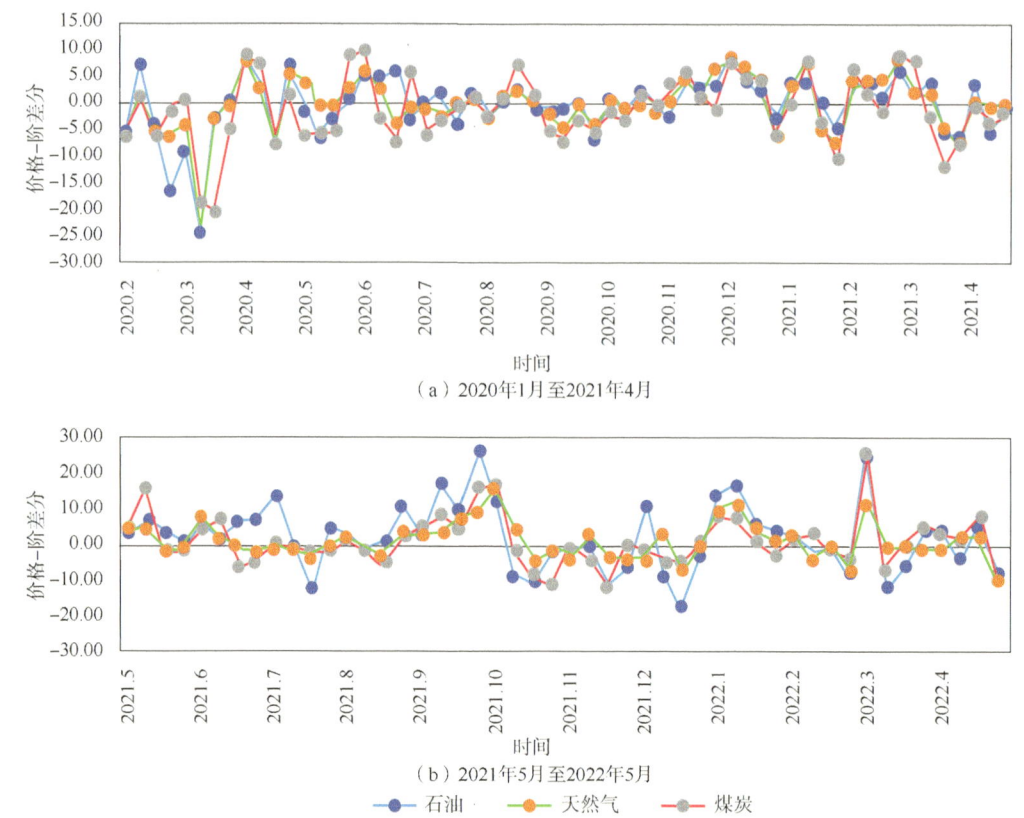

图5-16 一阶差分后石油、天然气、煤炭价格时间序列图

绘制石油价格序列的自相关图（ACF）和偏自相关图（PACF）（图5-17）。据图5-17可知，石油、天然气、煤炭价格一阶差分序列的自相关图和偏自相关图都拖尾，说明适合采

用 ARIMA(p, d, q)模型。由于原始序列在一阶差分后平稳，因此差分阶数 d 取值为 1。观察 ACF 图和 PACF 图，选取自相关阶数 p 和移动平均阶数 q，构建 ARIMA 模型，结果如表 5-2 所示。

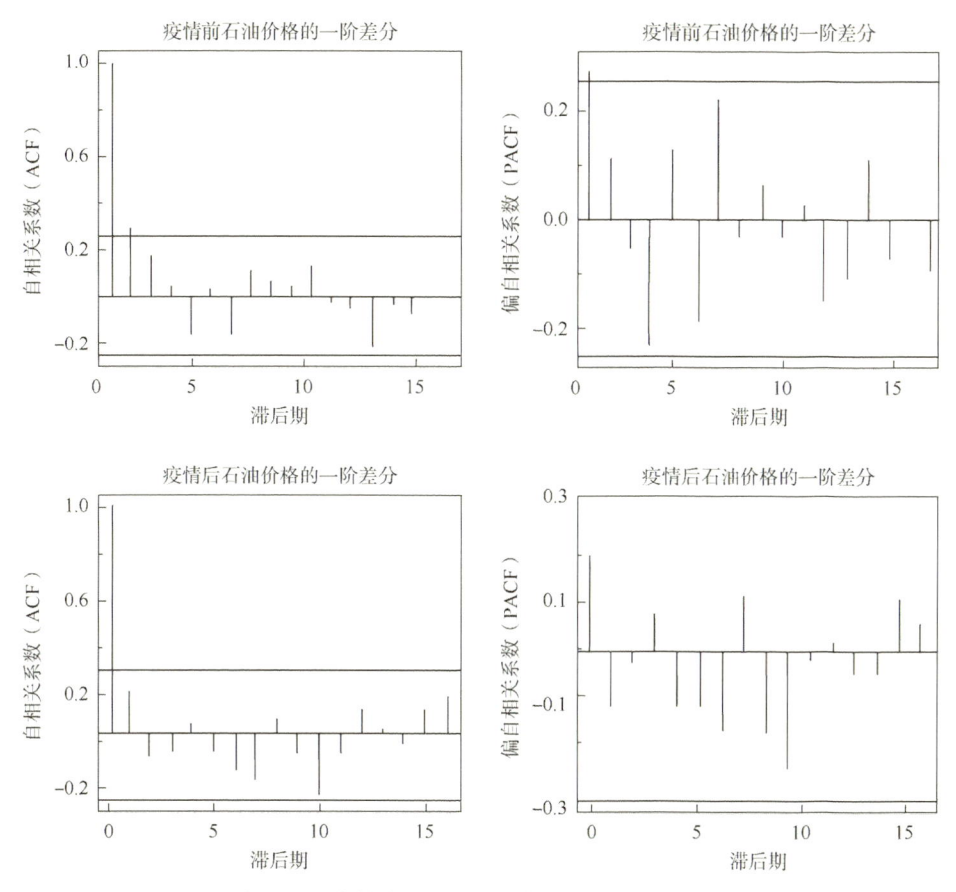

图 5-17 疫情前后石油价格序列 ACF 和 PACF 图

根据表 5-2，石油、煤炭和天然气价格序列的 ARIMA 模型系数均显著。Ljung Box 白噪声检验结果显示，p 值均大于 0.05，不能拒绝原假设，模型的残差序列为随机序列，说明 ARIMA 模型有效，拟合效果较好。

表 5-2 ARIMA 模型结果

分类	参数估计							模型判别准则		Ljung Box 检验	
	AR1	AR2	AR3	AR4	MA1	MA2	MA3	AIC	BIC	Q	p 值
疫情前											
石油	−0.440**	0.373**	0.114	−0.373**	0.775***	/		369.1	381.57	4.4721	0.4836
煤炭	−0.801***	/			1.400***	0.1709	−0.427	382.56	392.95	8.197	0.224
天然气	−0.624***	/			0.941***	/		361.85	368.08	4.842	0.774
疫情后											
石油	0.251*	/			/			354.79	358.53	7.175	0.618

续表

分类	参数估计							模型判别准则		Ljung Box 检验	
	AR1	AR2	AR3	AR4	MA1	MA2	MA3	AIC	BIC	Q	p 值
煤炭	−0.167**	−0.038*	/		0.338**	/		335.44	342.92	9.063	0.248
天然气	0.326*	/				/		297.24	300.98	12.402	0.192

3. SES 模型结果

同样地，针对疫情前、疫情后印度石油、天然气、煤炭周度价格数据进行单指数平滑模型(SES)建模。通过设定不同的平滑系数 α，寻找拟合效果最佳的 SES 模型。平滑系数 α 的初始值设置为 0.1，而后不断增加 α 直到 $\alpha=0.9$。基于 RMSE、MAPE、MAE 3 个判别标准[式(5-25)、式(5-26)、式(5-27)]对不同平滑系数的拟合效果进行评估，结果如表 5-3 所示。据表可知，疫情前石油价格、疫情后天然气价格 SES 模型最优平滑系数为 0.6，其余变量最优平滑系数为 0.3。Ljung Box 检验结果显示，疫情前石油价格和煤炭价格序列 Ljung Box 检验 p 值小于 0.05，说明残差序列不是随机序列，SES 模型拟合效果不佳。疫情前天然气价格，以及疫情后煤炭、石油、天然气价格 p 值均大于 0.05，残差序列是随机序列，SES 模型有效。

表 5-3 SES 模型结果

分类	平滑系数	模型判别准则		Ljung Box 检验	
	α	AIC	BIC	Q	p 值
疫情前					
石油	0.6	456.577	460.732	16.17	0.04
煤炭	0.3	472.959	477.114	30.47	0.0001
天然气	0.3	443.571	447.726	8.911	0.349
疫情后					
石油	0.3	411.022	414.765	10.21	0.25
煤炭	0.3	387.939	391.681	9.617	0.292
天然气	0.6	356.129	359.871	14.052	0.08

4. KNN 模型结果

通过测试不同的 k 值并计算拟合结果的 MAE、MAPE、RMSE 值，判断最佳的最近邻居数量(k)，结果如图 5-18 所示。据图可知，$k=5$ 时，MAE、MAPE、RMSE 均较小，因此最近邻居数量取值为 5。KNN 模型估计出的石油、天然气、煤炭价格趋势呈现出较强的波动，在不同时间点上出现很多震荡，预测效果不佳。

5. ARIMA、SES、KNN 对比

通过 MAE、MAPE 和 RMSE 对 3 种预测技术的效果进行对比，结果如表 5-4 所示。据表可知，ARIM 模型的拟合效果较好。从时间上来看，新冠疫情前的预测精度较高，新冠疫情后预测精度降低，说明新冠肺炎疫情使能源价格的可预测性有所下降。

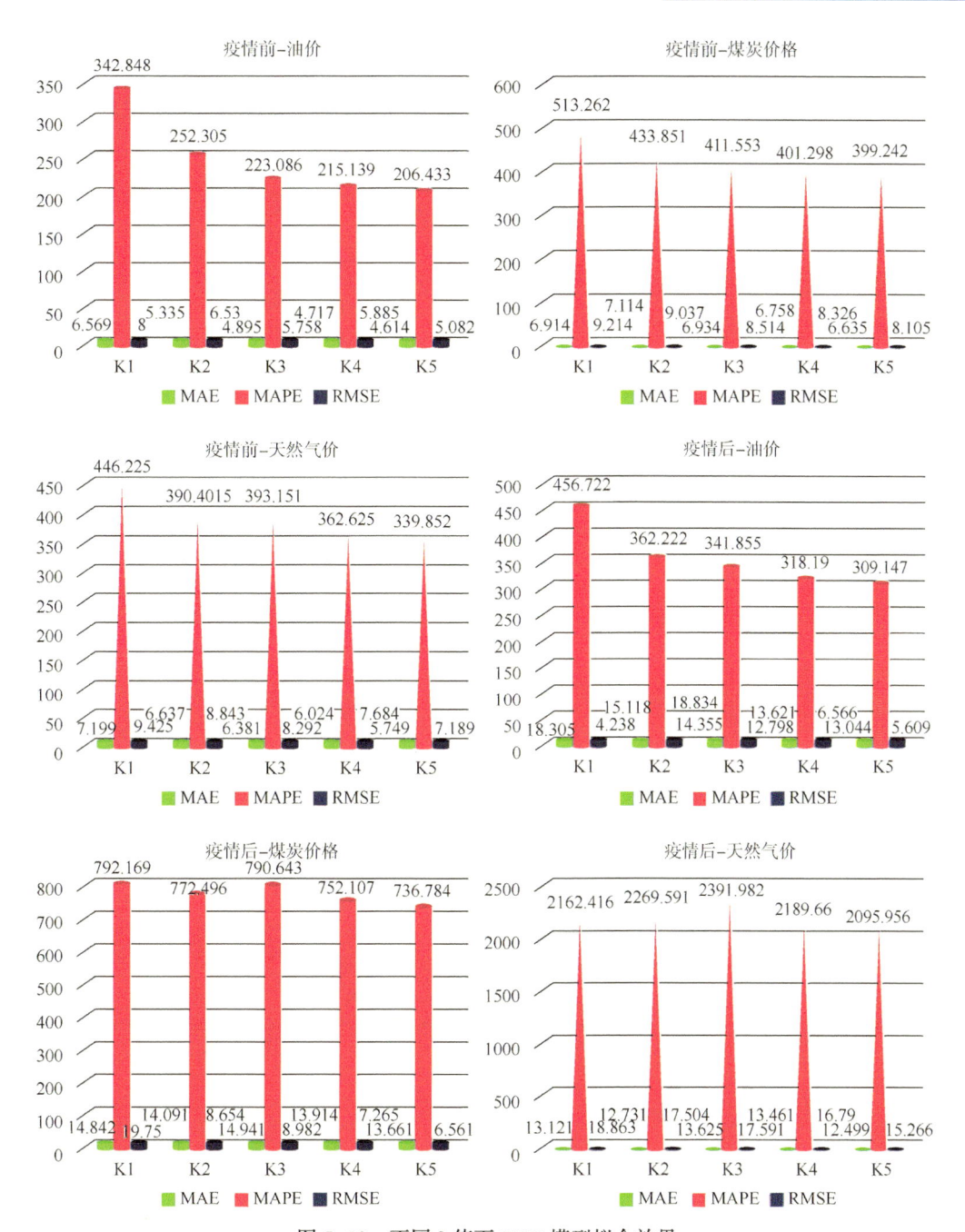

图 5-18　不同 k 值下 KNN 模型拟合效果

表 5-4　ARIMA、SES、KNN 预测效果对比

模型	石油			煤炭			天然气		
	MAE	MAPE	RMSE	MAE	MAPE	RMSE	MAE	MAPE	RMSE
疫情前									
ARIMA	3.697	3.674	4.891	4.239	3.090	5.436	3.578	4.308	4.858

续表

模型	石油			煤炭			天然气		
	MAE	MAPE	RMSE	MAE	MAPE	RMSE	MAE	MAPE	RMSE
SES	4.656	224.357	6.029	5.471	176.586	6.927	3.997	215.771	5.401
KNN	4.9614	206.433	5.082	6.635	399.242	8.105	5.749	339.852	7.189
疫情后									
ARIMA	6.699	3.351	9.245	5.181	3.126	7.25	3.692	2.565	5.073
SES	7.433	211.046	10.016	5.788	180.747	7.875	4.374	271.019	5.654
KNN	13.044	309.147	15.609	13.669	736.784	16.561	12.499	2095.956	15.266

6. 能源价格预测

前文证实了 ARIMA 对能源价格的预测效果优于 SES 算法和 KNN 算法，因此采用 ARIMA 模型对 2022 年 6 月至 2025 年 4 月的印度每周石油、煤炭和天然气价格进行预测。随着预测周期的增加，预测值的 95% 置信区间会变宽，预测的准确性会逐渐降低。预测结果表明，石油、煤炭和天然气价格可能会在一年内上涨。与 2022 年的价格相比，2025 年石油、煤炭和天然气的价格将分别上涨 33%、31% 和 25%。

四、主要结论

案例论文采用 3 种方法（ARIMA、SES、KNN）研究了新冠疫情前、后印度石油、天然气、煤炭价格的可预测性，并基于 3 个判断指标（MAE、MAPE、RMSE）对预测效果进行了分析对比。结果表明，ARIMA 模型在预测石油、煤炭和天然气价格方面优于其他两种方法的预测精效果，且新冠肺炎疫情后印度能源价格的可预测性有所降低。

第六章 线性规划

1939 年，苏联学者康托洛维奇撰写的《生产组织与计划中的数学方法》一书，是线性规划应用于工业生产问题的经典著作。第二次世界大战期间，由于战争的需要，柯勃门（T. C. Koopmans）研究了运输问题；1947 年，丹西格（G. B. Dantzig）发现了单纯形方法，并将其应用于与国防有关的诸如人员的轮训、任务的分派等问题。此后，线性规划的理论和方法日渐趋于成熟。线性规划模型应用广泛、计算方法成熟，是运筹学的一个重要分支和最基本的部分。

第一节　线性规划方法介绍

一、线性规划概述

线性规划是数学规划问题中的一种。一个实际问题的数学模型是依据客观规律对该问题中人们所关心的那些变量进行科学的分析后得出的反映这些变量之间本质联系的数学关系式。实际问题通常是很复杂的，涉及的因素很多，要想建立保留各种因素的数学模型并不具备可行性，也不具备必要性。因此，构建模型的一个原则是选择实际问题中主要的因素加以讨论。选择的因素越多，理论上会提高模型的精度，但也会带来计算成本高、部分变量无法量化等问题。线性规划模型就是一个简化了的模型，选取实际问题中的主要矛盾，在保证精度要求的同时使模型尽量简单。

线性规划一般可以解决两大类问题：已知资源，求利润最大化，即在限定的资源条件下如何安排生产才能获得最大的利润；已知任务，求成本最小化，即在任务或目标一定时如何使投入的资源（如资金、设备、材料、人力、时间等）最少。根据实际问题的需求，可以建立线性规划问题数学模型来解决这些问题。

线性规划所研究的对象属于最优化的范畴，本质上是一个极值问题。和其他最优化问题一样，在建立线性规划问题的数学模型时，应首先明确 3 个基本要素：决策变量、约束条件、目标函数。

（1）决策变量（decision variables）：决策者控制的那些变量，它们取什么数值需要决策者来决策，问题的求解就是找出决策变量的最优值。

（2）约束条件（constraints）：决策者在现实世界中所受到的限制，或者说决策变量在这些限制范围之内才有意义。

（3）目标函数（objective function）：决策者希望对其进行优化的那个指标。目标函数是决策变量的函数。

线性规划问题的特征是目标函数和约束条件中的函数都是决策变量的线性函数，并且约束是必不可少的，否则不存在有实际意义的解。

线性规划问题有各种不同形式，其目标函数可以是实现最大化，也可以是实现最小化；约束条件可以是"$\geq$"，也可以是"$\leq$"，还可以是"$=$"的形式；决策变量可以非负，也可以是无符号限制。

归纳起来，线性规划问题的数学模型的一般形式为

$$\max(\min) z = c_1 x_1 + c_2 x_2 + \cdots + c_n x_n \tag{6-1}$$

$$\text{s.t.} \begin{cases} a_{11} x_1 + a_{12} x_2 + \cdots + a_{1n} x_n \leq (=, \geq) b_1 \\ a_{21} x_1 + a_{22} x_2 + \cdots + a_{2n} x_n \leq (=, \geq) b_2 \\ \cdots \\ a_{m1} x_1 + a_{m2} x_2 + \cdots + a_{mn} x_n \leq (=, \geq) b_m \\ x_i \geq 0 (i=1, 2, \cdots, n) \end{cases} \tag{6-2}$$

其中，s.t. 表示受约束于。

对于线性规划问题，我们定义可行解为满足全部约束条件的决策向量；可行域为全部可行解构成的集合；最优解为使目标函数达到最优值的可行解；无界解为若求极大化则目标函数在可行域中无上界，若求极小化则目标函数在可行域中无下界。

线性规划问题的最优解有下列几种情况：（1）有最优解时，可能有唯一最优解，也可能有无穷多个最优解。如果最优解不唯一，最优解一定有无穷多个，不可能为有限个。最优解的目标函数值均相等。（2）没有最优解时，也有两种情形。一是可行域为空集，二是目标函数值无界。

二、典型的线性规划问题

通过生产计划制定、配送优化两个例子介绍典型的线性规划问题，以及将实际问题转化为线性规划数学模型的步骤和方法。

（1）生产计划制定问题。

某企业可以生产甲、乙两种产品。甲产品的单位利润为2万元，乙产品的单位利润为3万元。生产一单位甲产品需要消耗1吨塑料、4吨钢材，生产一单位乙产品需要2吨塑料、4吨橡胶。企业拥有的原料数量是塑料4吨、钢材8吨、橡胶6吨（表6-1）。求在当前原料条件下，生产多少吨甲产品、多少吨乙能得到最大利润。

表 6-1　生产计划问题案例

分类	甲产品	乙产品	原料限制(吨)
塑料	1	2	4
钢材	4	—	8
橡胶	—	4	6
单位产品利润(万元)	2	3	—

要解决上述生产计划制定问题，第一步是要明确决策变量。本例中，决策变量是甲产品、乙产品产量。令甲产品产量为 x_1，乙产品产量为 x_2。

第二步，明确目标函数。本例的目标是利润最大化，因此目标函数是甲产品和乙产品的总利润最大，即：

$$\max z = 2x_1 + 3x_2 \tag{6-3}$$

第三步，根据决策变量给出限制条件。限制条件也称约束条件，是用来描述决策变量受到各种限制的等式或不等式。为了完成目标总利润最大，根据选定的决策变量，由于企业拥有的塑料、钢材、橡胶的数量是有限的，因此该问题的约束条件为：

$$\begin{cases} 1x_1+2x_2 \leqslant 4 \,(\text{原材料塑料的限制}) \\ 4x_1+0x_2 \leqslant 8 \,(\text{原材料钢材的限制}) \\ 0x_1+4x_2 \leqslant 6 \,(\text{原材料橡胶的限制}) \\ x_1 \geqslant 0 \,(\text{产量非负的限制}) \\ x_2 \geqslant 0 \,(\text{产量非负的限制}) \end{cases} \tag{6-4}$$

综上所述，该实际问题用数学模型的形式表达为：
求 x_1、x_2，使得：

$$\max z = 2x_1 + 3x_2$$

$$\text{s.t.} \begin{cases} 1x_1+2x_2 \leqslant 4 \\ 4x_1+0x_2 \leqslant 8 \\ 0x_1+4x_2 \leqslant 6 \\ x_1 \geqslant 0 \\ x_2 \geqslant 0 \end{cases} \tag{6-5}$$

（2）配送系统设计。

某服装集团考虑生产一种童装。童装产品将先运送至分配中心，再由分配中心将产品运送至分销点。该集团有 5 家工厂均可生产这类童装，有 3 家分配中心可以分配童装产品，有4家分销店可以运营童装产品。这些工厂与分配中心的年固定成本如表6-2所示。由各工厂至分配中心的运费与各工厂的生产能力如表6-3所示。从各分配中心至分销店的运费与各分销店对童装的需求量如表6-4所示。假定各分配中心的库存政策为"零库存"，即分配中心将从工厂得到的产品均分配给分销店，不留作库存。集团要设计一种童装分配系统，在满足需求的前提下，确定使用哪些工厂与分配中心进行童装生产与分配，使总成本最小。

表6-2 工厂与分配中心的年固定成本

单位	工厂1	工厂2	工厂3	工厂4	工厂5	分配中心1	分配中心2	分配中心3
年固定成本(元)	35000	45000	40000	42000	40000	40000	20000	60000

表6-3 各工厂至分配中心的运费与各工厂生产能力

分类	运输成本(元/箱)			生产能力(箱)
	分配中心1	分配中心2	分配中心3	
工厂1	800	1000	1200	300
工厂2	700	500	700	200
工厂3	800	600	500	300
工厂4	500	600	700	200
工厂5	700	600	500	400

表6-4 各分配中心至分销店的运费与各分销店对童装的需求量

分类	运输成本(元/箱)			
	分销店1	分销店2	分销店3	分销店4
分配中心1	40	80	90	50
分配中心2	70	40	60	80
分配中心3	80	30	50	60
需求量(箱)	200	300	150	250

第一步，确定决策变量。

该案例要解决的问题是选择生产厂与分配中心，确定生产工厂运送至各分配中心的数量以及各分配中心运送至分销店的产品数量，使在满足条件约束的情况下使总成本最小。该问题是一个0-1整数规划问题。

选择或不选择某个生产厂、分配中心，是一个0-1变量，0表示不选择，1表示选择。设$F_i(i=1,2,\cdots,5)$表示是否使用第i个工厂，$D_i(i=1,2,3)$表示是否使用第i个分配中心。

此外，设X_{ij}表示从生产厂i运送至分配中心j的产品数量，Y_{ij}表示从分配中心i运送到

分销店 j 的产品数量。

第二步，确定目标函数。

案例问题的目标是总成本最小，总成本由 3 部分组成：使用的工厂和分配中心的年固定成本、工厂至分配中心的运费、分配中心至分销店的运费。根据题意，目标函数如下

$$\min TC = Fixedcost + Freight_{fd} + Freight_{ds} \tag{6-6}$$

式中：TC——总成本；

$Fixedcost$——工厂和分配中心固定成本；

$Freight_{fd}$——从工厂至分配中心的运费；

$Freight_{ds}$——从分配中心支分销店的运费。

$$Fixedcost = 35000F_1 + 45000F_2 + 40000F_3 + 42000F_4 + 40000F_5 \tag{6-7}$$

$$Freight_{fd} = 800X_{11} + 1000X_{12} + 1200X_{13} + 700X_{21} + 500X_{22} + 700X_{23} + 800X_{31} + 600X_{32} + 500X_{33} +$$
$$500X_{41} + 600X_{42} + 700X_{43} + 700X_{51} + 600X_{52} + 500X_{53} \tag{6-8}$$

$$Freight_{dS} = 40Y_{11} + 80Y_{12} + 90Y_{13} + 50Y_{14} + 70Y_{21} + 40Y_{22} + 60Y_{23} +$$
$$80Y_{24} + 80Y_{31} + 30Y_{32} + 50Y_{33} + 60Y_{34} \tag{6-9}$$

第三步，确定约束条件。

案例的约束条件主要包括：

（1）工厂运输到分配中心的产品之和不得超过其生产能力，如对于工厂 1，有：$X_{11} + X_{12} + X_{13} \leqslant 300$；

（2）分配中心不留库存，即分配中心的总接收量等于总运出量，如对于分配中心 1，有 $X_{11} + X_{21} + X_{31} + X_{41} + X_{51} = Y_{11} + Y_{12} + Y_{13} + Y_{14}$；

（3）分配中心的运出量不得超过所有分销店的总需求量，即 900。

（4）各分销店的接收量不小于分销店需求量，如对于分销店 1，有 $Y_{11} + Y_{21} + Y_{31} \geqslant 200$；

（5）决策变量 F_i 和 D_i 取值为 0 或 1。

综上，该配送系统设计问题的线性规划模型如下

$$\min TC = 35000F_1 + 45000F_2 + 40000F_3 + 42000F_4 + 40000F_5 + 800X_{11} + 1000X_{12} +$$
$$1200X_{13} + 700X_{21} + 500X_{22} + 700X_{23} + 800X_{31} + 600X_{32} + 500X_{33} + 500X_{41} + 600X_{42} + 700X_{43} +$$
$$700X_{51} + 600X_{52} + 500X_{53} + 40Y_{11} + 80Y_{12} + 90Y_{13} + 50Y_{14} + 70Y_{21} + 40Y_{22} +$$
$$60Y_{23} + 80Y_{24} + 80Y_{31} + 30Y_{32} + 50Y_{33} + 60Y_{34} \tag{6-10}$$

$$\text{s.t.}\begin{cases} X_{11}+X_{12}+X_{13} \leqslant 300F_1 \\ X_{21}+X_{22}+X_{23} \leqslant 200F_2 \\ X_{31}+X_{32}+X_{33} \leqslant 300F_3 \\ X_{41}+X_{42}+X_{43} \leqslant 200F_4 \\ X_{51}+X_{52}+X_{53} \leqslant 400F_5 \\ X_{11}+X_{21}+X_{31}+X_{41}+X_{51} = Y_{11}+Y_{12}+Y_{13}+Y_{14} \\ X_{12}+X_{22}+X_{32}+X_{42}+X_{52} = Y_{21}+Y_{22}+Y_{23}+Y_{24} \\ X_{13}+X_{23}+X_{33}+X_{43}+X_{53} = Y_{31}+Y_{32}+Y_{33}+Y_{34} \\ Y_{11}+Y_{12}+Y_{13}+Y_{14} \leqslant 900D_1 \\ Y_{21}+Y_{22}+Y_{23}+Y_{24} \leqslant 900D_2 \\ Y_{31}+Y_{32}+Y_{33}+Y_{34} \leqslant 900D_3 \\ Y_{11}+Y_{21}+Y_{31} \geqslant 200 \\ Y_{12}+Y_{22}+Y_{32} \geqslant 300 \\ Y_{13}+Y_{23}+Y_{33} \geqslant 150 \\ Y_{14}+Y_{24}+Y_{34} \geqslant 250 \\ F_i = 0 \text{ 或 } 1(i=1,2,\cdots,5) \\ D_i = 0 \text{ 或 } 1(i=1,2,3) \\ X_{ij} \geqslant 0(i=1,2,\cdots,5;j=1,2,3) \\ Y_{ij} \geqslant 0(i=1,2,3;j=1,2,3,4) \end{cases} \quad (6-11)$$

建立上述线性规划模型后，可通过软件进行计算，求得最优解。

三、线性规划的图解法

求解线性规划问题：

$$\max z = x_1 + x_2 \quad (6\text{-}12)$$

$$\text{s.t.}\begin{cases} 2x_1+3x_2 \leqslant 6 \\ 3x_1+2x_2 \leqslant 6 \\ x_i \geqslant 0(i=1,2) \end{cases} \quad (6\text{-}13)$$

我们把 x_1，x_2 看成坐标平面上的坐标，则满足约束条件的点集，即可行域，如图 6-1

中阴影部分所示。

目标函数x_1+x_2在坐标平面上是一簇平行线，称为目标函数的等值线，在同一等值线上目标值相等。箭头表示目标函数值增大的方向，其方向与目标函数的梯度方向$(1，1)^T$相同（图6-2）。

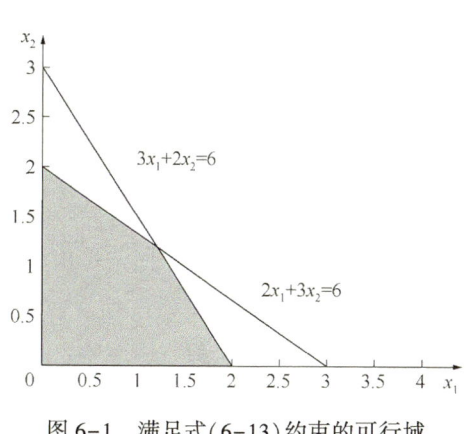

图6-1　满足式(6-13)约束的可行域

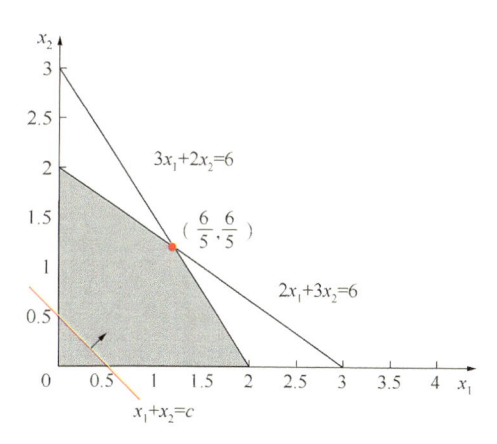

图6-2　目标函数等值曲线示意图

由于是求最大值问题，目标函数的等值线应沿梯度方向移动，到临界状态，即可行域的顶点(6/5，6/5)处，目标函数取得最大值12/5。继续沿梯度方向上升，目标函数值会更大，但与可行域无交点，即找不到满足所有约束条件的点使得目标值比12/5大。因此，线性规划问题的最优解为临界等值线与可行域的交点：$x^* = (6/5，6/5)$，最优值为12/5。

第二节　线性规划软件操作

线性规划可以通过 Excel 软件实现，也可以通过 Lingo、Stata、Matlab 等软件实现。本节展示基于 Lingo 的线性规划软件操作。Lingo 是用来求解线性和非线性优化问题的简易工具，内置了一种建立最优化模型的语言，可以简便地表达大规模问题，利用 Lingo 高效的求解器可快速求解并分析结果。

以本章第一节的生产计划制定问题为例介绍 Lingo 的软件操作[案例内容详见表6-1、式(6-5)]。

（1）打开 Lingo 软件（图6-3）。外层是主框架窗口，包含了所有菜单命令和工具条，其他所有的窗口将被包含在主窗口之下。在主窗口内的标题为 LINGO Model-LINGO1 的窗口是 LINGO 的默认模型窗口，建

图6-3　Lingo 软件界面

立的模型都要在该窗口内编码实现。

（2）点击 File/New/New Model 创建一个新的模型（图 6-4）。

（3）在 Lingo 的编辑器中，输入目标函数和约束条件。生产计划制定案例输入的代码如下

max＝2＊x1+3＊x2；

x1+2＊x2<=4；

4＊x1<=8；

4＊x2<=6；

需要注意的是，Lingo 中"max"后面直接写目标函数，无需写目标函数的字母（如 z）；每一行代码用英文分号隔开；乘号用"＊"代替，不可省略；Lingo 默认决策变量非负，因此无需再输入 x_1、x_2 非负限制条件（图 6-5）。

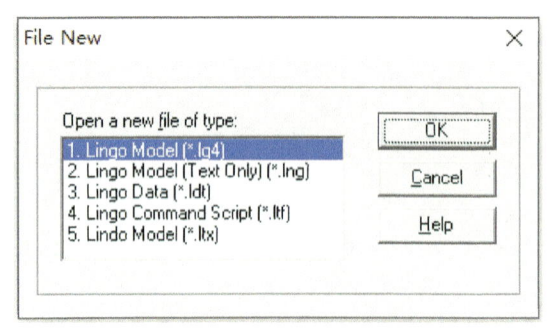

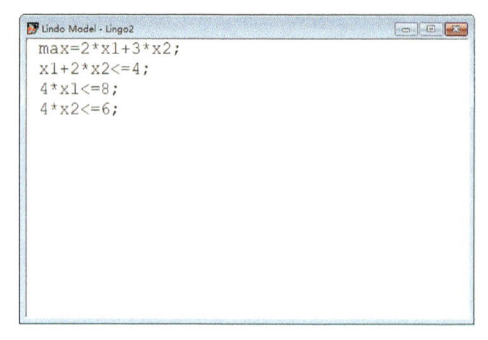

图 6-4　Lingo 软件新建模型　　　　图 6-5　在模型窗口输入线性规划模型代码

（4）输入模型代码后，点击工具栏中的求解图标"　"，软件返回模型求解状态和最优解（图 6-6）。

模型状态对话框显示了模型类别为"LP"，即线性规划，模型状态为"Global Opt"，表示找到了全局最优解，目标函数值为 16。求解结果对话框显示了最优解的决策变量值即目标函数值。本案例中，x_1 的值为 8，x_2 的值为 0。

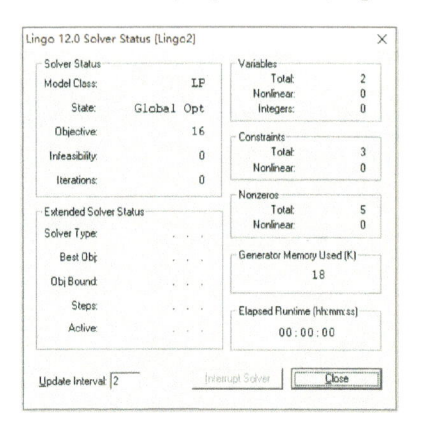

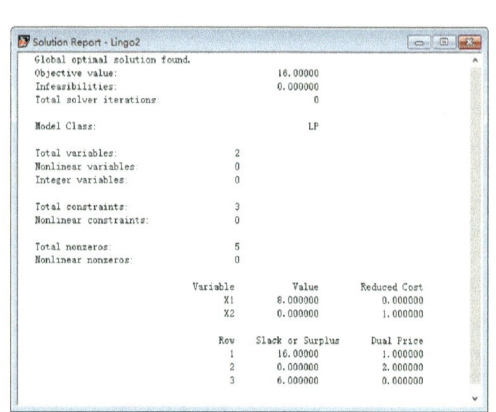

图 6-6　Lingo 线性规划结果图

Lingo 软件操作界面友好，支持多种线性规划问题的求解方法，并且提供了多种数据输入方式和数据可视化工具，是最常用的线性规划软件之一。除了案例中的线性规划问题以

外，Lingo 还能处理非线性、整数规划求解，执行速度快，能够与 Excel 等软件实现数据交互。

第三节　应用案例：基于线性规划的成品油运输系统优化

本节选取的案例论文题为"Integration optimization of production and transportation of refined oil：A case study from China"（成品油生产与运输一体化优化——以中国为例），发表在 Chemical Engineering Research and Design 期刊，影响因子 4.119。

该论文将线性规划中的运输配送优化问题应用在了中国原油运输领域，将炼厂、储油库、各类成品油、不同运输方式之间的复杂关系与现实约束转化为数学模型，并求解了满足约束条件情况下成本最优的配送方案，是线性规划模型在石油领域的直接应用，对石油公司原油配送方案设计有较强的实践意义。

一、研究背景

新冠肺炎疫情和能源转型使近几年石油产品的消费增速明显下滑。与此同时，全球炼油能力却持续增长，成品油供应过剩的情况越来越严重。2020 年，中国的炼油能力已达到每年 9 亿吨，成为世界第二大炼油国。对于成品油销售公司来说，来自同行业其他公司的竞争压力正在加剧，成品油产品的利润空间逐渐变小。因此，成品油销售公司不能仅仅通过增加成品油销量来增加利润。物流优化已逐渐成为企业降低成本、增加利润的重要手段。

目前，大多数成品油公司仍处于生产和运输分离的经营管理状态。这导致资源分配与销售需求不平衡、产品结构与当地市场销售需求不匹配等诸多矛盾。由于炼油厂的布局和产能在很大程度上影响着成品油的物流模式，本研究采用线性规划方法对原油生产和运输进行了一体化优化，旨在通过调整供给侧的生产结构来缓解资源供给与市场需求之间的矛盾，提高成品油物流的整体效率。此外，进行原油运输系统的经济、能源和环境分析，以确定生产和运输一体化是否对成品油物流具有积极的经济和环境效益。

二、研究过程

1. 问题陈述

成品油供应链是指从供应端到需求端的网络体系，包括成品油的生产、一次运输、储存和二次运输。一次运输是指炼油厂和油库之间的成品油运输，主要通过管道、卡车、驳船和铁路进行。二次运输是指从批发部门到零售部门的运输，主要通过卡车进行。本文主要研究成品油的生产和一次运输，涉及炼油厂和油库两个节点。成品油通过上述 4 种运输方式从炼油厂运输到油库，以满足油库对各类成品油的需求。

该研究总体框架如图 6-7 所示。首先，收集物流边界和生产边界，物流边界包括供应计划、需求计划和运输条件，生产边界包括成品油类型和数量以及炼油厂生产条件的调整可行性。其次，通过在基本物流优化模型中添加炼油厂生产调整规则，建立了一个改进的成品油物流优化模型。而后，通过案例研究确定炼油厂的最优生产调整方案和最优资源配置方案。最后，使用经济、能源和环境3E分析来判断生产和运输一体化是否对成品油供应链产生积极影响。

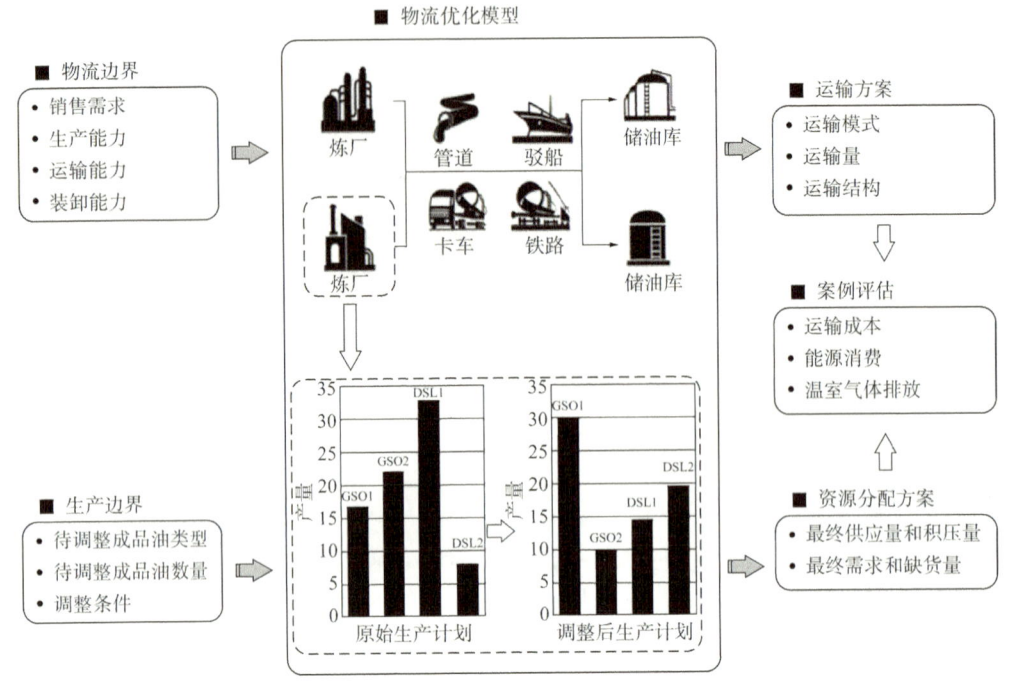

图 6-7 基于线性规划的成品油运输优化研究框架

为了对比分析，设计了4种优化情景。设计了4种情景进行比较分析。情景1：基准情景，只考虑运输优化，以最小的运输成本为目标。情景2：在供应侧进行产品结构调整，以获得最优的生产调整解决方案，从而最大限度地降低供应侧的运输和生产调整总成本。该情景下柴油与天然气的比例保持不变。情景3：与情景2相比，情景3中的产品结构调整是在柴油与天然气比可变且各炼油厂生产条件一致的前提下进行的。情景4：为各炼油厂设置不同的生产条件。

表 6-5 优化情景对比

情景	运输优化	产量优化		
		柴油天然气比例固定	柴油天然气比例可变	
			生产条件固定	生产条件可变
1	√			
2	√	√		
3	√		√	
4	√			√

2. 数学模型

（1）模型要求。

已知：

☆ 原始供应信息：供应计划（各类成品油的供应量范围）、炼厂地理位置。

☆ 原始需求信息：需求计划（各类成品油的需求量范围）、油库地理位置。
☆ 运输信息：各炼厂、储油库的运输方式、运输能力、装卸能力。
☆ 成本信息：单位运费、单位缺货成本、单位积压成本、单位生产调整成本。

求：

☆ 资源分配方案：供应端的最终供应量和积压量，需求端的最终需求量和缺货量。
☆ 资源运输方案：每条路线的运输方式和运输量。
☆ 产量调整方案：增加或减少各炼油厂的成品油产量。
☆ 成本结果：总运输成本和生产调整成本。

目标：

通过调整供给侧的生产结构，缓解资源供给与市场需求之间的矛盾。这样可以实现生产和运输的一体化，提高物流的整体效率。为了确保模型的可行性并有效求解，基于以下假设建立了数学模型。

☆ 该模型只处理单个周期内成品油的供应和运输，不考虑运输时间。
☆ 油库有足够的接收能力来满足石油需求。
☆ 未考虑参数的不确定性。

（2）目标函数。

本研究建立的成品油一次运输基本模型旨在最大限度地降低总运输成本，并尽可能确保供需平衡。具体表达式如下

$$\min f = \sum_{j \in J} \sum_{k \in K} \alpha_{j,k}^{DE} S_{j,k}^{DE} + \sum_{i \in I} \sum_{j \in J} \sum_{k \in K} \sum_{z \in Z} c_{i,j,k,z}^{TRA} V_{i,j,k,z}^{TRA} + \sum_{i \in I} \sum_{k \in K} \alpha_{i,k}^{DE} S_{i,k}^{RE} \quad (6-14)$$

式中　i——i 炼厂；

j——储油库；

k——成品油；

z——运输方式；

$\alpha_{j,k}^{DE}$——储油库 j、油品 k 的单位缺货成本；

$S_{j,k}^{DE}$——储油库 j、油品 k 的缺货量；

$\alpha_{i,k}^{DE}$——炼厂 i、油品 k 的单位积压成本；

$S_{i,k}^{RE}$——炼厂 i、油品 k 的积压量；

$c_{i,j,k,z}^{TRA}$——成品油 k 采用运输方式 z 从炼厂 i 到储油库 j 的单位运输成本（元/吨）；

$V_{i,j,k,z}^{TRA}$——成品油 k 采用运输方式 z 从炼厂 i 到储油库 j 的运输量（吨）。

在上述目标函数的基础上，增加炼油厂的生产调整成本，以满足运输和生产一体化的要求，更新后目标函数为

$$\min f = \sum_{j \in J} \sum_{k \in K} \alpha_{j,k}^{DE} S_{j,k}^{DE} + \sum_{i \in I} \sum_{j \in J} \sum_{k \in K} \sum_{z \in Z} c_{i,j,k,z}^{TRA} V_{i,j,k,z}^{TRA} + \sum_{i \in I} \sum_{k \in K} \alpha_{i,k}^{DE} S_{i,k}^{RE} + + \sum_{i \in I} \sum_{k \in K} \beta_{i,k}^{RE} Q_{i,k}^{RABS}$$

$$(6-15)$$

式中 $\beta_{i,k}^{RE}$——成品油 k 在炼厂 i 的单位调整成本；

$Q_{i,k}^{RABS}$——成品油 k 在炼厂 i 的实际调整量的绝对值。

（3）约束条件。

1）储油库约束。

① j 油库计划接收的成品油 k 的数量受最大值与最小值约束，如式(6-16)

$$q_{j,k}^{DMIN} \leq Q_{j,k}^{DE} \leq q_{j,k}^{DMAX} \ \forall j \in J, k \in K \tag{6-16}$$

式中 $q_{j,k}^{DMIN}$——储油库 j 接收成品油 k 数量的最小值；

$q_{j,k}^{DMIN}$——储油库 j 接收成品油 k 数量的最大值；

$Q_{j,k}^{DE}$——储油库 j 计划接收成品油 k 的数量。

② j 油库的成品油 k 计划接收量等于 j 油库成品油 k 的缺货量与运往 j 油库的实际成品油 k 运输量之和，如式(6-17)

$$S_{j,k}^{DE} + \sum_{i \in I}\sum_{z \in Z} V_{i,j,k,z}^{TRA} = Q_{j,k}^{DE} \ \forall j \in J, k \in K \tag{6-17}$$

③ 单个油库中每类成品油的偏差如式(6-18)。j 油库中 o 类成品油的计划接收量等于 j 油库中 o 类成品油缺货量与运往 j 油库的实际 o 类成品石油量之和。

$$S_{j,o}^{DEO} + \sum_{i \in I}\sum_{k \in K}\sum_{z \in Z} b_{k,o} V_{i,j,k,z}^{TRA} = \sum_{k \in K} b_{k,o} Q_{j,k}^{DE} \ \forall j \in J, o \in O \tag{6-18}$$

式中 $b_{k,o}$——成品油类别虚拟变量，若成品油 k 属于 o 类，取值为1，否则为0；

$S_{j,o}^{DEO}$——j 油库 o 类成品油缺货量。

2）炼厂约束。

① 炼厂 i 计划供应的成品油 k 的数量在炼厂供应最大值和最小值范围内，如式(6-19)

$$q_{i,k}^{RMIN} \leq Q_{i,k}^{RE} \leq q_{i,k}^{RMAX} \ \forall i \in I, k \in K \tag{6-19}$$

式中 $q_{i,k}^{RMIN}$——炼厂 i 供应成品油 k 数量的最小值；

$q_{i,k}^{RMAX}$——炼厂 i 供应成品油 k 数量的最大值；

$Q_{i,k}^{RE}$——炼厂 i 计划供应成品油 k 的数量。

② 为了实现生产和运输的一体化，对炼油厂 i 成品油 k 的计划供应量进行以下调整

$$q_{i,k}^{RMIN} \leq Q_{i,k}^{RE} - Q_{i,k}^{RCHA} \leq q_{i,k}^{RMAX} \ \forall i \in I, k \in K \tag{6-20}$$

式中 $Q_{i,k}^{RCHA}$——炼厂 i 供应成品油 k 数量的实际调整值。

③ 炼厂 i 的成品油 k 计划供应量等于炼油厂 i 成品油 k 的积压量与炼油厂 i 实际运输量之和，如式(6-21)

$$\sum_{j \in J}\sum_{z \in Z} V_{i,j,k,z}^{TRA} + S_{i,k}^{RE} = Q_{i,k}^{RE} \ \forall i \in I, k \in K \tag{6-21}$$

④ 炼油厂 i 中 o 类成品油的计划供应量等于炼油厂 i 的 o 类炼油积压量和从炼油厂 i 运输的 o 类精炼油的实际量之和，如式(6-22)

$$S_{i,o}^{REO} + \sum_{j \in J}\sum_{k \in K}\sum_{z \in Z} b_{k,o} V_{i,j,k,z}^{TRA} = \sum_{k \in K} b_{k,o} Q_{i,k}^{RE} \quad \forall i \in I, o \in O \tag{6-22}$$

⑤ 每个炼油厂对每种成品油的调整绝对值通过以下表达式线性化

$$Q_{i,k}^{RABS} \geqslant Q_{i,k}^{RCHA} \quad \forall i \in I, k \in K \tag{6-23}$$

$$Q_{i,k}^{RABS} \geqslant -Q_{i,k}^{RCHA} \quad \forall i \in I, k \in K \tag{6-24}$$

式中　$Q_{i,k}^{RABS}$——炼厂 i 成品油 k 实际调整量的绝对值。

⑥ 调整炼厂的成品油供应量，需要确保某一类成品油的产能保持不变，即同一炼油厂中同一类成品油的调整总量为零，如式(6-25)

$$\sum_{k \in K} b_{k,o} Q_{i,k}^{RCHA} = 0 \quad \forall i \in I, o \in O \tag{6-25}$$

3) 运输约束。

当成品油 k 通过运输方式 z 从从炼厂 i 运输到油库 j 时，需要运输的成品油 k 的量需要满足运输能力的上限和下限约束，如式(6-26)、式(6-27)

$$V_{i,j,k,z}^{TRA} \leqslant B_{i,j,k,z}^{TRA} b_{i,j,k,z}^{TRA} v_{i,j,k,z}^{TMAX}, \quad \forall i \in I, j \in J, k \in K, z \in Z \tag{6-26}$$

$$V_{i,j,k,z}^{TRA} \geqslant B_{i,j,k,z}^{TRA} b_{i,j,k,z}^{TRA} v_{i,j,k,z}^{TMIN}, \quad \forall i \in I, j \in J, k \in K, z \in Z \tag{6-27}$$

4) 装卸约束。

① 油库 j 卸载的通过运输方式 z 到达的成品油 k 的数量等于所有炼油厂通过运输方式 z 运输的成品油 k 实际数量总和

$$L_{j,k,z}^{D} = \sum_{i \in I} V_{i,j,k,z}^{TRA} \quad \forall j \in J, k \in K, z \in Z \tag{6-28}$$

式中　$L_{j,k,z}^{D}$——油库 j 卸载的通过运输方式 z 到达的成品油 k 的数量。

② 油库 j 通过运输方式 z 卸载成品油 k 时需要满足上限和下限约束

$$B_{j,k,z}^{DLO} l_{jkz}^{DMIN} \leqslant L_{j,k,z}^{D} \leqslant B_{j,k,z}^{DLO} l_{jkz}^{DMAX} \quad \forall j \in J, k \in K, z \in Z \tag{6-29}$$

式中　$B_{j,k,z}^{DLO}$——如果油库 j 卸载了通过 z 运输方式运来的成品油 k，则取值为 1，否则取值为 0；

　　l_{jkz}^{DMIN}——油库 j 卸载的通过运输方式 z 运来的成品油 k 的最小值；

　　l_{jkz}^{DMAX}——油库 j 卸载的通过运输方式 z 运来的成品油 k 的最大值。

③ 炼厂 i 装载的通过运输方式 z 运出的成品油 k 的数量($L_{i,k,z}^{R}$)等于运输方式 z 运至所有仓库的成品油实际总量 k

$$L_{i,k,z}^{R} = \sum_{j \in J} V_{i,j,k,z}^{TRA} \quad \forall j \in J, k \in K, z \in Z \tag{6-30}$$

式中　$L_{i,k,z}^{R}$——炼厂 i 装载的通过运输方式 z 运出的成品油 k 的数量。

④ 炼厂 i 通过运输方式 z 装载成品油 k 时需要满足上限和下限约束

$$B_{i,k,z}^{RLO} l_{ikz}^{RMIN} \leq L_{i,k,z}^{R} \leq B_{i,k,z}^{RLO} l_{i,k,z}^{RMAX} \quad \forall i \in I, \ k \in K, \ z \in Z \tag{6-31}$$

式中 $B_{i,k,z}^{RLO}$——如果炼厂 i 装载了通过 z 运输方式运出的成品油 k，则取值为 1，否则取值为 0；

l_{ikz}^{RMIN}——炼厂 i 装载的通过运输方式 z 运出的成品油 k 的最小值；

l_{ikz}^{RMAZ}——炼厂 i 装载的通过运输方式 z 运出的成品油 k 的最大值。

（4）能源效率评估。

使用两个指标来评估成品油运输供应链的能源效率。

1）单位运输量能耗（SEC）。

$$SEC = \frac{EC}{MTP}$$

式中 EC——每月运输成品油的能源消费总量，千克；

MTP——每月运输的成品油总量，吨。

2）单位周转能耗（ECT）。

$$ECT = \frac{EC}{TV}$$

式中 TV——每月的成品油周转量，千克/千米。

3. 案例情况

为验证构建的线性规划模型运行效果，对中国某成品油运输系统进行案例研究。该运输系统有炼油厂 30 家，油库 296 个。

根据统计数据和经验参数，各地区成品油需求如图 6-8 所示，不同运输方式的单位能耗、单位周转能耗如表 6-6，线性规划模型的运算通过 MATLAB 实现。

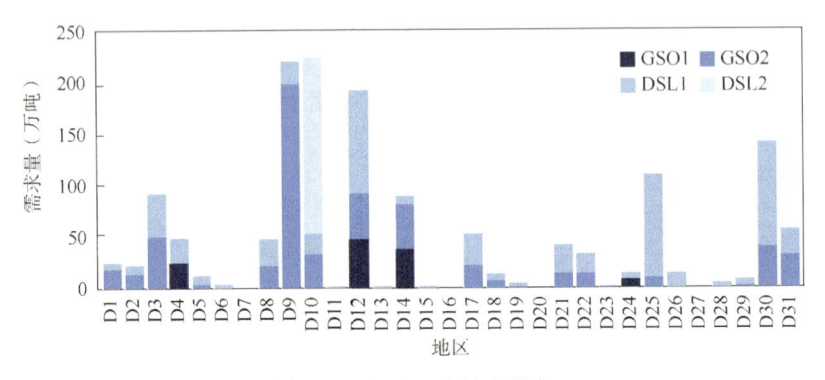

图 6-8 各地区成品油需求

表 6-6 不同运输方式单位能耗、排放量

运输方式	铁路	卡车	驳船	管道	单位
单位周转量能源消耗	470	190	280	70.5	克/(吨·100 千米)
二氧化碳排放量	11.6	29.98	15.9	4.96	克/(吨·千米)

三、研究结果

1. 线性规划优化方案

将构建的线性规划模型输入到 MATLAB 中求解，得到成品油运输系统各决策变量（生产量、运输量、运输方式等）的最优解，下文对各情景的最优解进行分析对比。

（1）运输结构。

4 个优化情景的运输结构如图 6-9 所示。情景 1 是运输优化，情景 2 至情景 4 是生产运输一体化优化。据图可知，所有情景都是管道运输占比最大，其次是卡车、铁路、驳船。在情景 1 中，管道是主要的运输方式（39.65%），其次是卡车（22.54%），然后是铁路（21.47%），最后是驳船（16.33%）。生产和运输的一体化优化后，增加了管道运输量，情景 3 的增长幅度最大。由于考虑了生产条件的限制，情景 4 的管道量增幅较小。其他交通方式的比例都有所下降。铁路运输占比的降幅最大。可见，生产运输一体化提高了管道运输的竞争力，降低了铁路运输的竞争力。

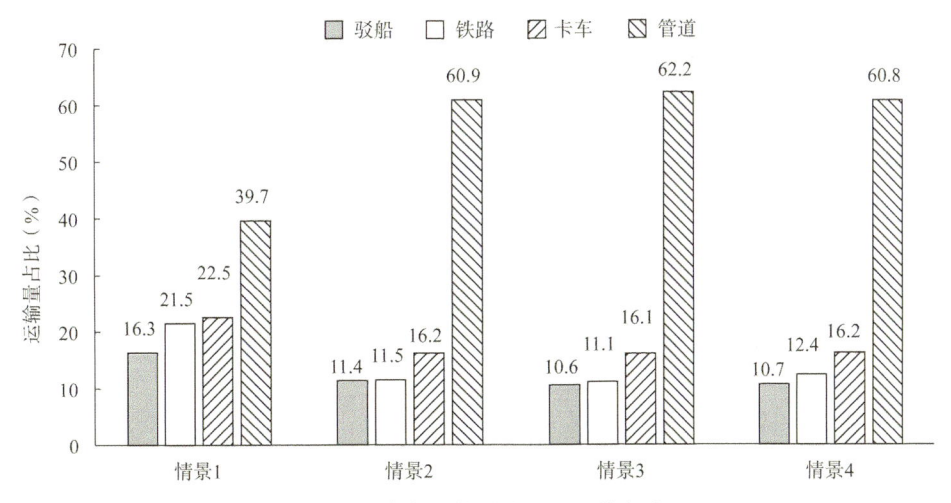

图 6-9 各优化情景成品油运输方式

（2）资源配置方案。

情景 4 充分考虑了炼厂的生产情况，选择情景 4 的优化结果进行资源配置分析（图 6-10）。优化结果中，大多数炼厂的成品油分布遵循邻近原则。例如，R5 炼厂通过管道和铁路向 D12 地区供应成品油。对于成品油需求较低的地区，炼厂将会选择运费较低的路线对其进行供应。例如，D3 地区的需求较低，主要通过与 D3 地区距离较近的 R22、R23 和 R25 满足。

（3）生产调整方案。

优化后，各炼厂产量调整方案如图 6-11 所示。以炼厂 R5 为例，成品油 DSL1 产量增加了 14.2 万吨，GSO1 的产量减少了 11.3 万吨，GSO 产量减少 2.9 万吨。

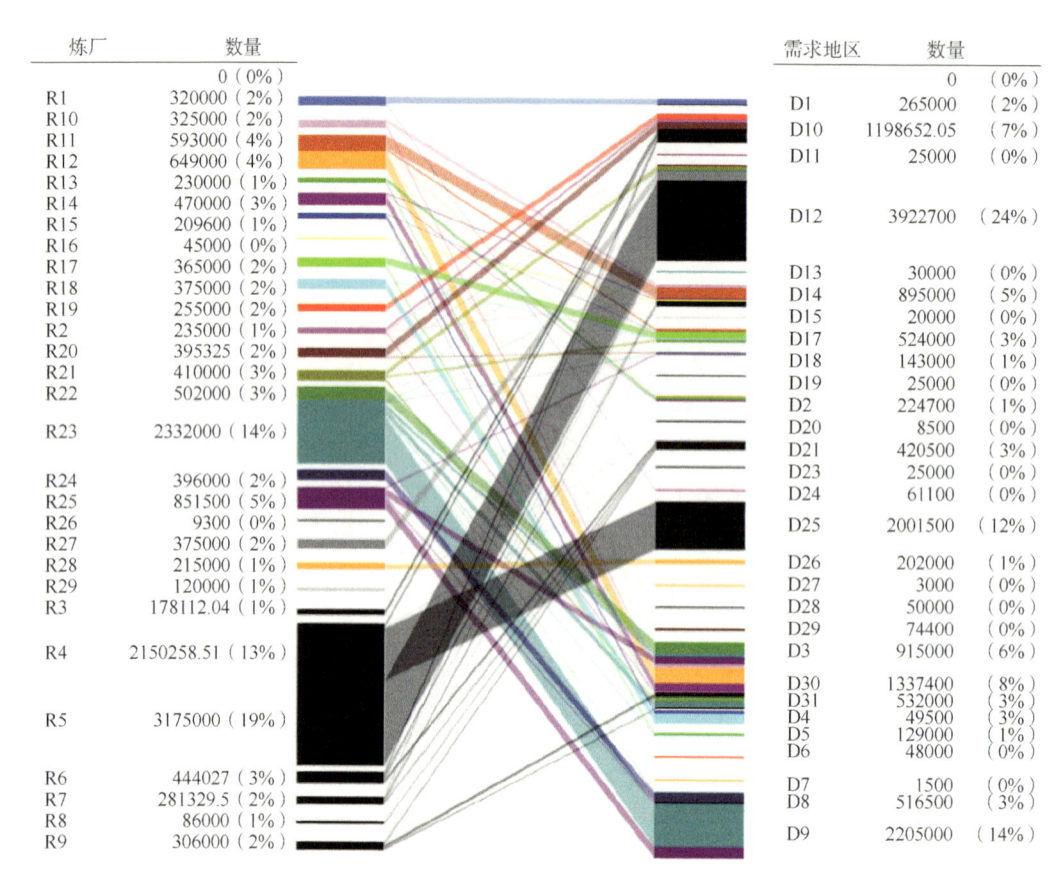

炼厂	数量		需求地区	数量	
	0	（0%）		0	（0%）
R1	320000	（2%）	D1	265000	（2%）
R10	325000	（2%）	D10	1198652.05	（7%）
R11	593000	（4%）	D11	25000	（0%）
R12	649000	（4%）	D12	3922700	（24%）
R13	230000	（1%）			
R14	470000	（3%）	D13	30000	（0%）
R15	209600	（1%）	D14	895000	（5%）
R16	45000	（0%）	D15	20000	（0%）
R17	365000	（2%）	D17	524000	（3%）
R18	375000	（2%）	D18	143000	（1%）
R19	255000	（2%）	D19	25000	（0%）
R2	235000	（1%）	D2	224700	（1%）
R20	395325	（2%）	D20	8500	（0%）
R21	410000	（3%）	D21	420500	（3%）
R22	502000	（3%）	D23	25000	（0%）
R23	2332000	（14%）	D24	61100	（0%）
R24	396000	（2%）	D25	2001500	（12%）
R25	851500	（5%）	D26	202000	（1%）
R26	9300	（0%）	D27	3000	（0%）
R27	375000	（2%）	D28	50000	（0%）
R28	215000	（1%）	D29	74400	
R29	120000	（1%）	D3	915000	（6%）
R3	178112.04	（1%）	D30	1337400	（8%）
R4	2150258.51	（13%）	D31	532000	（3%）
R5	3175000	（19%）	D4	49500	（3%）
R6	444027	（3%）	D5	129000	（1%）
R7	281329.5	（2%）	D6	48000	（0%）
R8	86000	（1%）	D7	1500	（0%）
R9	306000	（2%）	D8	516500	（3%）
			D9	2205000	（14%）

图 6-10　情景 4 优化后资源配置图

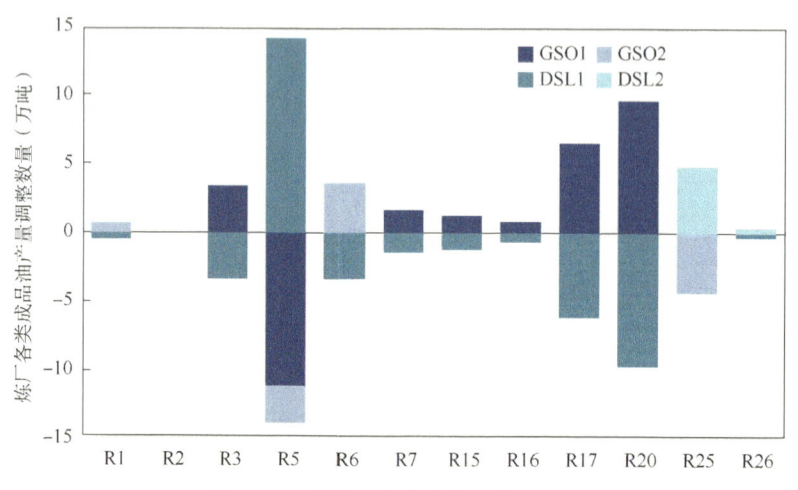

图 6-11　情景 4 优化后炼厂产量调整

2. 优化后指标对比

（1）运输成本。

情景 1 至情景 4 的运输成本如图 6-12 所示。情景 1 只进行了运输优化，情景 2 至情景

106

4 进行了生产运输一体化优化。情景 1 的运输成本最高，情景 3 的运输成本最低，与情景 1 相比运输成本降低了 14.1%。情景 2 和情景 3 的比较表明，炼油厂采用灵活的柴油、天然气比对降低成本有积极影响。情景 4 在情景 3 的基础上增加了生产条件的限制，考虑了实际生产情况，导致运输成本增加，但仍具有显著的成本降低效果。由此可知，提出的线性规划模型能够有效降低成品油运输系统的运输成本。

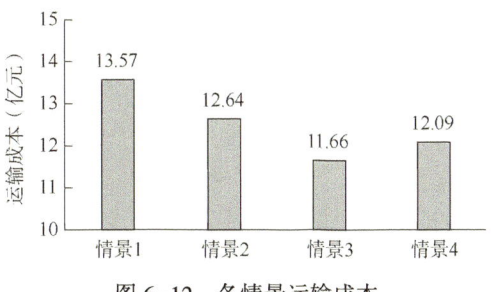

图 6-12 各情景运输成本

（2）能源效率。

从总能耗、单位运输量能耗（SEC）、单位周转能耗（ECT）角度讨论了生产和运输一体化对能源效率的影响。各情景能耗结果如表 6-7 所示。情景 3 的周转量明显低于情景 2，而情景 4 的周转量有所回升。与情景 1 相比，其他 3 种情景中的两个能耗指标都有所下降。这表明生产和运输一体化可以大大减少长途运输。场景 3 的能耗最低，能耗比场景 1 低 46.4%。其次是情景 4，能耗比场景 1 低 41.7%，这表明在接近现实的生产条件下，可变柴油气比的生产优化效果最好。与此同时，单位运输量能耗（SEC）、单位周转能耗（ECT）的趋势相似，根据能源效率对场景进行排名，结果是场景 3>场景 4>场景 2>场景 1。

表 6-7 各情景能耗指标结果

项目	单位	情景 1	情景 2	情景 3	情景 4
周转量	亿吨·千米	59.9	57.1	51.8	52.9
总能耗	万千克	1419	1270	1136	1196
SEC	千克/吨	0.84	0.52	0.45	0.49
ECT * 1000	千克/吨·千米	2.37	2.22	2.19	2.26

（3）环境影响。

优化后各情景二氧化碳排放量如图 6-13 所示。情景 3 的二氧化碳排放量最低，为 570 万吨，其次是情景 4。情景 1 的单位碳排放最高，为 11.64 克/千米，其次是情景 4、情景 2、情景 3。由此可知，采用线性规划模型对成品油生产和运输进行优化后，所有 3 种情景的减排效果都比情景 1 更明显，表明一体化优化具有良好的减排潜力。

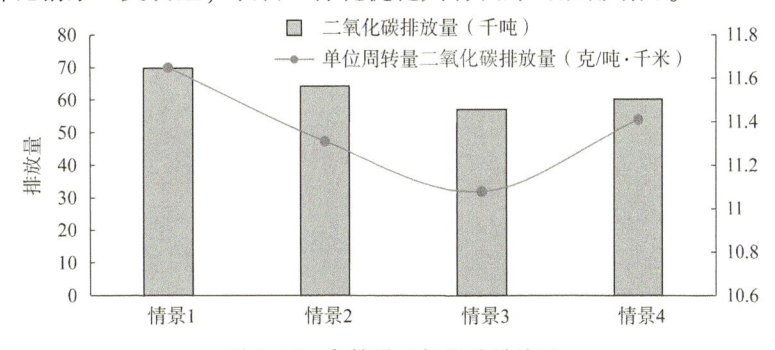

图 6-13 各情景二氧化碳排放量

四、研究结论

生产销售一体化优化是提高石油企业经济效益、缓解成品油市场供需矛盾的有效途径。案例论文基于中国成品油运输系统现实情况构建了线性规划模型，明确了决策变量、目标函数，以及炼厂、储油库和各类运输方式的的生产约束、运输约束、装卸约束，并以现实数据为案例对模型进行了求解，得到了 4 种情景的优化结果。优化结果表明，生产运输一体化优化后，管道运输占比增加，运输成本显著降低，温室气体排放量和单位周转量能耗有效降低。

第七章　复杂网络理论

复杂网络是由大量节点和链接组成的网络结构，具有高度的复杂性和非线性特征。它可以用来描述各种真实世界中的现象，如社交网络、物流网络、生物网络等。复杂网络研究的目标是探究其结构、动态行为以及其在实际应用中的作用。在复杂网络中，节点之间的联系可以是无向的或有向的，链接的强度和距离可以是不同的。这些网络的特点包括小世界现象、无标度性、社区结构等，这些特征使得复杂网络在信息传播、网络安全、社交行为等方面具有重要的作用。

复杂网络理论起源于图论，并与数学、物理、系统科学、社会科学等众多学科相交叉，逐步发展为一门多学科交叉研究领域。复杂网络理论关注网络的共性特征和处理网络的普适性方法，以增进人类对自然、工程和社会复杂网络的科学理解。复杂网络的研究方法包括数学建模、网络分析、模拟仿真等。

第一节　复杂网络理论介绍

一、复杂网络理论发展

网络相关研究最早起源于图论。图论中的图是由若干给定的点及连接两点的线所构成的图形。它通常用来描述某些事物之间的某种特定关系，用点代表事物，用连接两点的线表示相应两个事物间具有的关系。用图论的语言和符号可以精确、简洁地描述各种网络。关于图论的文字记载最早出现在欧拉 1736 年的论著中。第一个图论问题是著名的哥尼斯堡七桥问题，欧拉证明了这个问题没有解，并且延伸了这个问题，给出了对于一个给定的图可以某种方式走遍的判定法则。此后，哈密顿问题、四色猜想等有力地推动了图论及拓扑学的发展。1936 年，德国数学家 Konig 正式提出图论思想。20 世纪 40~60 年代，拟阵理论、超图理论、极图理论，以及代数图论、拓扑图论等都有较大的发展。

20 世纪 50 年代末到 60 年代，匈牙利著名数学家 ErdÊs 和 Rényi 建立了 ER 随机图理论，用相对简单的随机图来描述网络，其重要发现是 ER 随机图中的许多重要性质均随网络规模的增大而突然涌现。此后近 40 年，ER 随机图一直是研究复杂网络的基本模型。图论不仅为数学家和物理学家提供了描述网络的共同语言和研究平台，而且图论的许多研究成果和方法技巧至今仍然能够自然地应用到社会网络分析与复杂网络的研究中去，成为网络科学研究的有力方法和工具。

而后，对一些真实网络的研究表明，大多数的复杂系统既非完全规则又非完全随机，单纯应用规则图和随机网络理论无法实质性地研究这些复杂系统，因此需要新的模型来合理描述这些真实网络所显示的特性。20世纪90年代末期，两项开创性的工作打破了随机图理论的框架。1998年Watts和Strogatz在Nature上发表文章，提出了小世界网络（small-world networks）模型，也称为WS模型。通过以某个很小的概率切断规则网络中原始的边，并随机选择新的端点重新连接，构造出了一种介于规则网络和随机网络之间的网络，它同时具有大的群聚系数和小的平均距离，称为具有小世界效应的小世界网络。1999年Barabasi和Albert在Science上发表文章，指出现实世界中的许多复杂网络节点度分布具有幂律函数形式，由于幂律分布没有明显的特征长度，该类网络称为无标度网络（scale-free networks）。

（1）小世界特性。具有高集聚系数和短平均距离的网络称为小世界网络。对于规则网络的每一个顶点的所有边，以概率 p 断开一个端点，并重新连接，连接的新端点从网络中的其他顶点随机选择，若所选顶点已与此顶点相连，则再随机选择其他顶点来重连。当 $p=0$ 时，该网络演变为规则网络；当 $p=1$ 时，为随机网络；对于 $0<p<1$ 的情况，p 存在一个很大的取值区间，在生成网络的同时，拥有高集聚系数和短平均距离，即小世界网络。小世界网络介于规则网络与随机网络之间，实现了从规则到完全随机之间的连续演变（图7-1）。它同时具有大的群聚系数和小的平均距离，其度分布为指数分布且峰值取平均值，每个节点有大致相同数目的度；网络平均距离随节点数增多而缓慢增加。研究表明，互联网、万维网都具有小世界的性质。

（2）无标度特性。与随机网络的泊松分布不一致，现实世界中许多复杂网络的度分布遵循幂律分布。幂律分布在双对数坐标系下呈直线，斜率为定值，其分布和网络的规模尺度无关，因此称为无标度网络。无标度网络的节点度分布为幂律形式，是与时间无关的渐进分布，且与系统规模无关；极少数节点有大量的连接，而大多数节点只有很少的连接，这些具有大量连接的节点称为"集散节点"；复杂网络系统的行为主要是由少数关键节点主控。实验结果表明，无尺度网络也具有短平均距离和高集聚系数。

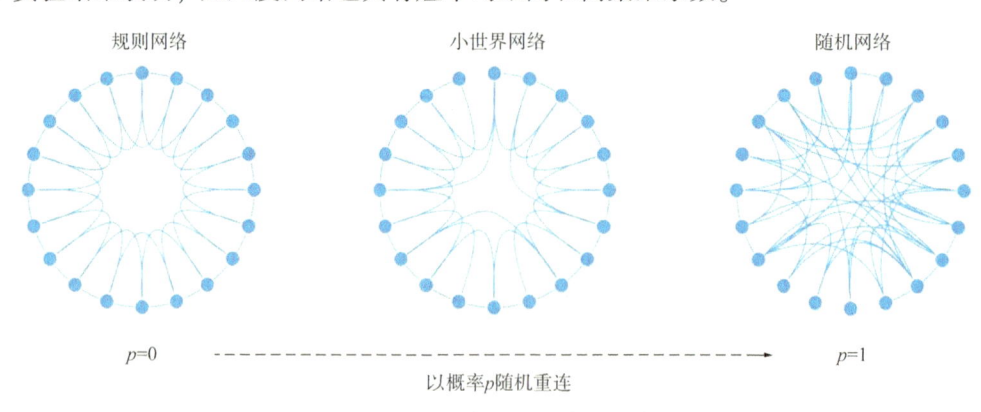

图 7-1　随机概率增加的3种类型网络之比较

小世界网络和无标度网络的发现,以及随后许多真实网络的实证研究表明,真实网络既不是规则网络,也不是随机网络,而是兼具小世界和无标度特性,使人们认识到各种复杂系统的网络结构可能遵从某些基本法则和普适规律。Watts 和 Barabási 等的工作得到了学术界的高度认可,大批学者加入到复杂网络的研究行列中,研究从数学和物理学渗透到生物学,以及社会科学、工程技术科学等众多学科,相关应用研究在信息与网络中心战、系统搜索与推荐、疾病传播与控制,以及突发事件预警与处置等方面发挥着重要作用。

二、复杂网络建模

复杂网络的概念和模型具有较强的普适性。一方面,作为复杂系统的结构形态或基本框架,复杂网络包含自然界和社会的众多因素,例如神经系统是大量神经细胞通过神经纤维相互连接形成的网络;计算机网络是计算机通过通信介质,如光缆、双绞线、同轴电缆等相互连接形成的网络。另一方面,现实世界中很多自然和社会系统都可以用复杂网络来描述,从大型电力网络到全球交通网络,从社会关系网络到经济、政治网络,甚至语言和软件网络。复杂网络是对复杂系统相互作用的一种本质抽象:系统中的个体对应网络中的顶点,个体间的相互关系对应网络中的边,系统可以表现为由点和边构成的图。网络结构研究的关键问题是依据适当方法,建立能反映实际网络拓扑性质的模型。

网络可以用矩阵的形式加以描述,邻接矩阵刻画了网络节点之间的连接关系。网络可由邻接矩阵 A 完全描述:给定邻接矩阵 A 是一个 $N×N$ 的方阵,其元素为 $a_{ij}(i,j=1, 2,…,N)$,若边 e_{ij} 存在,则 $a_{ij}=1$,否则 $a_{ij}=0$,邻接矩阵的对角线上的元素都是 0,即 $a_{ii}=0$。网络可表示为 $G=(V,E)$,其中 V 表示网络节点的集合,E 表示网络节点间相互关系的集合,并用 $N=|V|$ 表示网络节点数目,$M=|E|$ 表示网络边的数目。

考虑边的方向性,网络可分为无向网络和有向网络;考虑边的权重,则可分为加权网络和无权网络,如图 7-2 所示。有向网络中,边用方向箭头连接。加权网络中,w_i 表示边的权重。含有环或多重边的网络称为多重网络。

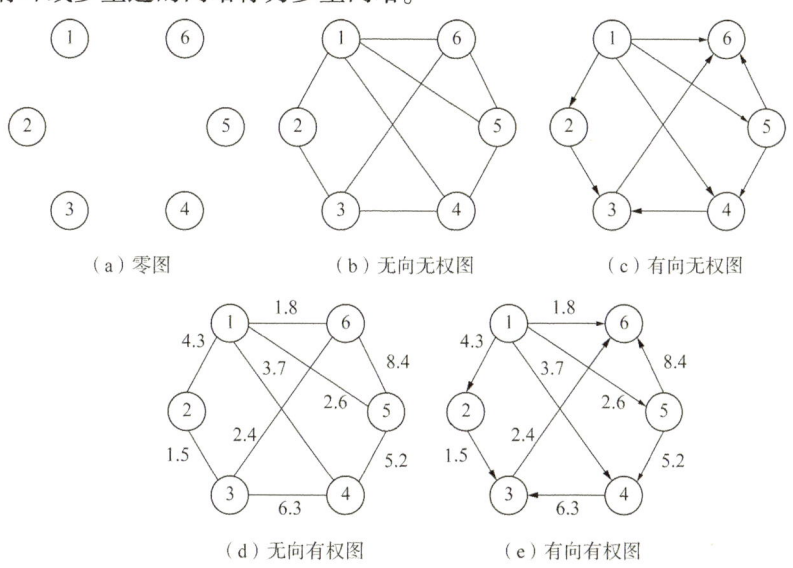

(a) 零图　　(b) 无向无权图　　(c) 有向无权图

(d) 无向有权图　　(e) 有向有权图

图 7-2　复杂网络基本模型

三、复杂网络特征参数

描述复杂网络的基本特征量主要有:平均路径长度、聚类系数、度分布、介数等。

1. 平均路径长度(average path length)

定义网络中任何两个节点 i 和 j 之间的距离 l_{ij} 为从其中一个节点出发到达另一个节点所要经过的连边的最少数目。定义网络的直径(diameter)为网络中任意两个节点之间距离的最大值。即

$$D = \max_{i,j}\{l_{ij}\} \tag{7-1}$$

定义网络的平均路径长度 L 为网络中所有节点对之间距离的平均值。即

$$L = \frac{2}{N(N-1)} \sum_{i=1}^{N-1} \sum_{j=i+1}^{N} l_{ij} \tag{7-2}$$

其中 N 为网络节点数,不考虑节点自身的距离。网络的平均路径长度 L 又称为特征路径长度(characteristic path length)。

网络的平均路径长度 L 和直径 D 主要用来衡量网络的传输效率。

2. 度分布(degree distribution)

网络中某个节点 i 的度 k_i 定义为与该节点相连接的其他节点的数目,也就是该节点的邻居数。通常情况下,网络中不同节点的度并不相同,所有节点 i 的度 k_i 的平均值称为网络的(节点)平均度,记为 $\langle k \rangle$。即

$$\langle k \rangle = \frac{1}{N} \sum_{i=1}^{N} k_i \tag{7-3}$$

网络中节点的分布情况一般用度分布函数 $P(k)$ 来描述。度分布函数 $P(k)$ 表示在网络中任意选取一节点,该节点的度恰好为 k 的概率。即

$$P(k) = \frac{1}{N} \sum_{i=1}^{N} \delta(k - k_i) \tag{7-4}$$

通常,一个节点的度越大,意味着这个节点属于网络中的关键节点,在某种意义上也越重要。

3. 介数(betweenness)

节点 i 的介数定义为网络中所有的最短路径中,经过节点 i 的数量。用 B_i 表示。即

$$B_i = \sum_{m,n} \frac{g_{min}}{g_{mn}} m, \ n \neq i, \ m \neq n \tag{7-5}$$

式中 g_{mn} 为节点 m 与节点 n 之间的最短路径数,g_{min} 为节点 m 与节点 n 之间经过节点 i 的最短路径数。节点的介数反映了该节点在网络中的影响力。

4. 节点聚类系数(node cluster coefficient)

节点聚类系数衡量一个网络中节点的群集程度。"物以类聚、人以群分"是社会关系网

络的一个特点,现实生活中自己的朋友们之间可能也是朋友,这种特点被称为网络的聚类性质。网络的聚类特性可以用聚类系数(Clustering Coefficient)描述。

任意在网络中选取一个节点 n_i,此节点的度为 k,亦即有 k 个节点与 n_i 链接。节点 n_i 的聚类系数 C_i 定义为:与节点 n_i 链接的 k 个节点之间实际链接数 l 与最多可能链接数之比,即:

$$C_i = \frac{l}{\frac{k(k-1)}{2}} = \frac{2l}{k(k-1)} \tag{7-6}$$

式中 C_i——节点 n_i 的群集系数;
l——与节点 n_i 链接的 k 个节点之间实际链接数;
k——节点 n_i 的度。

5. 网络聚类系数(network cluster coefficient)

对某个网络中所有节点的聚类系数求平均,得到的值称为这个网络的聚类系数

$$C = \frac{1}{N} \sum_{i=1}^{n} C_i \tag{7-7}$$

式中 C——网络聚类系数;
N——网络中的节点数量。

网络中所有度为 k 的节点的平均聚类系数用 $C(k)$ 来表示

$$C(k) = \frac{1}{n} \sum_{k} C_i \tag{7-8}$$

四、复杂网络社团结构

随着复杂网络的不断发展和应用,社团结构作为复杂网络的基本功能结构,也越来越受到专家学者的重视,通过社团检测可以有效的帮助理解网络的拓扑结构,发现分析网络潜在的关键信息。

1. 社团划分算法

(1)基于图分割的方法。

图分割方法主要有:多级分割法和基于最小最大分割法,以及基于图的谱二分法。Kernighan-Line 算法是最早的图分割算法之一,其根据贪婪思想,用增益函数 Q 为指标,不断交换节点以此获得社团结构。按照上述思路,社团划分步骤如下:

1)将网络随机划分成两个大小已知的社团;
2)分别交换不同社团中的节点,计算增益 $\Delta Q = Q_{交换后} - Q_{交换前}$,记录交换的节点,并记录交换后的 Q 值;
3)重复执行第二步的操作,直到某一个社团中的所有节点都交换过一次;
4)寻找交换过程中所记录的最大的 Q 值,它所对应的社团结构则为最终结果。

该算法虽然可以快速的检测出高质量的社团,但有先验条件,需知网络中的社团个数,

而真实网络的社团数目往往是未知的。

（2）基于谱聚类的方法。

谱聚类算法大多基于图割问题的求解，一般是利用图的拉普拉斯矩阵中的特征值来进行划分，用快速迭代的方法来划分网络。谱平分法又叫谱二分法，它将一个网络进行二分，然后依次循环平分，直到达到指定社团个数为止。

基于谱聚类算法的基本流程如下：

1）将网络的邻接矩阵转换为一个特征矩阵；

2）计算特征矩阵的特征值和特征向量；

3）构建特征向量矩阵；

4）利用层次聚类算法划分社团。

该算法由于计算量较大，所以不适合大规模网络。谱聚类对于稀疏图划分效果很好，且能得到全局最优解。

（3）基于层次聚类的方法。

层次聚类是传统社团检测算法之一，它是通过建立层次树为基础，根据节点连接的强度或节点间的相似度来自然地将网络划分成多个社团结构。层次聚类算法又可以根据是向网络中添加边还是从网络中移除边将其分为两类方法：分裂方法和凝聚方法。分裂方法的主要思想是自顶向下，首先，将网络中的所有节点视为一整个社团，然后试图找到这些已经连接的节点对中的相似性最低的节点对，并移除该节点之间的连边，重复这个操作，直到把整个网络划分成越来越小的社团为止。由 Girvan 提出的 GN 算法就是一种经典的分裂式算法。

GN 算法的基本流程如下：

1）计算网络中的边介数；

2）删除边介数最大的边，重新计算网络中剩余边的边介数；

3）重复执行第二步操作，所节点都退化为一个社团为止。

凝聚方法的主要思想是自底向上，首先，网络中的每个节点都视为一个独立社团，通过某种指定的计算方式计算出节点对之间的相似性，根据节点相似度将相距最近的节点合并，直到所有节点都被划分到社团中为止。

FN 算法的基本流程如下：

1）将网络中的每一个节点作为一个独立的社团；

2）依次将相距最近的节点合并，计算合并后的模块度增量，且合并模块度增量最大的两社团；

3）重复执行第二步操作，直到所有节点都被合并到社团中。

分裂算法和凝聚算法是相对应的，一个是自顶向下不断地将网络中的节点分裂开来，一个是自底向上不断地将网络中的节点合并起来。

2. 社团划分评价指标

在检测复杂网络中的社团结构时，需要有一个标准来判断社团检测结果的优劣。通常，在社团检测中常用的评价指标有标准互信息和模块度。

(1) 标准互信息 NMI。

标准互信息可以度量社团检测算法的准确性，NMI 值越大则表明该算法越准确，其检测出的社团结构与真实的社团结构越相似，反之，则表示其检测出的社团结构与真实的社团结构越不同。NMI 计算公式如式(7-11)。

$$NMI(X, Y) = \frac{-2\sum_{i=1}^{C_x}\sum_{j=1}^{C_y} N_{ij}\log(N_{ij}N/N_i N_j)}{\sum_{i=1}^{C_x} N_i \log\left(\frac{N_i}{N}\right) + \sum_{j=1}^{C_y} N_i \log(N_j/N)} \quad (7-9)$$

式中　$NMI(X, Y)$——标准互信息，表示 X 与 Y 的相似程度；
　　　X——原始社团结构；
　　　Y——算法检测出的社团结构。

NMI 值越大，说明两个社团越相似。当 NMI = 1 时，表示算法检测出的社团结构与原始社团结构完全一致；当 NMI = 0 时，则表示算法检测出的社团结构与原始社团结构完全不同。

(2) 模块度。

模块度 Q 是评价社团结构质量的重要指标，计算公式如下

$$Q = \frac{1}{2m}\sum_{ij}\left(A_{ij} - \frac{k_i k_j}{2m}\right)\delta(C_i C_j) \quad (7-10)$$

式中　m——总边数；
　　　C_i——节点 i 所在的社团；
　　　A_{ij}——社团中的实际边数；
　　　$\frac{k_i k_j}{2m}$——模块中的边在随机连接下的期望边数；
　　　$\delta(C_i C_j)$——表示节点 I 和 j 是否在在同一个社团中，若节点 i 和 j 在同一个社团中取值为 1，否则为 0。

模块度取值范围是 0 到 1 之间，模块度值越大，说明社团结构划分越明显，社团质量越高。

第二节　复杂网络分析软件操作

构建和分析复杂网络的常用软件包括 Ucinet、Pajex、NetMiner 等。这些软件都提供了丰富的分析方法和可视化功能，可以帮助用户快速发现网络中的模式和趋势。例如，ucinet 提供了多种社会网络分析方法，包括中心性指标、聚类系数、介数中心性等，它们可用于研究网络中的节点和关系的重要性和影响力；Pajex 则可以用于可视化大型网络图，使得我们可以更加深入地了解网络的结构和组成。

本节介绍基于 Gephi 软件的复杂网络操作建模步骤，使用的案例数据是 2017 年 6 月主要国家国际贸易额，数据来源是联合国 UN Comtrade 数据库。Gephi 是一款开源的网络分析和可视化软件，具有强大的分析功能和灵活的可视化界面，且支持多种网络数据输入格式，包括 CSV、GEXF、GraphML 等，可以轻松地处理大型网络数据。同时，它还提供了多种分析和可视化工具，包括度分布、聚类系数、社区检测、力导向布局等，可以帮助我们更好地理解网络的特性和结构。

一、数据导入

采用 Gephi 进行复杂网络分析需要首先准备网络数据。以基于 Excel 数据导入为例，Gephi 识别的网络格式如图 7-3 所示。其中，A1 单元格内容为"Source"，B1 单元格内容为"Target"，C1 单元格内容为"Weight"。例如，案例中第 2 行的数据表明，研究期内从西班牙向法国出口的贸易额为 122 万美元。

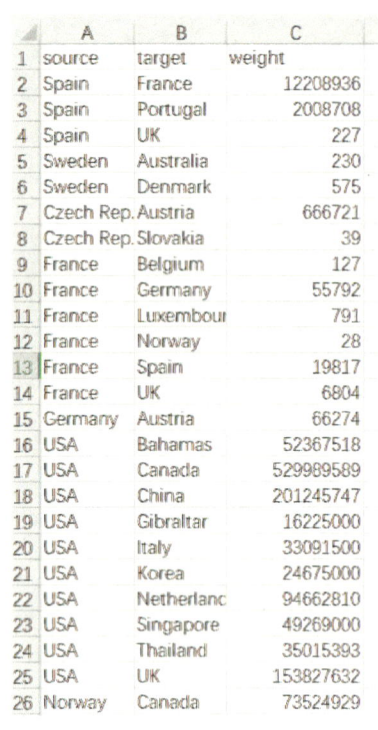

	A	B	C
1	source	target	weight
2	Spain	France	12208936
3	Spain	Portugal	2008708
4	Spain	UK	227
5	Sweden	Australia	230
6	Sweden	Denmark	575
7	Czech Rep.	Austria	666721
8	Czech Rep.	Slovakia	39
9	France	Belgium	127
10	France	Germany	55792
11	France	Luxembourg	791
12	France	Norway	28
13	France	Spain	19817
14	France	UK	6804
15	Germany	Austria	66274
16	USA	Bahamas	52367518
17	USA	Canada	529989589
18	USA	China	201245747
19	USA	Gibraltar	16225000
20	USA	Italy	33091500
21	USA	Korea	24675000
22	USA	Netherlands	94662810
23	USA	Singapore	49269000
24	USA	Thailand	35015393
25	USA	UK	153827632
26	Norway	Canada	73524929

图 7-3　从 Excel 导入 Gephi 的数据格式示例

打开 Gephi 软件，点击**新建工程/输入电子表格**，选择 csv 格式的数据表（图 7-4）。在弹出的输入选项对话框中，表格选个"边表格"，其余保持默认，点击**下一步**，即可将 CSV 格式的数据导入到 Gephi 软件中进行网络分析。

图 7-4　Gephi 数据导入步骤

二、参数求解

点击 Gephi 菜单栏中的**概览**（图 7-5）。概览界面由外观、布局、上下文、滤波、统计等窗口组成。其中，统计窗口用于计算各类网络特征参数。

图 7-5　Gephi 概览界面

点击统计窗口**平均度**运行按钮，软件会输出网络平均度、度分布、出度分布、入度分布结果(图 7-6)。度分布图的横坐标是度值，纵坐标为节点个数。如根据度分布表，度为 1 的节点数量有 23 个，说明研究期内国际贸易网络中有 23 个国家和地区只与一个国家或地区有贸易关系。

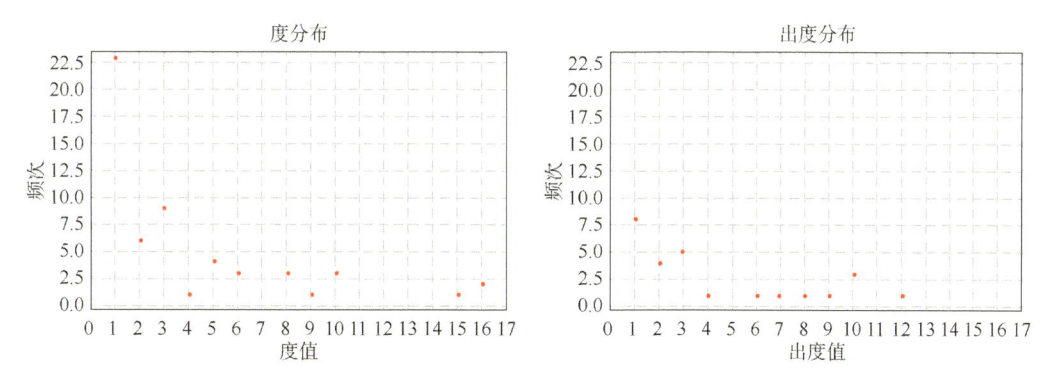

图 7-6　网络度分布、出度分布结果图

点击统计窗口**平均加权度**运行按钮，软件会输出网络加权平均度、加权度分布、加权出度分布、加权入度分布结果。加权度分布图与度分布图类似。

点击统计窗口**网络直径**运行按钮，软件会输出最短路径、平均路径、中介中心性等指标。中介中心性分布如图 7-7 所示。

点击统计窗口**模块化**运行按钮，可分析网络的社团结构，弹出各社团的节点数量图(图 7-8)。据图 7-8 可知，模块化算法将国际贸易网络分成了 5 个社团(标号分别为 0-4)。其中，0 号社团包括 13 个国家和地区，1 号社团包括 19 个国家和地区，2-4 号社团分别包括 4、8、12 个国家和地区。

点击 Gephi 上方的**数据资料**菜单，可查看各个节点的网络参数计算结果。如度、加权度、聚类系数、中介中心性、所属模块等(图 7-9)。点击图中的**输出表格**即可将计算结果导出为 Excel 表格，便于后续分析。

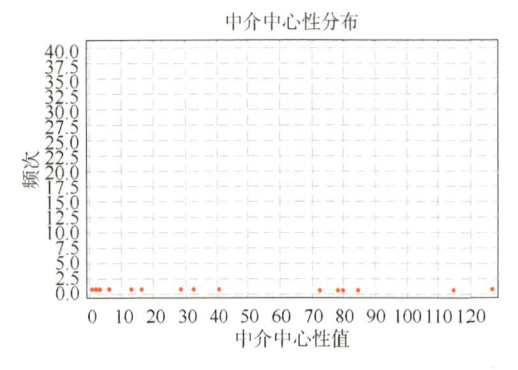

图 7-7　中介中心性结果图　　　　　　　图 7-8　模块化结果图

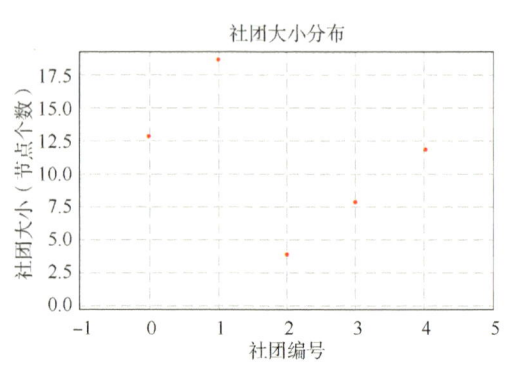

图 7-9　网络特征参数结果表

三、网络可视化

Gephi 不仅提供了各种常见的网络分析算法，还拥有网络可视化功能。点击 Gephi 上方的**预览**菜单，可查看网络图形（图 7-10）。网络可视化可以将复杂的网络数据以图形化的方式呈现出来，更加直观、生动地展现网络的结构和特征。

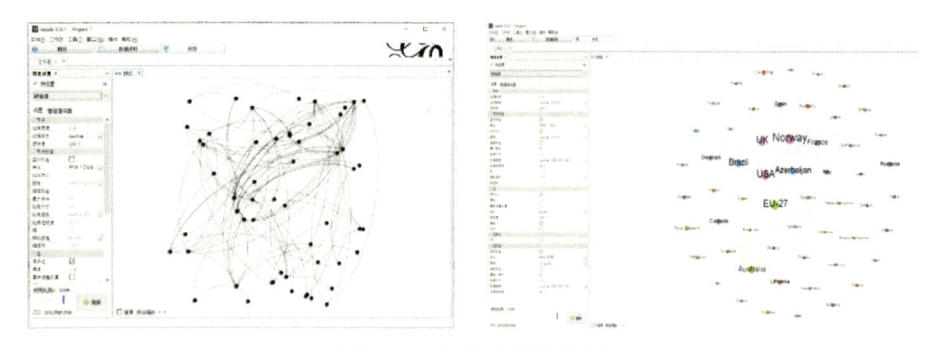

图 7-10　网络可视化结果

预览界面的左侧为预览设置窗口，可以调整节点和边的颜色、大小、形状等属性。Gephi 支持多种布局算法，可以自动调整网络中节点的位置和边的长度，使得网络呈现更加美观和直观。例如，Force Atlas2 算法可以使得网络中的节点更加紧密地聚集在一起，形成更加整齐的布局（图 7-10 左）；Fruchterman-Reingold 算法则可以使得网络呈现出比较平衡的布局，使得节点之间的距离更加均匀（图 7-10 右）。

第三节　应用案例：基于复杂网络的原油贸易依赖分析

复杂网络分析在能源经济学领域得到了广泛的应用，在石油领域研究范围包括构建能源交易网络模型、石油价格分析、价格波动的传导模式、油价对股票市场的影响以及油价震荡的驱动因素等。在这些研究中，网络理论是检测结构特征、重要节点和系统演化的有效工具。

本节选取的案例论文发表在 Energy 期刊（SCI，影响因子 8.857），题目为 "Dependency network of international oil trade before and after oil price drop"（油价下跌前后国际原油贸易依赖网络分析）。该文章对 2014 年以来世界原油贸易中的地缘政治、国际关系与全球能源格局进行了分析和阐述。

一、研究背景

始于 2014 年下半年的油价骤跌导致全球原油市场发生重大变化。本文研究了国际石油贸易依存度网络，重点观察了油价下跌前后原油贸易大国之间的关系变化。用点向互信息（PMI）作为测量国家之间依存度的指标，用复杂网络方法作为分析贸易网络特征的工具。

贸易依存度是全球石油贸易中的一个重要课题。在国家关系中，各国的贸易网络在分析贸易模式方面发挥着重要作用。自 2014 年下半年以来，全球石油工业发生了重大变化。美国对非常规资源的开发使原油价格急剧下降。供应、需求、贸易等关键因素也改变了石油行业。

随着石油进口过程中出现风险，日益依赖进口的国家更容易受到冲击的影响。因此，测量和控制外部供油风险的方法备受关注。对能源出口国来说，主要关切的是国内经济发展高度依赖能源出口。特别是国际市场石油价格的剧烈波动，使得投资决策更加困难。在这方面，研究人员研究了俄罗斯、中东和其他国家的石油出口依赖性。这些研究从概念上深入了解了贸易依赖的机会和威胁。总之，用来显示贸易依赖性的主要指标包括贸易集中、出口依赖和贸易量。每个指标都有其优点和不足。贸易集中有助于分析两国之间的关系。然而，由于不同国家之间的可比性不强，很难进行系统层次分析。石油出口依存度对石油出口国的经济发展风险是有用的，但不能用来分析世界范围内的贸易现象和地缘政治。贸易量和数量可以反映石油贸易的规模，但诸如偏好和数据偏好等隐藏信息可能被忽略。

随着越来越多的贸易数据和方法改进，研究人员对贸易关系进行了更深入的研究，以显示国际贸易的不同方面并揭示隐藏的信息。为了从系统层面解释石油贸易内部的内在关系，有学者提出了点向相互信息（PMI）作为贸易依存度的指标。PMI 是一种信息论的依赖度量。PMI 被广泛应用于语言学领域。它可用于测量单词、情感分析、自动回复、测量单词相似度等。关于国际贸易网络，PMI 方法强调了复杂网络中两个点之间的相互依赖关系。案例论文基于 PMI 方法计算贸易依赖程度，而后基于复杂网络分析了国际原油贸易依赖网络特征。

二、研究过程

研究使用的国际原油贸易数据来自联合国商品贸易数据库，商品编号为 270900，包括原油、石油和从沥青矿物中获得的油。研究期为 2014 年 1 月至 2017 年 6 月的月度数据，包括 193 个国家/地区和 18972 项贸易活动。为了找出油价下跌前后的依存度变化，将研究周期分为 7 个部分。每个部分都有 6 个月的时间。因此，建立了 7 个网络：2014-F、2014-S、2015-F、2015-S、2016-F、2016-S 和 2017-F（F 表示上半年，S 表示下半年）。

采用 PMI 指标度量原油贸易网络中两个点之间的相互依赖关系。该方法通过考虑系统中所有国家的贸易量来描述国家间的贸易偏好。当联合概率大于两个变量独立时的期望值时，$PMI(X=u, Y=v)$ 为正；当联合概率小于两个变量独立时，则为负值；当 X 和 Y 为独立时，PMI 为零[式(7-13)]。

$$PMI(X=u, Y=v) = log\frac{p(X=u, Y=v)}{p(X=u)p(Y=v)} \tag{7-13}$$

国际石油贸易网络中，i 国和 j 国之间的 PMI 指数计算公式为

$$PMI_{ij} = \log\left(\frac{T_{ij}T_{..}}{T_{i.}T_{.j}}\right) \tag{7-14}$$

式中　T_{ij}——从节点 i 到节点 j 的原油贸易流；

　　　$T_{i.}$——从节点 i 到所有 j 的原油贸易流之和；

　　　$T_{.j}$——从所有 i 到节点 j 的原油贸易流的和；

　　　$T_{..}$——网络中所有原油贸易流的总和。

PMI 方法表示复杂网络中两个点之间的相互依赖关系。一对贸易伙伴的 PMI 值为正，表明贸易量大于预期，而负 PMI 值表示贸易流量小于中性依赖模型的预期值。

为了检测所有国家原油贸易之间的依赖关系，建立了有向加权复杂网络。以国家和地区为节点、原油贸易关系为边、PMI 指数为边的权重构建加权有向复杂网络模型。由于 PMI 可以为负，但边的权重只能为正，因此通过式(7-15)将 PMI 转化为正值

$$\omega_{ij} = \frac{PMI_{ij} - \text{Min}(PMI_{..})}{\text{Max}(PMI_{..}) - \text{Min}(PMI_{..})} \tag{7-15}$$

式中　$\text{Min}(PMI_{..})$——原油贸易网络中最小的 PMI；

　　　$\text{Max}(PMI_{..})$——原油贸易网络中最大的 PMI；

　　　ω_{ij}——节点 i 与节点 j 之间边的权重。

三、研究结果

1. 主要国家贸易依赖关系分析

(1) 美国。

美国正在摆脱对传统石油出口国的依赖,加速构建新型贸易关系。自从美国页岩革命以来,其石油贸易格局发生了重大变化。美国在加快能源自给自足进程的同时,与加拿大、墨西哥和其他周边国家建立了稳定、长期的贸易友谊。这些国家质优价廉的原油已成为美国能源安全的后花园。其中,美国最大的贸易伙伴是加拿大,美加之间始终保持了稳定密切的贸易友好关系。

与此相反,由于复杂的地缘政治关系及持续不断的地区冲突,美国对中东和非洲传统产油区的依赖度显著降低。例如,美国对沙特阿拉伯的贸易依赖指数(PMI)从 2014 年的 0.16 降至 2017 年的 0.06(图 7-11)。

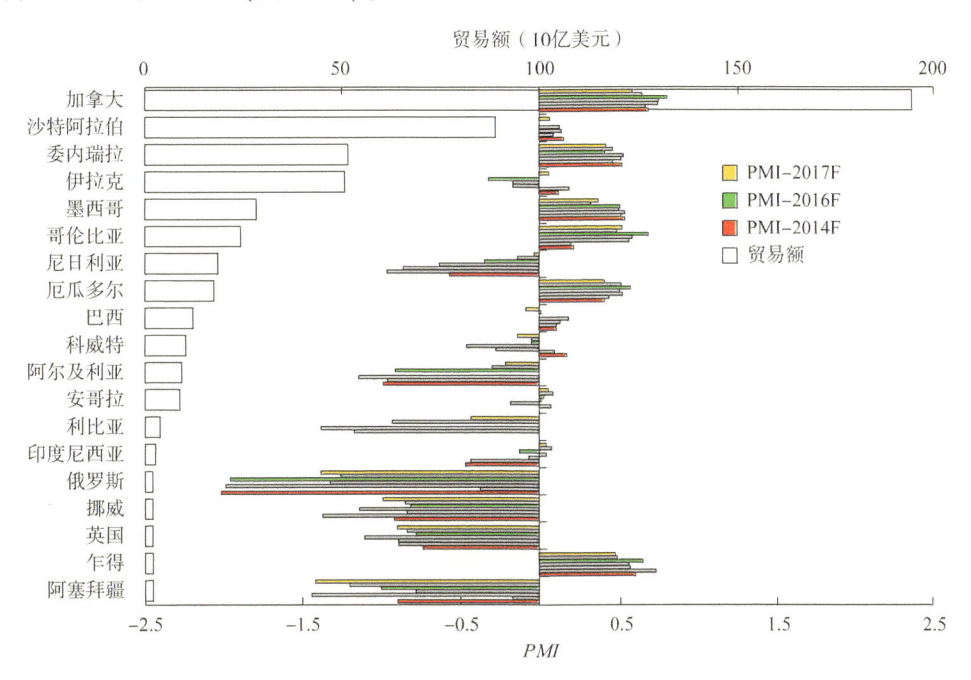

图 7-11 美国与主要原油贸易伙伴的贸易额及 PMI 指数

(2) 俄罗斯。

俄罗斯因经济制裁造成的原油出口贸易依赖度下跌,已经逐步走出谷底。俄罗斯是世界上最大的老牌原油出口国之一,自 2014 年乌克兰危机爆发以来,欧洲和美国对俄罗斯实施了长久严厉的经济制裁。在持续制裁及低油价压力下,俄罗斯油气工业经历了痛苦的困难时期。俄罗斯政府通过改革和调整不断适应新的国际环境,使不断恶化的社会经济趋势得到有效遏制,经济复苏增长的态势已经显现。

在上述背景下,2014 年以来俄罗斯与主要贸易伙伴的关系经历了一个完整的 U 形曲线;从 2014 年到 2016 年上半年俄罗斯与主要贸易国家的依赖关系迅速下降,然后逐渐恢复。例如,2014 年俄罗斯对荷兰的贸易依赖指数是 0.34,2016 年上半年降至 0.17,2017

年又恢复到 0.50(图 7-12)。俄罗斯与德国、波兰、白俄罗斯、芬兰及瑞典等主要合作伙伴之间的关系指数也呈现出类似的变化模式。由此可见,俄罗斯与原油进口国之间因低油价和经济制裁影响的贸易关系,现已基本恢复。

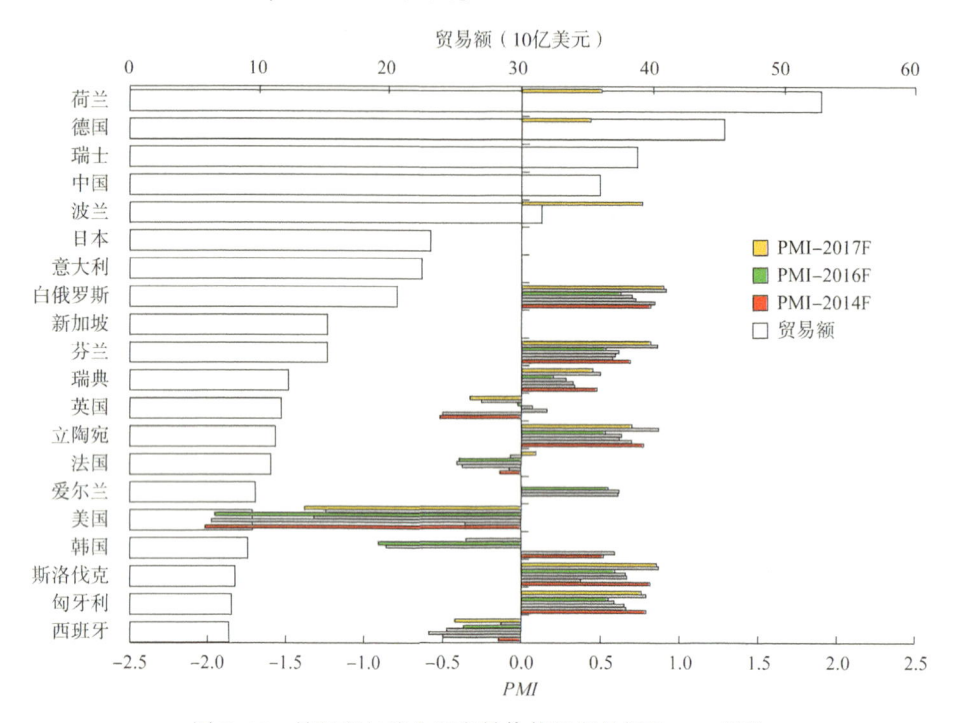

图 7-12 俄罗斯与其主要贸易伙伴的贸易额及 *PMI* 指数

(3) 沙特阿拉伯。

沙特阿拉伯与美国以外的其他原油进口国关系稳定而密切。沙特阿拉伯拥有无与伦比的石油储量、生产能力,并以此建立了世界石油市场的地位与调控能力,长期以来都是国际石油贸易的重要主导力量。即便在国际油价自 2014 年底以来的大幅下挫期间,沙特阿拉伯仍保持了较高的石油产量和出口水平。

沙特阿拉伯的石油出口长期高度集中。从 2014 年到 2017 年 6 月,沙特阿拉伯向日本、美国和印度出口的石油占总出口量的比例分别高达 25.3%、24.1% 和 15.9%。沙特阿拉伯对大多数合作伙伴的依赖程度从 2014 年至今是稳定的,而对美国的贸易依赖指数则从 0.16 降到了 0,又略升至 0.06。例如,沙特阿拉伯对日本的贸易依赖指数从 0.35 上升到 0.46,对印度的贸易依赖指数从 0.16 小幅调整到 0.13。由于地理位置和运输距离较长,沙特阿拉伯对意大利、西班牙、英国和荷兰等欧洲国家的依赖指数始终为负值,尽管贸易量很高。

2. 国际原油贸易依赖网络社团结构

当今全球贸易格局发生变化,地理因素已经弱化,石油贸易五大集团基本形成。在世界各国国家战略与利益格局驱使下,以原油贸易大国及其关系紧密国家组成的贸易集团,其集团构成与国家关系随着时间的推移而发生显著变化。例如,在伊拉克战争和金融危机之后,原油贸易集团国家结构出现了转折点。为了研究此轮油价下跌对国际贸易集团的影响,对 2014 年和 2017 年的集团结构进行了对比研究。

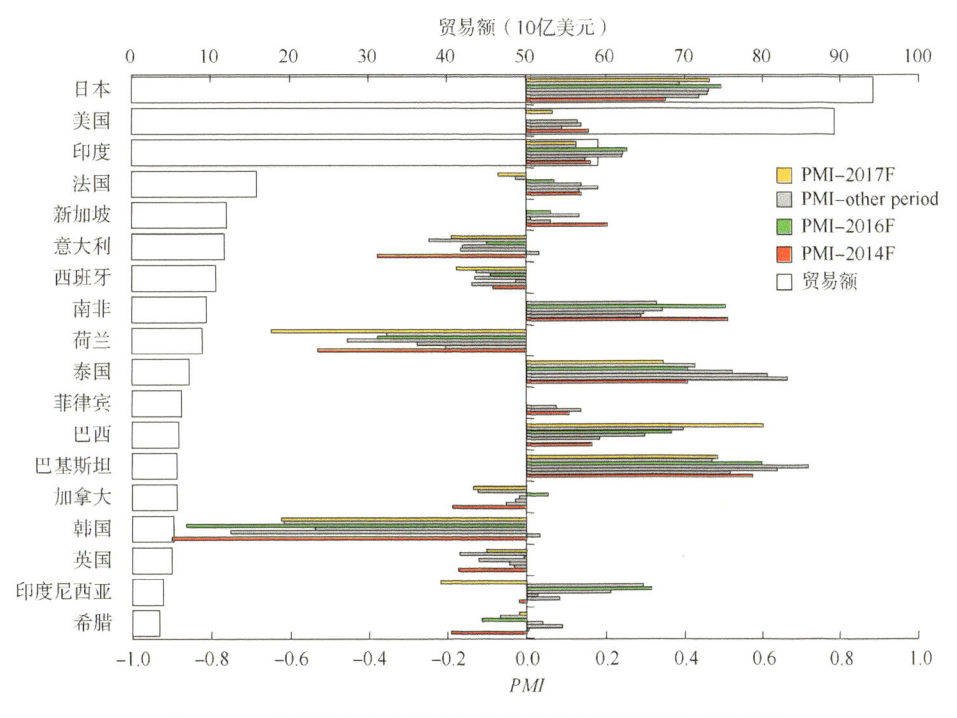

图 7-13 沙特阿拉伯与其主要贸易伙伴的贸易额及 PMI 指数

2014 年上半年，原油贸易网络中有 4 个集团（图 7-14）。最大的集团是由美国、加拿大、墨西哥、哥伦比亚、西班牙、英国和荷兰等国构成的北美—欧洲集团。第二大集团为俄罗斯、法国、德国、瑞士和波兰等国组成的欧亚国家集团。第三大集团是新加坡、印度尼西亚、马来西亚和泰国等国抱团的亚洲国家集团，石油巨头沙特阿拉伯也在这个"社区"。最小的非洲集团包括南非、加纳、赞比亚、莫桑比克和卢旺达等国。综上所述，此轮油价下跌前，地理位置是石油贸易依赖的主要原因。

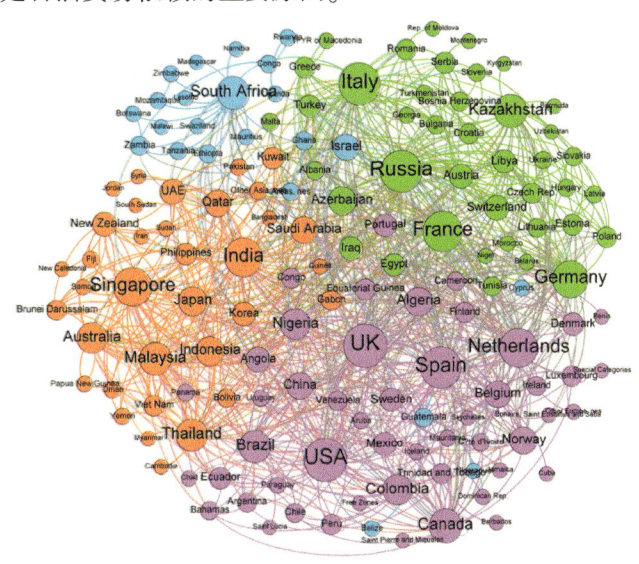

图 7-14 2014 年国际原油贸易依赖网络集团结构

2017 年，国际原油贸易集团结构发生了很大变化。北美主要国家在油价下跌后成为一个新的贸易利益集团。事实证明，页岩革命后北美国家在石油自给自足方面取得了实质性进步，使其对其他国家的依赖程度降低。另一个引人关注的显著变化是俄罗斯离开了原来的欧亚集团，进入波兰、阿塞拜疆等国家所在的利益集团。这是由 2014 年以来欧盟和美国对俄罗斯实施的严厉的经济和政治制裁造成的。

总体看来，2017 年国际贸易网络呈现五大集团，并且每个集团的国家数目基本一致，集团结构变得均衡（图 7-15）。五大集团领头国家分别是美国、荷兰、法国、沙特阿拉伯和俄罗斯。新诞生的美国利益集团以美洲国家为主，如墨西哥、哥伦比亚、阿根廷等。以荷兰为首的集团包括北欧和西欧国家，如英国、挪威、瑞典、丹麦等；法国集团的主要构成是西班牙、意大利等欧洲南部国家，以及伊拉克、阿尔及利亚等；日本、马来西亚、阿拉伯联合酋长国、印度尼西亚、菲律宾等亚洲和中东国家则紧密围绕在沙特的周围。俄罗斯则与德国、罗马尼亚、波兰、阿塞拜疆等同在一个利益集团。

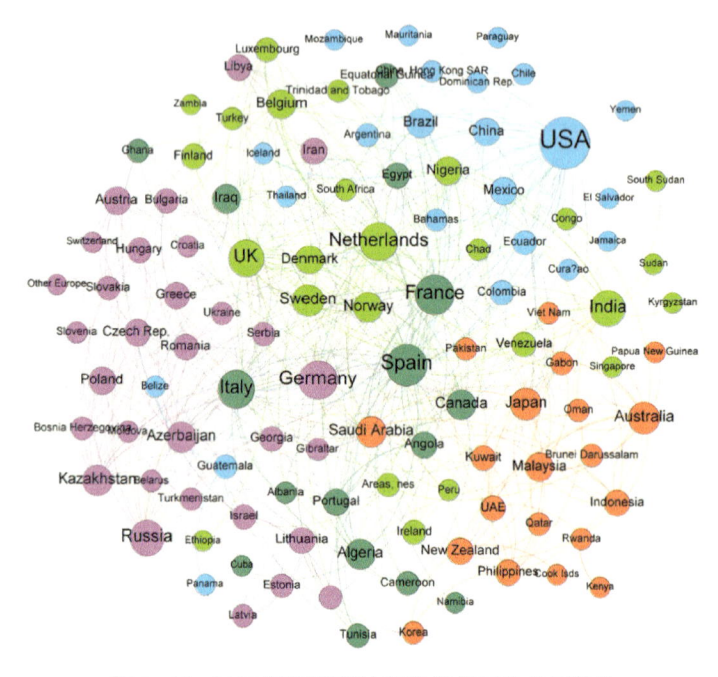

图 7-15　2017 年国际原油贸易依赖网络集团结构

3. 研究结论与启示

本研究展示了国家和世界层面原油贸易依赖关系，采用 PMI 描述两国之间石油贸易依存度的指标，采用复杂的网络方法分析贸易依赖网络特征和油价下跌前后网络特征变化。

研究发现，原油进口大国贸易集中度偏高，负依赖指数暗显原油进口潜力。2014 年以来，国际原油贸易形势最重要的变化是北美地区页岩革命引起的产量增长对北美国家与其他国家之间的依赖关系产生了重大影响。西半球石油供应在世界原油市场中地位和作用日益重要，而中东地区的战略地位将被相对削弱。

原油贸易依赖指数显示了售购双方"点对点"交易的依赖性和国家关系偏好，体现出实际贸易流量与预期贸易流量之间的差距，可以用来寻找潜在的贸易伙伴。例如，墨西哥对印度之间的依赖指数为-0.32，这表明墨西哥对印度的实际原油出口远低于预期。

对原油进口国而言，依赖指数为负反映出从该合作伙伴可以进口更多原油的潜力。对原油出口国而言，情况恰恰相反。鉴于北美国家石油产量急剧增长，许多石油进口国对北美国家的依赖指数为负值，故而北美地区是一个被严重低估的石油进口源地。需要关注的是，中国对墨西哥和加拿大等北美国家的依赖指数呈负值，说明有从这一地区进口更多原油的潜力。

另外，美国的原油进口下降，反而为印度和中国等石油消费大国的进口增量留出了空间，这将有力助推进口中心继续向东转移。对原油进口国来说，虽然进口来源日益多样化，但对少数产油大国的依赖程度仍然很高。鉴于全球原油供应结构已发生变化，我国作为原油消费和进口大国必须与北美新兴出口国发展相对稳定的合作共赢关系，并加强同伊拉克、尼日利亚、安哥拉等与美国依赖关系较弱国家的良好互利关系，以拓展多边外交合作途径，构建多元稳定的石油进口系统，夯实国家能源安全基础。

第八章 系统动力学

系统动力学(Systems Dynamics，SD)是一种以反馈控制理论为基础，借助于计算机仿真而定量地研究非线性、多重反馈、复杂时变系统的系统分析技术。可用于研究处理社会、经济、生态和生物等复杂系统问题，它可在宏观层次和微观层次上对复杂、多层次、多部门、非线性的大规模系统进行综合研究。

油气勘探开发、炼化、销售等各环节都存在着多部门之间复杂的相互影响。系统动力学能够构建、识别、模拟不同主体之间的互动关系，对于认清石油系统内各个模块的运行规律，并基于当前系统特征设置情景，分析系统主要变量发展趋势具有一定优势。目前系统动力学在石油领域已有广泛的应用，研究证实系统动力学在勘探开发投资决策、石油企业可持续发展、石油进出口、石油城市经济结构优化、石油物流系统、成品油产量需求量模拟等领域可以有效帮助决策制定。

第一节 系统动力学方法介绍

第二次世界大战以后，随着工业化的进程，某些国家的社会问题日趋严重，例如城市人口剧增、失业、环境污染、资源枯竭。这些问题范围广泛、关系复杂，因素众多，具有如下3个特点：各问题之间有密切的关联，而且往往存在矛盾的关系，例如经济增长与环境保护等；许多问题如投资效果、环境污染、信息传递等有较长的延迟，因此处理问题必须从动态而不是静态的角度出发；许多问题中既存在如经济量那样的定量的东西，又存在如价值观念等偏于定性的东西。这就给问题的处理带来很大的困难。

系统动力学是一门分析研究信息反馈系统的学科，也是一门认识系统问题和解决系统问题的具有交叉综合性的新学科。这一学科最初由美国麻省理工学院的 J. W. Forrester 教授于1956年提出，是一种建立在系统科学理论上的分析方法，强调系统性与整体性。经过近几十年的发展，目前已经成为系统论中的一种重要的方法。

系统动力学理论的基本点鲜明地表明了它的系统、辩证的特征。它强调系统、整体的观点和联系、发展、运动的观点。从系统方法论来说，系统动力学的方法是结构方法、功能方法和历史方法的统一。系统动力学研究处理复杂系统问题的方法是定性与定量结合，系统综合推理的方法。按照系统动力学的理论与方法建立的模型，借助计算机模拟可以定

第八章 系统动力学

性与定量地研究系统问题。系统动力学的模型模拟是一种结构—功能的模拟。它最适用于研究复杂系统的结构、功能与行为之间动态的辩证对立统一关系。

系统动力学认为系统的行为模式与特性主要取决于其内部的动态结构与反馈机制。由于非线性因素的作用，高阶次、复杂时变系统往往表现出反直观的、千姿百态的动力学特征。系统动力学正是这样一门可用于分析研究社会、经济、生态和生物等一类复杂大系统问题的学科。系统动力学模型可作为实际系统，特别是社会、经济、生态复杂大系统的"实验室"。系统动力学的建模过程就是一个学习、调查研究的过程，模型的主要功用在于向人们提供一个进行学习与政策分析的工具，并使决策群体或整个组织逐步成为一种学习型和创造型的组织。

一、系统动力学主要概念

1. 系统与系统模拟

系统动力学定义系统为：一个由相互区别、相互作用的诸元素有机地联结在一起，而具有某种功能的集合体。一个系统包含物质、信息和运动（可以包括人及其活动）三部分。系统动力学所研究的范围可大可小，大的系统如天体运行系统、社会—经济—环境系统、人口—就业—交通—社会福利系统等，小的系统如生产—库存—销售系统、货物运输系统等。

系统模拟就是对真实系统构建简化模型，通过模型对系统的内在结构、运动特征、发展模式、关系规律等进行模仿。模型是对现实问题某些剖面的代表和简化描述，它突出本质地描述其内在结构、关系与规律。系统动力学模型是按照系统动力学理论建立起来的数学模型，采用专用语言、借助数字计算机进行模拟分析研究，以处理行为随时间变化的复杂系统的问题。

2. 反馈系统

系统动力学的核心理念是对系统内部的动态结构与反馈机制进行分析。系统中各项组成因素之间存在着相互联系，一项因素的改变势必会影响到其他因素，使得系统整体处于一种动态的平衡状态。

系统内同一单元或同一子块其输出与输入间的关系称为"反馈"。对整个系统而言，"反馈"则指系统输出与来自外部环境的输入的关系。反馈的重点应在于"回授"即"反"字上。其中，"输入"指相对于单元、子块或系统的外部环境施加于它们本身的作用，"输出"则为系统状态中能从外部直接测量的部分。反馈机制主要表现为系统中某一单元的历史行为可以通过反馈机制影响该单元的将来行为。

社会经济系统中，反馈系统无处不在。图 8-1 是库存订货系统反馈示例。当货物达到时，库存量会增加，当库存增加到一定程度时，库存管理人员会减少订货量，供应商的生产量就会下降，货物达到量就会减少，从而降低库存。此外，库存会影响发货量，而期望库存会影响订货量。

图 8-1 中，库存、订货、生产、货物到达之间形成了一个闭合回路。这种由反馈关系形成的闭合回路被称为反馈回路或反馈环。反馈回路就

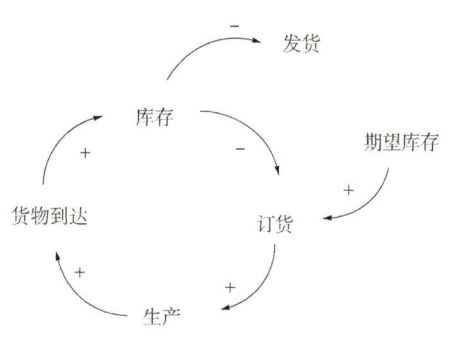

图 8-1 反馈系统示例

是由一系列因果与相互作用链组成的闭合回路。

反馈分为正反馈和负反馈两种。正反馈是指系统通过正反馈运动加强自身趋势，使得整体的目的得以加强。负反馈是指系统通过负反馈运动使得整体趋向于某一目标，使得系统整体趋于稳定。

3. 因果关系图和存量流量图

（1）因果关系图。

在反馈环的基础上，通过对系统中各因素之间的相关关系进行理论分析，形成多个反馈环，进一步将所有反馈环综合在一起，便构成了因果关系图。因果关系图能够清晰地反映系统中各因素之间的相关关系及因果联系，以及各个子系统中的正负反馈关系。因果关系图是利用系统动力学进行系统分析的基础，是接下来构建存量流量图的重要参考。

图 8-2 是简化的能源产出系统因果关系图示例。能源总产出、能源可供性、未满足能源、能源进口量之间形成了反馈回路；新能源产出、新能源生产要求投资、传统能源投资、传统能源产出、能源总产出之间形成了反馈回路；能源总产出、能源可供性、未满足能源、新能源产出之间形成了反馈回路。上述反馈回路综合在一起，形成了能源产出系统因果关系图。

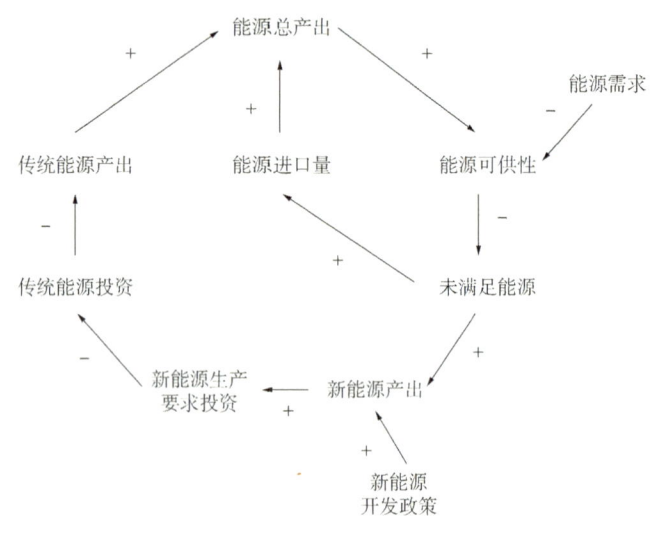

图 8-2　因果关系图示例

（2）存量流量图。

存量流量图是系统动力学的核心工具。在因果关系图的基础上，进一步将变量细化，并通过引入数学公式将变量之间的相关关系进行量化，最后代入数据并对系统整体进行模拟分析。在存量流量图中，变量被细分为 3 种，即速率变量、水平变量及辅助变量。

其中，水平变量即"存量"，是一种累计量，表示系统现在的状态；速率变量即"流量"，是系统中的流入量和流出量，表示系统状态的变化；辅助变量用来表示其他变量对流入量和流出量的影响，能够改变系统的流入和流出速率。

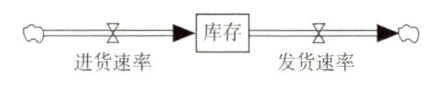

图 8-3　存量流量图示例

4. 其他概念

（1）延迟。

延迟现象在系统内无处不在，如货物需要运输，决策需要时间。延迟会对系统的行为有很大的影响，因此必须刻画延迟机制。延迟包括物质延迟与信息延迟。系统动力学通过延迟函数来刻画延迟现象。如物质延迟中 DELAY1，DELAY3 函数；信息延迟的 DLINF3 函数。

（2）平滑。

平滑是指从信息中排除随机因素，找出事物的真实的趋势，如一般决策者不会直接根据销售信息制定决策，而是对销售信息求出一段时间内的平均值。系统动力学提供 SMOOTH 函数来表示平滑。

（3）高阶次。

系统动力学一个突出的优点在于它能处理高阶次、非线性、多重反馈复杂时变系统的问题。系统阶数在四阶或五阶以上者称为高阶次系统。典型的社会-经济系统的系统动力学模型阶数则约在 10 至数百之间。

（4）多重回路。

复杂系统内部相互作用的回路数目一般在 3 个或 4 个以上。诸回路中通常存在一个或一个以上起主导作用的回路，称为主回路。主回路的性质主要决定了系统内部反馈结构的性质及其相应的系统动态行为的特性，而且，主回路并非固定不变，它们往在在诸回路之间随时间而转移，结果导致变化多端的系统动态行为。

（5）非线性。

线性指量与量之间按比例、成直线的关系，在空间和时间上代表规则和光滑的运动；而非线性则指不按比例、不成直线的关系，代表不规则的运动和突变。线性关系是互不相干的独立关系，而非线性则是相互作用，正是这种相互作用，使得整体不再是简单地等于部分之和，而可能出现不同于"线性叠加"的增益或亏损。实际生活中的过程与系统几乎毫无例外地带有非线性的特征。正是这些非线性关系的耦合导致主回路转移，系统表现出多变的动态行为。

二、系统动力学方程

系统动力学方程包括：水平方程（L）、速率方程（R）、辅助方程（A）、常量方程（C）、初值方程（N）。

1. 水平方程

水平方程描述系统动力学模型中的存量（状态变量，$LEVEL$）变化的方程。

2. 速率方程

速率方程是表示在时间间隔 DT 内流量是如何变化的或者是政策调控存量的决策规则。

在社会经济问题的决策中，决策者在内心都有一个对被研究系统的状态的心理预期，即在决策者心里什么情况下被研究系统是最好的，把心理预期和系统的现实情况作比较，就会出现状态偏差。

速率方程就是调节系统现实状态和目标状态之间偏差的决策规则。

速率方程可以表示为状态变量和常量的函数：$R=f(L, Constant)$

3. 辅助方程

在实际的系统中最终的速率变量是由多种原因综合作用的结果，内容往往非常复杂。如果用一个方程来表达，经常需要多层函数的嵌套。这样在编写方程时非常麻烦而且容易出错，同时也不利于观察外部变量对系统的影响。引入辅助方程，将复杂的方程分解简化，由系列方程替代一个复杂的方程，使用起来清晰明确。具体来说，辅助方程是速率方程的子方程，用于计算辅助变量的取值，可以使决策者更加清楚地了解决策的过程。

4. 常量方程

常量方程就是给常量赋值：$C_i=N_i$。其中 C_i 为常数名称，N_i 为常数值。

5. 初值方程

初值方程是给状态变量方程或者是某些需要计算的常数赋予最初的值。$L_i=M_i$。其中 L_i 为初始值名称，M_i 为初始的数值。

三、系统动力学模型特征

与其他模型方法相比，系统动力学方法具有以下几个特点。

1. 擅长长期性或周期性问题

系统动力学采用因果反馈机制来建立模型，系统动力学强调系统行为模式是由系统结构决定的，环境对系统行为模式发生影响，也是要通过系统的内部结构才能起作用。在模拟系统中的模拟时间的设定，可以协助研究者观测系统长期行为变化趋势。如系统动力学模型对研究经济危机等需要长期观察的经济问题给出了较为科学的解释。

2. 能够求解复杂问题

利用计算机仿真技术和系统分析实验方法，在其他方法无法获得精确结果的情况下，应用系统动力学仍然可以获得相关的主要信息。

3. 允许部分数据缺失

在对现实系统建立模型的过程中，有时会因数据不足而无法成功创建模型，而系统动力学可以有效规避这一问题。一方面，利用模型中的多重反馈特性，使研究系统呈现出对于系统中一些非关键参数变化的敏感性不强，在一定的估计值范围内，系统的行为模式是相似的（甚至相同）。另一方面，系统动力学可以凭借少量的数据，根据系统的因果关系描述系统结构，对系统行为进行推断分析。

4. 适用于预测研究

系统动力学中强调条件对系统行为的影响，因此，在预测未来方面，系统动力学是一种有效的方法。

四、系统动力学建模步骤

利用系统动力学进行建模的步骤大体可以分为4步（图8-4）。

1. 系统分析

首先通过系统动力学理论对研究目标进行系统分析，明确研究目标，划分系统的层次与子块，确定总体与局部的反馈机制。

2. 结构分析

建立因果关系图。根据第一步所得出的分析结果，构建出系统的因果关系图，用来反映系统中各因素之间的反馈关系。建立存量流量图。在因果关系图的基础上，将变量进一步细分，并引入合适的数学公式，构建出符合系统发展趋势的存量流量图。

3. 修改模型

运行模型并观察，对模型进行真实性和有效性检测，确保模型能够真实地反映现实情况。通过对结果的分析，发现系统结构的不足和缺陷，确定是否对模型进行必要的修正。

4. 模拟与仿真

改变模型中的部分参数，观察模型的变化，并根据不同的变化趋势提出有效的现实性建议。

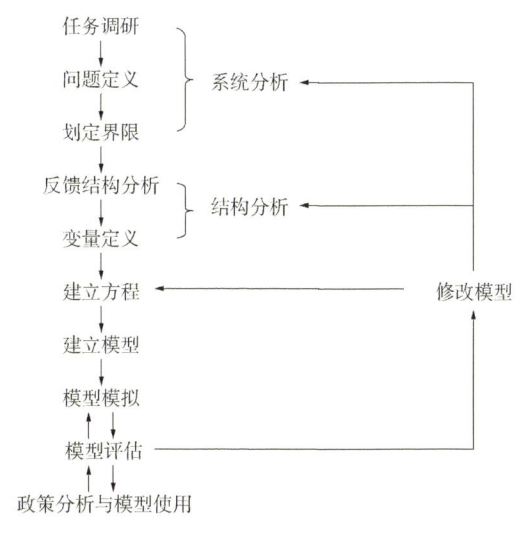

图 8-4 系统动力学建模步骤

第二节　系统动力学的软件操作

系统动力学的软件随计算机技术的进步而不断发展。系统动力学发展初期采用的软件主要是 DYNAMO(Dynamic Models 的缩写)。随着 Windows 操作系统的普及，系统动力学软件从编写语言发展到图形化应用软件，如 Vensim、iThink、STELLA、Powersim 等。本节介绍基于 Vensim 软件的系统动力学建模步骤。Vensim 是一个可视化的建模软件，可以描述系统动力学模型的结构、模拟系统的行为，并对模型模拟结果进行分析和优化。

一、新建模型

Vensim 软件界面包括标题栏、菜单栏、工具栏、绘图工具、分析工具、绘图区域、状态栏等(图 8-5)。

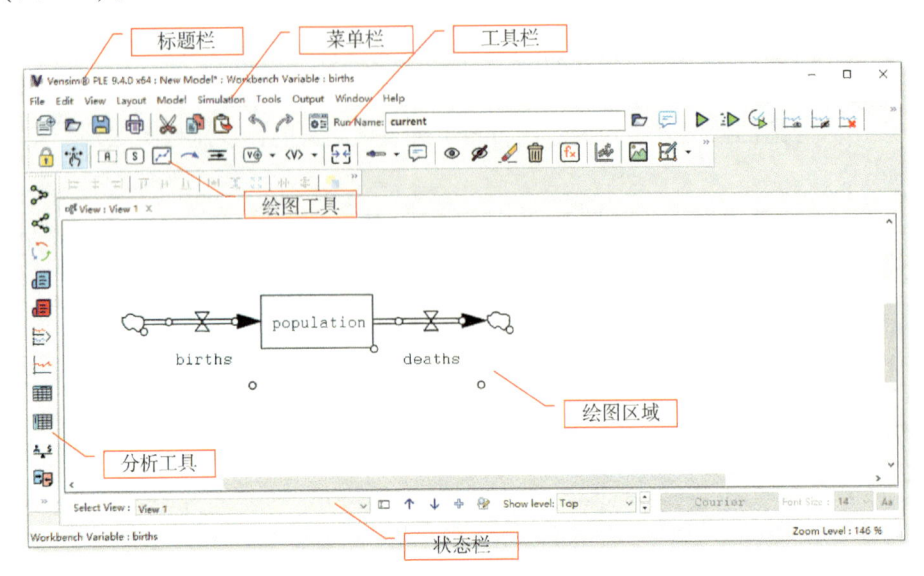

图 8-5 Vensim 软件界面

在 Vensim 主界面点击 File/New Model,新建系统动力学模型。在弹出的模型设置窗口输入数据时间频率(年度/月度/日度等),输入起始时间、结束时间,点击确认按钮(图 8-6)。

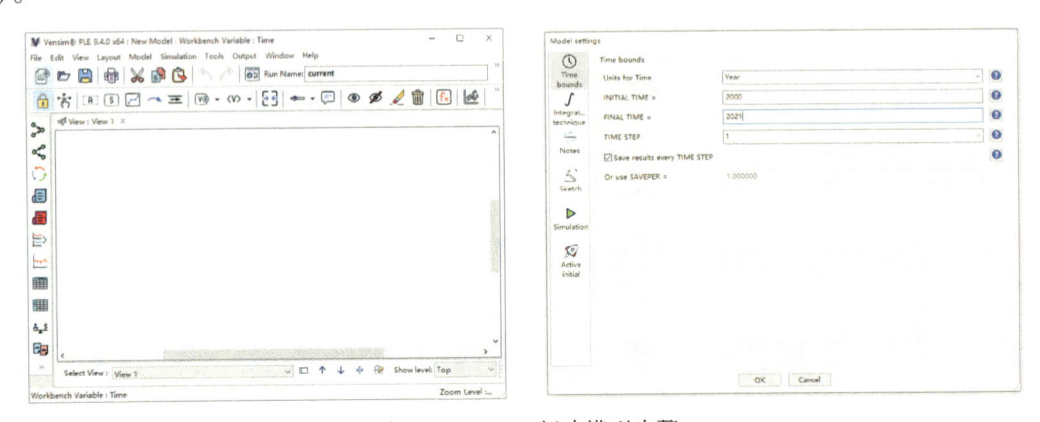

图 8-6 Vensim 新建模型步骤

二、绘制系统流图

如前所述,系统动力学模型有如下几种变量:(1)状态变量,最终决定系统行为的变量,随着时间变化,当前时刻的值等于过去时刻的值加上这一段时间的变化量。(2)辅助变量,由系统中其他变量计算获得,当前时刻的值和历史时刻的值是相互独立的。(3)常量,常量值不随时间变化。(4)外生变量,随时间变化,但其变化不是由系统中其他变量引起的。(5)速率变量,直接改变积累变量值的变量,反映积累变量输入或输出的速度。Vensim中上述各类变量符号如图 8-7 所示。

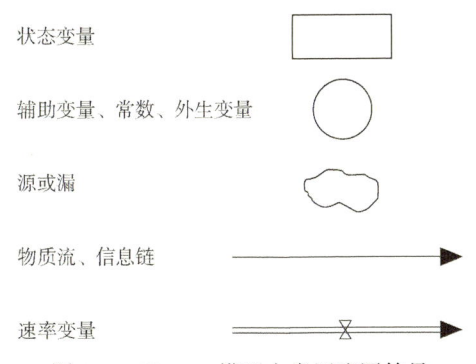

图 8-7 Vensim 模型中常用流图符号

Vensim 系统绘图工具栏如图 8-8 所示。

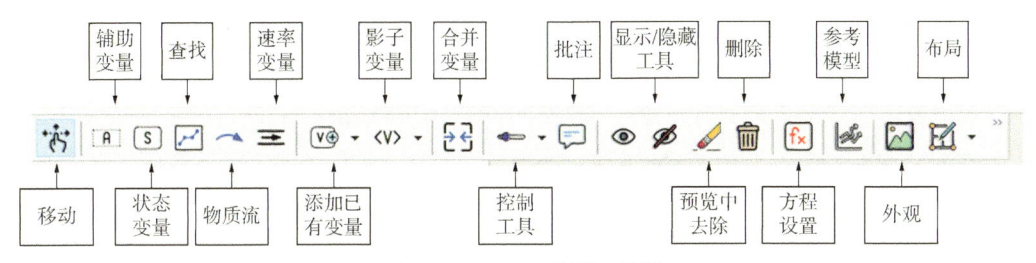

图 8-8 Vensim 绘图工具栏

按照模型设定的变量、变量关系,采用 Vensim 绘图工具栏中的工具,即可绘制因果关系图、系统流图。以生产库存系统为例,系统流图如图 8-9 所示。

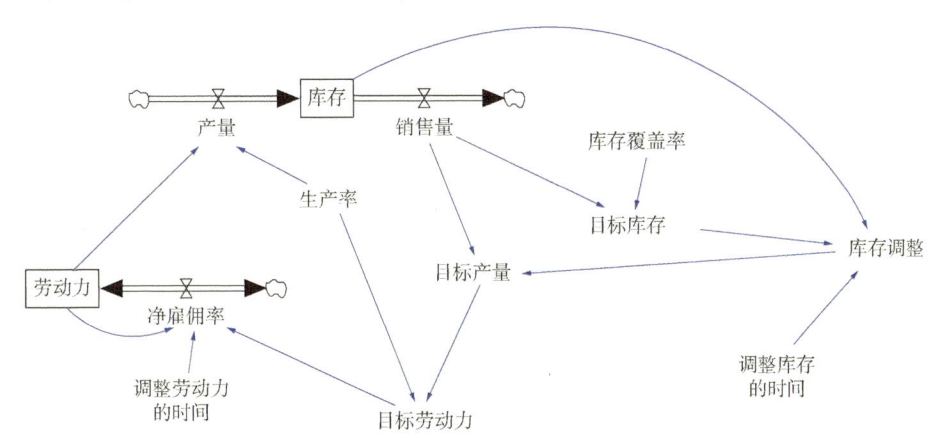

图 8-9 生产库存系统流图

三、模型参数设定

在绘制好的系统流图基础上,点击方程设置按钮" fx ",而后选中系统流图中的一个变量，即可设置变量参数。以图 8-9 中库存变量为例，其方程设置如图 8-10 所示。据图 8-10 可知，库存的初始值为 300，方程为库存=产量-销售量。

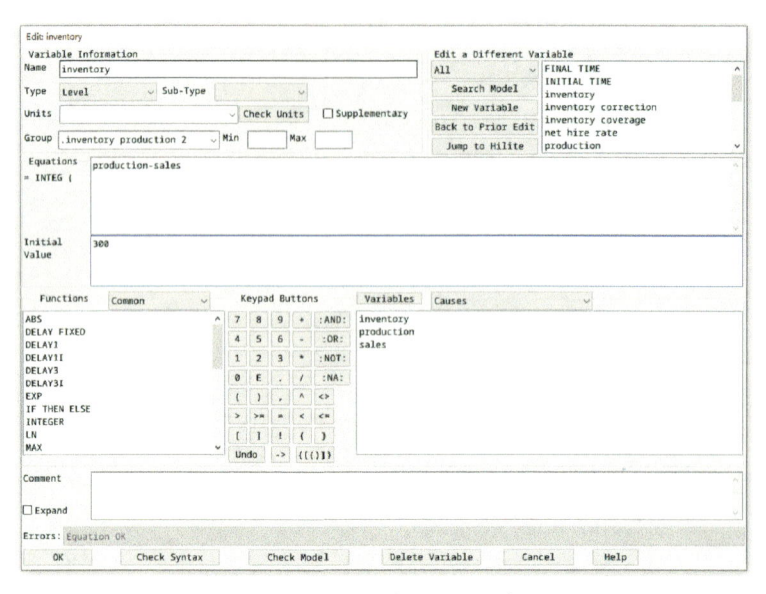

图 8-10　变量方程设置示例

类似地，设置模型中其他变量的初始值、计算公式。设置好各变量参数后，在任意变量的设置对话框点击"Check Model"，可对系统动力学模型逻辑进行检查，如果出现"Model is OK"，说明变量之间的逻辑关系不冲突，模型有效，可以基于该模型进行模拟仿真（图 8-11）。

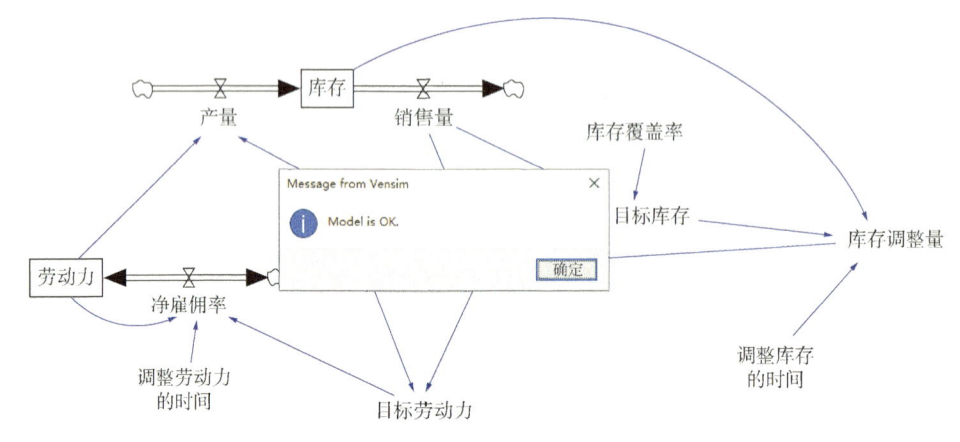

图 8-11　模型检验结果图

四、模拟仿真

模型创建和检验完成后，可点击工具栏中的"▷"或"▷"图标对系统进行模拟仿真，基于系统当前状态模拟未来一段时期内各变量变化情况。其中，▷按钮表示运行单一模拟，▷为模拟合成模式。在合成模式中，每一个常量都会有一个滑动条，可以通过滑动条调节该变量的值，即时检验政策或生产决策的效果(图 8-12)。

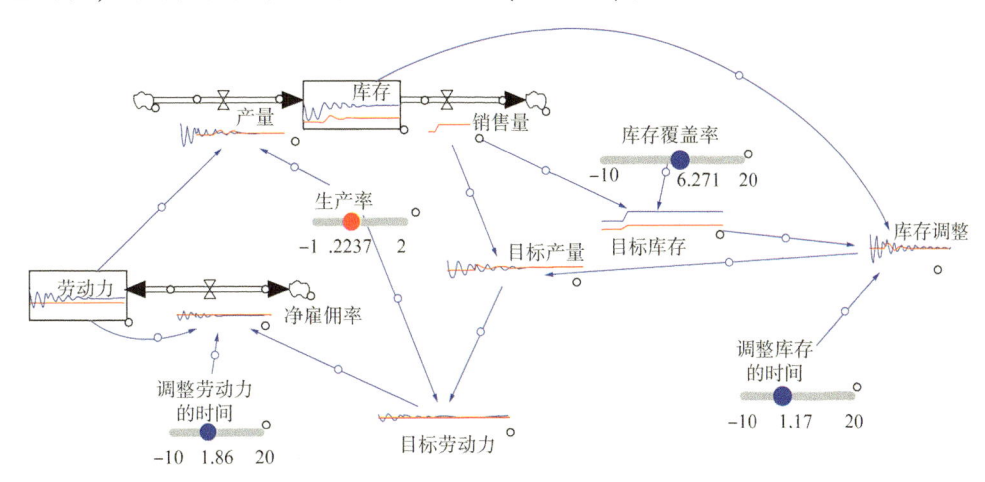

图 8-12 生产库存系统合成模拟示意图

利用 Vensim 左侧的分析工具，可以输出模拟结果。图 8-13、图 8-14、图 8-15 是部分分析结果示例。其中，图 8-13 为库存变量情景模拟结果表；图 8-14 为目标产量情景模拟结果图；图 8-15 为库存变量及其相关变量(产量、销售量)的变化图。

图 8-13 库存变量情景模拟结果表

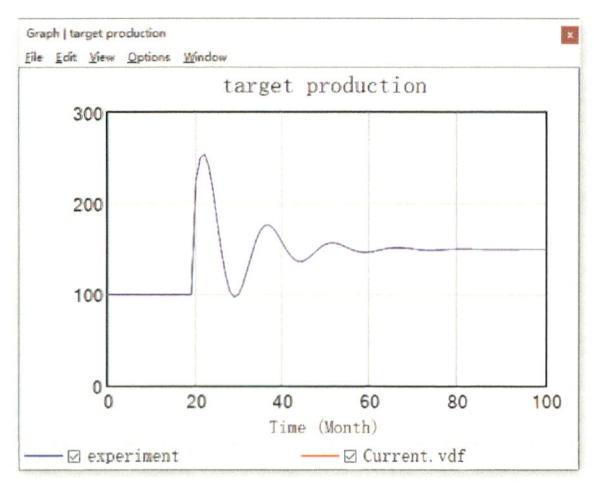

图 8-14　目标产量模拟结果图

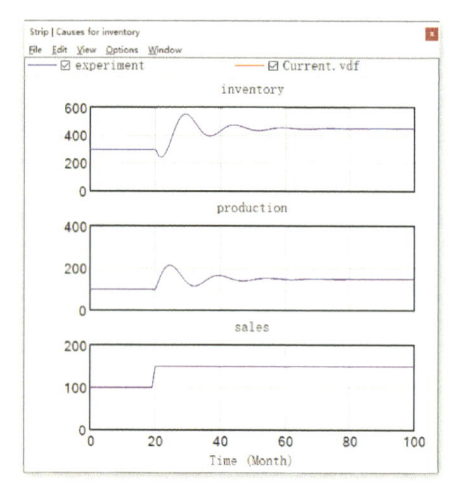

图 8-15　库存变量及其相关变量趋势图

第三节　应用案例：国际油气开发合同的系统动力学模型

系统动力学的基本思路是通过建立系统内各变量之间的相互关系，模拟系统的运行方式，并基于模型结果，针对特定的情景对系统的未来趋势进行仿真。石油领域很多业务模块都符合复杂系统、相互影响的变量、高阶的关系、反馈的回路等特征，因此，系统动力学模型可以有效地解决石油领域的特定问题。本章选取的案例文章来自 Resource Policy 期刊（SCI 一区，2022 年影响因子为 5.634），题目为"Designing a System Dynamics model to simulate criteria affecting oil and gas development contracts"（设计系统动力学模型以模拟影响油气开发合同的标准）。该研究构建了系统动力学以模拟油气开发合同中的经济、法律、技术、社会因素对项目目标的综合影响，并动态反映合同各方在一段时间内的风险。

一、研究背景

石油公司与东道国之间签订的油气开发合同涉及资本、风险、技术、时间、所有权、法律法规、环境治理等各种因素，受特定环境影响而条件各异，因此具有较高的复杂性。选择合适的油气开发合同类型对于油公司和东道国双方来说都是一个挑战。

系统动力学模型是一种计算机模拟方法，在处理复杂非线性和多准则系统随时间的定量分析方面具有独特的优势，近年来广泛应用于能源管理及其风险。本研究旨在开发一个动态模型，利用系统动力学工具分析油气田开发合同的各个维度，并帮助东道国和国际石油公司的决策者根据其目标、政策、优先事项和限制条件选择最合适的合同类型。构建的系统动力学模型包括技术、设施、法律、经济、环境和社会方面，并量化上述变量之间的相互作用。基于该模型探讨如下问题：影响不同类型油气田开发合同的重要指标有哪些，油气田开发的指标是否相互影响，以及系统动力学模型如何提高油气田开发合同的生产率。

二、研究过程

系统动力学模型用于分析系统的结构和行为，设计高效的系统管理策略。本研究基于系统动力学探讨油田开发合同，主要步骤有4步：一是文献调研，回顾以往相关研究，识别影响油气开发合同的因素；二是系统建模，采用专家调查法对各项因素进行打分，识别因素之间的相互影响，确定模型结构；三是模型检验和求解，设定各变量初始值及关系式，对模型有效性进行检验；四是结果分析，基于构建的模型讨论不同合同模式对国际石油公司和东道国的影响，为双方选择适当的合同模式提供参考。

研究过程中充分听取了油气开发专家的意见，用于筛选影响因素、确定影响因素之间的互动关系、识别因素重要程度等。选择的专家是来自伊朗国家石油公司负责油气开发和合同管理的15名专家。

1. 模型构建

（1）时间范围。

系统动力学研究系统随时间变化的行为，选择模型执行的时间范围是一个重要问题。研究期限的长短会影响模拟政策的结果。许多研究人员认为，3~5年的时间通常是合理的。综合考虑变量特征和专家意见，本研究选取36个月作为研究期限，该期限足够获得系统一个周期的反馈。

（2）主要因素。

根据专家意见，模型选取的油气开发合同影响因素包括：

1）成本。成本是系统的重要组成部分，项目实施过程中的成本波动可能会造成很多问题。

2）东道国政府的管控和监督。政府管控可以对石油公司拥有的产量份额、东道国与邻国拥有的资源分配、东道国赚取的收入等产生重大影响。

3）环境法。环境法表明了东道国政府对环境的敏感性，东道国针对不同的情况有不同的环境规定。

4）外方投资。外方投资占比会影响项目预算和服务水平，从而影响油气产量和开发技术。

5）技术。技术可以提高生产率，影响生产时间、质量、运输、废弃物回收率等。

（3）模型变量。

过程、信息反馈、策略延迟和时间是系统动力学建模的重要元素。考虑到内源性和外源性变量由边界决定，因此边界控制在建模中很重要。模型的关键变量如表8-1所示。

表 8-1　模型中的关键变量

变量类别	序号	变量名称	单位
经济	1	东道国政府对全球能源市场的贡献	%
	2	国外投资	%
	3	价格波动	%
	4	不能及时完成安装	%
	5	成本	百万美元
	6	生产效率	%
	7	国外投资者从样本库中回收的部分	百万美元
	8	石油价格	美元/桶
	9	政府收入	美元/桶
	10	政府对储层的利用	%
	11	东道国政府的产品分成	%
	12	国外投资者的费用	百万美元/项目
	13	投资者收入	百万美元
	14	对国外投资的吸引	%
	15	开发预算指标	%
	16	国外投资者的产品分成	%
规定	17	对邻近地区能源安全的影响	%
	18	索赔方面的规定	%
	19	在国际环境中的政治稳定性	%
	20	东道国的控制和监督	%
技术和执行	21	货物和设备供应方面的限制	%
	22	国际方面的限制	%
	23	新技术使用权	%
	24	知识和技术方面的进步	%
	25	提供必要设备的能力	%
	26	熟练劳动力	%
	27	设计阶段出现的人为失误	%
	28	所在地区缺乏必要的基础设施	%
环保	29	对技术方面优先事项的干扰	%
	30	缺乏工作交流	%
	31	潜在污染产生的影响	%
	32	官方机构的敏感性	%
	33	环保方面的法律	%
	34	环保新技术使用权	%
	35	采出液造成污染的概率	%
	36	再循环系数	%

第八章 系统动力学

(4) 因果关系图。

根据变量之间的因果关系绘制因果图，并据此绘制出流图（图 8-16）。样本库和样本库累计产量这两个变量是存量变量，产量是影响累计产量变量的速率变量。样本库的累计产量影响外国投资者的利用率，最终影响其收益，更高的收入会吸引更多的外国投资者。另外，累积生产影响政府对资源的利用程度，关系到东道国的收入和产量份额。此外，累积产量也会影响成本。成本的提高可以改变外国投资者的投资决策。模型中的生产力变量受缺少工作互动、成本上升和设计阶段人为错误等因素的负面影响，同时受技术进步、产量上升的正向影响。

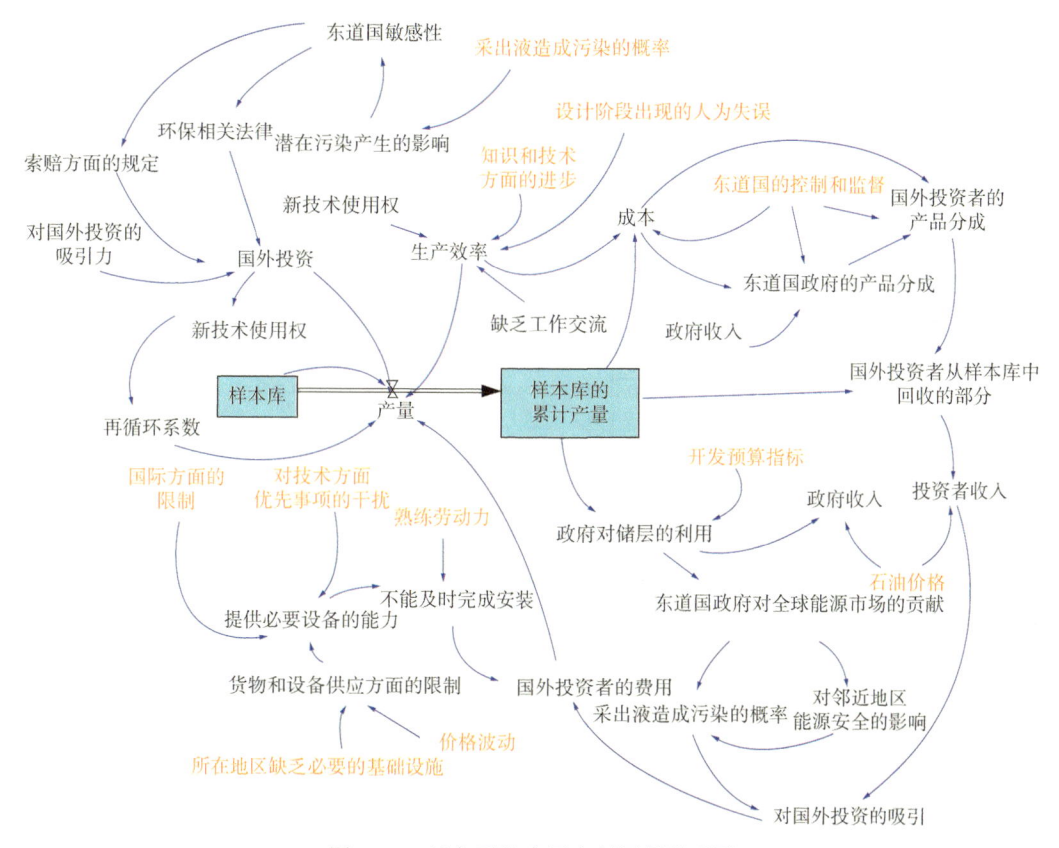

图 8-16 油气开发合同案例因果关系图

执行油气田开发合同时，基础设施的缺乏造成项目的延迟和受限制，使后续阶段的工作无法开展。国际方面的限制条件等因素也会对必要设备的提供带来严重影响。由于环保问题和对各组因素的日益担忧，加上油气行业给环境带来的潜在高风险，模型还考虑了采出液造成污染的可能性。开发活动可能给环境带来不利影响，同时增加相关部门对环保问题的敏感性，促使相关部门制定合适的环保规定。另外，政府针对环保问题的解决方法影响投资者的选择和接受，影响合同条款。

2. 模型验证

采用 Forrester 和 Senge 提出的系统动力学结构验证测试。模型验证主要包括以下几个方面：(1)边界充分性：用于解决问题的概念和结构是否是内源性的；(2)结构验证：模型结构是否与建模系统的描述性知识兼容；(3)参数验证：模型参数是否与描述性和数值型系统知识相对应；(4)行为再现：模型中的方程是否与现实世界的系统相对应；(5)极端条件：当对选定参数赋值极限值时，模型是否显示出逻辑行为。

对构建模型的边界、结构、参数、行为、极端情况分别进行了验证，结果表明模型是有效的，受限于篇幅略去检验过程。

3. 情景模拟

在考察不同变量的变化情况，并分析各变量对主要变量的影响后，决策者可以根据有效指标选择一个情景，以实现有效的油气开发合同类型。案例论文设计了5种情景，考虑了每种情景中有效指标的可能条件。各种情景的主要参数如表8-2所示。

表8-2 不同情景的参数设置 单位:%

参数	情景1	情景2	情景3	情景4	情景5
设计阶段出现的人为失误	—	3	5	5	9
提供必要设备的能力	25	94	92	40	70
环保方面的法律	12	94	92	25	28
东道国政府的产品分成	—	48	55	100	100
国外投资者的产品分成	—	52	45	0	0
新技术使用权	—	80	75	25	40
知识和技术方面的进步	15	25	28	30	55
生产效率	—	55	52	40	35
对国外投资的吸引	70	28	45	10	5
货物和设备供应方面的限制	—	−15	−21	−30	−25

(1) 情景1。该情景考虑租让制合同，忽略设计阶段可能出现的人为失误，通过提供必要的工具和设备提高系统的效率。如图8-17所示，该情景的结果是5个情景中最差的，这说明人为失误是不能忽略的。在设计阶段这个变量带来的负面影响是长期的，产生的不良后果无法很快逆转。另外，租让制合同下，东道国政府的干预和控制较少，突出的一个问题是环保问题。承包商缺少将知识和技术本土化的动力。承包商的产品分成比例较高，东道国政府的产品分成比例较低。

(2) 情景2：该情景考虑产品分成合同，东道国政府产品分成占48%，国外投资者占52%。该情景下，最新技术和知识的使用权这个变量影响项目完成的时间。此外，运用最新的知识和现代技术可以最大程度地预防对环境的危害。结果显示，产品分成合同有利于东道国政府从承包商处获得知识和技术。

(3) 情景3：该情景依然考虑产品分成合同，东道国政府产品分成占55%，国外投资者占45%。该情景下合同中东道国政府的控制和监督处于中等水平，承包商对部分采出的石油享有所有权。

(4) 情景4：考虑服务合同，东道国政府对采出的石油享有100%的所有权。这种模式不利于吸引国外投资,如果所需设备受限,存在新技术使用权、财务事项、自然灾害或者生产方面的困难等,则情况有所不同。可以自由地使用所需要的设备,能够防止基础设施的延期交付。

(5)情景5:同样服务合同,并将熟练劳动力、现代技术和对环保问题的关注等变量同步考虑在内。成熟劳动力可以防止出现人为失误;最新技术可以节省时间,节约成本,产生更可靠的结果。本情景强调东道国政府对合同的执行具有高度控制和监督的权利。由于采用服务合同的模式,东道国政府的收入较高,承包商则以工钱的方式获取报酬。

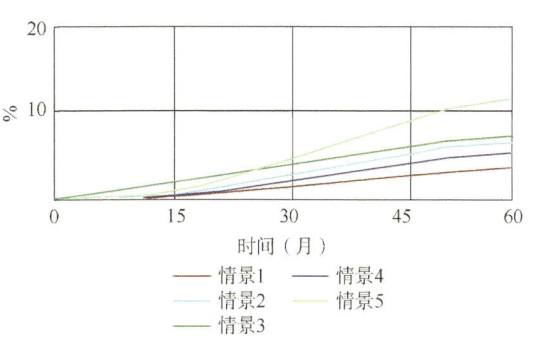

图 8-17 5 个情景的模拟结果

综合上述结果,情景 1 采用的租让制合同对国家石油公司来说并不合适;情景 5 采用的服务合同对东道国来说是最具吸引力的合同类型。模拟结果还表明,得益于采用的是产品分成合同,情景 3 对合同双方而言是一个双赢的选择,而且可以促进东道国提高生产效率。

三、研究结果

案例论文基于对伊朗国家石油公司的专家调查,选取了影响油气开发合同的 4 类主要因素,即经济、法律、技术、环保。并结合伊朗国家石油公司合同情况和数据可得性针对上述 4 类因素选取了 36 个关键变量,分析了变量之间的因果关系,构建了油气开发合同的系统动力学模型。该模型通过了边界充分性验证、结构验证、参数验证、行为再现、极端条件验证,证实是有效的,可以用于东道国或石油公司针对不同情景选择适当的合同模式。

系统动力学的主要优势之一是可以基于构建的系统模型进行情景模拟,帮助决策者更好地了解系统发展趋势,从而做出明智的决策。在本案例中,研究人员基于不同的油气开发合同模式,设置了不同的产品分成比例、技术使用权、生产率、基础设施使用限制、环保法律条件等,构建了 5 种典型情景,分析了 5 种情景模式下东道国与国际石油公司的风险和收益情况。结论显示,服务合同模式是东道国受益较多的合同模式,而产品分成模式则可以实现双赢,双方利益和风险根据产品分成条款的不同而变化。该研究证实了系统动力学模型在油气开发合同选择方面的适用性,对制定油气开发国际合作策略、选择合同模式和合同条款有一定借鉴意义。

第九章 数据包络分析

第一节 数据包络分析方法介绍

数据包络分析(Data Envelopment Analysis，DEA)是一种基于多投入和多产出的应用于评价同类型组织(或项目)工作绩效相对有效性的管理方法。DEA 由著名运筹学家 Charnes，Cooper 与 Rhodes 在他们发表的名为《Measuring the efficiency of decision making units》中提出，该方法常用来衡量拥有相同目标的不同组织的相对效率，如同一个公司的多个营业部、相同类型的地区等。这些组织具有相同或类似的投入产出结构，且存在多种投入要素和产出要素。DEA 方法可以有效评估组织的投入产出效率，指导生产经营决策。

一个石油公司包含各类主体，例如油气田企业、采油厂、销售公司等。这些运营主体地域分布广、业务范围差异大、技术流程复杂不宜，难以统一进行评价和管理。但是，对于同一类主体而言，往往具有相似的投入产出结构，可以通过数据包络分析方法检验其运行效率。在深入分析各类主体业务特征、投入产出要素的基础上，采用数据包络分析方法对具有相似功能的主体进行评价，对于识别主体差异、寻找标杆单位、制定挖潜措施具有一定的指导意义。

一、基本概念

1. 决策单元(Decision Making Units，DMU)

一个经济系统或一个生产过程可以看成一个单元在一定可能范围内，通过投入一定数量的生产要素并产出一定数量的"产品"的活动。虽然这些活动的具体内容各不相同，但其目的都是尽可能地使这一活动取得最大的"效益"。这样的单元被称为决策单元(Decision Making Units，DMU)。

DMU 的概念是广义的，可以是一个大学，也可以是一个企业，也可以是一个国家。同类型 DMU 是指具有以下特征的 DMU 集合：具有相同的目标和任务；具有相同的外部环境；具有相同的输入和输出指标。此外，同一个 DMU 的不同时段也可视为同类型 DMU。

2. 投入和产出

投入是被投入到 DMU 内并且能够通过 DMU 进行制造和加工的生产要素。产出是生产资料经由 DMU 进行制造加工所得的产品(实体或虚拟)。投入和产出既可以是实体产品，也可以是具体服务。进一步地，DMU 的产出可以分为期望产出和非期望产出。期望产出一般是指对人类有利的产出，非期望产出则指生产过程中产生对人类不利的产出，如污染物等。投入和产出的选择是利用 DEA 进行效率评价的重要工作，选取不同的投入产出要素，测得的 DMU 效率是不同的。投入产出要素的选择是进行效率评价的前提和基础，合理的选择可以提高评价结果的准确性和可靠性。DEA 模型中决策单元投入、产出示意图如图 9-1 所示。

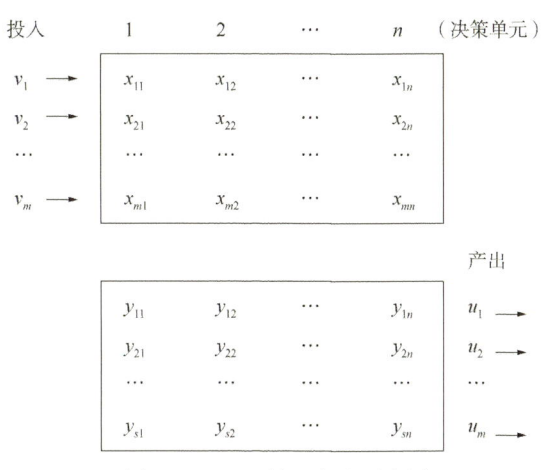

	投入	1	2	...	n	（决策单元）
$v_1 \rightarrow$		x_{11}	x_{12}	...	x_{1n}	
$v_2 \rightarrow$		x_{21}	x_{22}	...	x_{2n}	
...		...	...		...	
$v_m \rightarrow$		x_{m1}	x_{m2}	...	x_{mn}	

产出
	y_{11}	y_{12}	...	y_{1n}	$u_1 \rightarrow$
	y_{21}	y_{22}	...	y_{2n}	$u_2 \rightarrow$
	...	...		...	...
	y_{s1}	y_{s2}	...	y_{sn}	$u_m \rightarrow$

图 9-1　DEA 投入产出示意图

3. 参考集和生产可能集

参考集是在效率评估时被参考的个体集合，即所有 DMU 对应的投入产出向量集。对 DMU 效率评价以及将无效 DMU 改进为有效 DMU 都是基于参考集进行的。

生产可能集指的是基于当前的生产技术水平，所有可能的生产活动的集合。假设有 n 个 DMU，$DMU_j(j=1, 2, \cdots, n)$ 有 m 个投入和 s 个产出，记 X、Y 分别为某个 DMU 的投入产出向量，则可以用 (X, Y) 表示这个 DMU 可能的生产活动。称集合 $\{(X, Y) \mid$ 产出 Y 能用投入 X 生产出来$\}$ 为所有可能的生产活动构成的生产可能集。

4. 生产前沿面和投影点

在坐标系中，令 DMU 的投入向量和产出向量分别为坐标系的横坐标和纵坐标，把所有观测到的 DMU 的投入产出向量表示在坐标系里。生产前沿面指在当前生产技术水平下，由表现最优的几个 DMU 对应于坐标系里的观测点连接而成的分段线包络面。在该坐标系中，这些观测点可以根据是否位于包络面上分为有效点和无效点，位于包络面上的观测点称为有效点，位于包络面内的观测点称为无效点。

对于无效点来说，若保持纵坐标(产出)不变，沿着横坐标(投入)方向投影，或保持横坐标(投入)不变，沿着纵坐标(产出)方向投影，都可以在该生产前沿面上得到其投影点，该投影点也是一个有效点，但不一定为当前存在的有效观测点。投影点可以作为无效点的一个改进方向。

5. 技术效率

技术效率指一个生产单元的生产过程达到该行业技术水平的程度。技术效率反映的是一个生产单元技术水平的高低。技术效率可以从投入和产出两个角度来衡量，在投入既定的情况下，技术效率由产出最大化的程度来衡量；在产出既定的情况下，技术效率由投入最小化来衡量。

技术效率可通过产出/投入的比值来定量测量。当生产过程仅涉及一种投入和一种产出时，可以计算各生产单元的产出/投入比值，即每消耗一个单位的投入所生产的产品数量，来反映各生产单元技术效率的高低。如果各单元的产出/投入比值除以其中的最大值，就可以将产出/投入比值标准化为 0—1 的树枝，这样可以更好地反映被评价单元与最优单元之间技术效率的差距。

实际的生产过程往往涉及多种投入与多种产出，因此难以用单一的产出/投入比值考察生产单元的技术效率。这时需要对多种投入和多种产出进行加权计算，通过加权后的产出/投入比值衡量技术效率。假设有 m 种投入和 s 种产出，则加权投入如式(9-1)，加权产出如式(9-2)。

$$v = v_1 x_1 + v_2 x_2 + \cdots + v_m x_m \tag{9-1}$$

$$u = u_1 y_1 + u_2 y_2 + \cdots + u_s y_s \tag{9-2}$$

式中　x_m——第 m 种投入；
　　　v_m——第 m 种投入的权重；
　　　v——加权投入；
　　　y_s——第 s 种产出；
　　　u_s——第 s 种产出的权重；
　　　u——加权产出。

确定投入、产出的权重有两种方法：一是采用专家咨询等方法为各类投入赋予固定的权重，二是通过数据本身特征获得投入和产出权重。DEA 就是一种基于数据本身特征计算各类投入产出的权重，并计算加权技术效率的方法。

二、DEA 模型形式

DEA 模型有多种形式，如 CCR 模型、BCC 模型、FG 模型、ST 模型等。其中，CCR 模型是第一个 DEA 模型，其余模型是在 CCR 基础上增加约束条件、改变规模报酬假设而拓展形成的。

1. CCR 模型

CCR 模型的名称来源于 DEA 模型提出者 Charnes、Cooper、Rhodes 3 人姓氏的首字母。CCR 模型假设规模收益不变，其得出的技术效率包含了规模效率的成分，因此通常被称为综合技术效率。

设某个 DMU 在一项生产活动中的输入向量为：$x = (x_1, x_2, \cdots, x_m)^T$，输出向量为：$y = (y_1, y_2, \cdots, y_s)^T$。设有 n 个 $DMU_j(1 \leq j \leq n)$，DMU_j 对应的输入、输出向量分别为

$$x_j = (x_{1j}, x_{2j}, \cdots, x_{mj})^T, \ j = 1, 2, \cdots, n$$

$$y_j = (y_{1j}, y_{2j}, \cdots, y_{sj})^T, \ j = 1, 2, \cdots, n$$

$$x_{ij}>0, \quad y_{rj}>0; \quad i=1, 2, \cdots, m; \quad r=1, 2, \cdots, s$$

x_{ij} 为第 j 个决策单元对第 i 种类型输入的投入量；y_{rj} 为第 j 个决策单元对第 r 种类型输出的产出量。x_{ij} 和 y_{rj} 为已知的数据，可以根据历史资料得到。

由于在生产过程中各种输入和输出之间的地位与作用不同，因此要对 DMU 进行评价，需要对它的输入和输出进行"综合"，即把它们看作只有一个总体输入和一个总体输出的生产过程，这样就需要赋予每个输入、输出恰当的权重。

由于我们对输入、输出量之间的信息结构了解较少或者他们之间的相互代替性比较复杂，为了尽量避免分析者主观意志的影响，并不事先给定输入、输出权向量，而是先把它们看作变向量，在分析过程中再根据某种原则来确定他们。

每个决策单元 DMU_j 都有相应的效率评价指数，可以适当的取权系数 v 和 u，使得 $h_j \leqslant 1$。

$$h_j = \frac{u^T y_j}{v^T x_j} = \frac{\sum_{r=1}^{s} u_r y_{rj}}{\sum_{i=1}^{m} v_i x_{ij}} \quad j=1, 2, \cdots, n \tag{9-3}$$

式中　$v=(v_1, v_2, \cdots, v_m)^T$——对 m 项投入的权重系数；

$u=(u_1, u_2, \cdots, u_s)^T$——对 s 项产出的权重系数。

CCR 模型假定规模收益不变，即每一单位投入得到的产出不会因为规模大小而改变。一般来说，h_{j_0} 越大，表明 DMU_{j_0} 能够用相对较少的输入而得到相对较多的输出。如果要评价 DMU_{j_0} 在这 n 个 DMU 中相对来说是不是最优的，可以考察当尽可能地变化权重时，h_{j_0} 的最大值是多少。

如果以第 j_0 个决策单元的效率指数为目标，以所有决策单元(含第 j_0 个决策单元)的效率指数为约束，相对效率优化评价模型为

$$\max h_{j_0} = \max \frac{\sum_{r=1}^{s} u_r y_{rj_0}}{\sum_{i=1}^{m} v_i x_{ij_0}} \tag{9-4}$$

$$\text{s.t.} \begin{cases} \dfrac{\sum_{r=1}^{s} u_r y_{rj}}{\sum_{i=1}^{m} v_i x_{ij}} \leqslant 1 \\ v=(v_1, v_2, \cdots, v_m)^T \geqslant 0 \\ u=(u_1, u_2, \cdots, u_s)^T \geqslant 0 \end{cases}$$

式(9-4)是一个分式规划模型，必须将其转化成线性规划模型才能求解。可令

$$t=\frac{1}{v^T x_0}, \quad \omega=tv, \quad \mu=tu$$

则可得到 CCR 的线性规划模型

$$\max h_{j_0} = \mu^T y \tag{9-5}$$

$$\text{s.t.} \begin{cases} \omega^T x_j - \mu^T y_j \geq 0 \\ \omega^T x_0 = 0 \\ \omega \geq 0, \mu \geq 0 \end{cases}$$

式(9-5)可以通过求解线性规划模型的最优解来定义第 j_0 个决策单元的有效性。利用该模型来评价 DMU_{j_0} 的生产效率是否有效时，是相对于其他所有决策单元而言的。

根据上述推导，可写出式(9-5)的对偶形式

$$\min \theta \tag{9-6}$$

$$\text{s.t.} \begin{cases} \sum_{j=1}^{n} \lambda_j x_j \leq \theta x_0 \\ \sum_{j=1}^{n} \lambda_j y_j \geq y_0 \\ \lambda_j \geq 0 \end{cases}$$

应用线性规划对偶理论，可以通过对偶规划来判断 DMU_{j_0} 的有效性。为便于论述，引入松弛变量 s^+ 和剩余变量 s^-，则式(9-6)中的不等式约束转化为以下等式约束

$$\min \theta \tag{9-7}$$

$$\text{s.t.} \begin{cases} \sum_{j=1}^{n} \lambda_j x_j + s^+ = \theta x_0 \\ \sum_{j=1}^{n} \lambda_j y_j - s^- = y_0 \\ \lambda_j \geq 0 \\ s^+ \geq 0, s^- \geq 0 \end{cases}$$

可以证明以下定理：

(1) 如果线性规划模型式(9-5)及其对偶规划式(9-7)均存在可行解，那么它们的效率指数必存在最优值。令其最优值分别为 $h_{j_0}^*$ 与 θ^*，则 $h_{j_0}^* = \theta^* \leq 1$。

给出弱 DEA 有效定义如下：若线性规划模型式(9-5)的解存在，当且仅当其最优值 $h_{j_0}^* = 1$ 时，称决策单元(DMU_{j_0})为弱 DEA 有效。弱 DEA 有效的经济含义为：若新 DMU 要保持 DMU_{j_0} 的产出水平，则它的部分(不是全部)投入可以减少。

(2) DMU_{j_0} 为弱 DEA 有效的充要条件是线性规划式(9-5)的最优值 $\theta^* = 1$。

给出 DEA 有效定义如下：线性规划模型式(9-5)的最优值 $\theta^* = 1$，并且对于每个最优解 λ^*、s^{*-}、s^{*+}、θ^*，都有 $s^+ = 0$、$s^- = 0$。DEA 有效的经济含义为：若新 DMU 要保持 DMU_{j_0} 的产出水平，则它的各项投入均不能减少。

由定义可知，DEA 有效与 DEA 弱有效的关系为：DEA 有效一定为 DEA 弱有效，反之不然。

2. BCC 模型

CCR 模型是在规模报酬不变的假设前提下建立的。后来,Banker、Charnes 等学者在 CCR 模型的基础上进行了拓展,基于规模报酬可变的假设提出了 BCC 模型,将其应用于规模报酬可变情况下的效率评价问题。

BCC 模型如式(9-8)所示。

$$\min \theta \tag{9-8}$$

$$\text{s.t.} \begin{cases} \sum_{j=1}^{n} \lambda_j x_j + s^+ = \theta x_0 \\ \sum_{j=1}^{n} \lambda_j y_j - s^- = y_0 \\ \sum_{j=1}^{n} \lambda_j = 1 \\ \lambda_j \geq 0 \\ s^+ \geq 0, \ s^- \geq 0 \end{cases}$$

其中,$\sum_{j=1}^{n} \lambda_j = 1$ 表示规模报酬可变的约束条件,此时 $0 \leq \lambda_j \leq 1$。

3. 网络 DEA 模型

CCR 模型和 BCC 模型等传统 DEA 模型都是把 DMU 的生产过程看作一个黑箱,只关注投入在 DMU 中转化为产出的结果,而不关注投入在黑箱内的转化过程。随着研究的深入,学者们发现将生产过程视为黑箱有一定偏差。要研究 DMU 的性能,有必要分析其生产过程,以便找出效率低下的环节和原因。在此背景下,网络 DEA 应运而生。网络 DEA 又称二阶段 DEA,基本思想是首先将第一阶段消耗一定的初始投入生产出一定的中间产出,然后利用中间产出进一步作为第二阶段的投入用于生产最终的产出。网络 DEA 有不同的结构模式,常见的包括序列结构、并行结构以及序列结构和并行结构相混合的混合网络结构。最简单的网络 DEA 结构是串联构成的两阶段结构。基本的两阶段结构数学规划模型如下

$$\max \theta \tag{9-10}$$

$$\text{s.t.} \begin{cases} \sum_{j=1}^{n} \lambda_i x_{ij} \leq \theta x_0 & i = 1, 2, \cdots, m \\ \sum_{j=1}^{n} \lambda_j z_{dj} \geq z_{d0} & d = 1.2\cdots.D \\ \sum_{j=1}^{n} \mu_j z_{dj} \leq z_{d0} & d = 1.2\cdots.D \\ \sum_{j=1}^{n} u_j y_{rj} \geq y_{r0} & r = 1, 2, \cdots s \\ \lambda_j \geq 0, \ \mu_j \geq 0, & j = 1, 2, \cdots, n \end{cases}$$

式中 z_{dj}——中间产出。

三、DEA 模型特征

DEA 评价的依据是决策单元的"输入"数据和"输出"数据。根据输入和输出数据来评价决策单元的优劣，即评价单位间的相对有效性。每个决策单元的有效性将涉及两个方面：(1)建立在相互比较的基础上，因此是相对有效性；(2)每个决策单元的有效性紧密依赖于输入综合与输出综合的比(或理解为多输入—多输出时的投入—产出比)。

通过输入和输出数据的综合分析，DEA 可以得出每个 DMU 综合效率的数量指标。据此将各决策单元定级排队，确定有效的决策单元，并可给出其他决策单元非有效的原因和程度。即它不仅可对同一类型各决策单元的相对有效性做出评价与排序，而且还可以进一步分析各决策单元非 DEA 有效的原因及其改进方向，从而为决策者提供重要的管理决策信息。

DEA 特别适用于具有多输入多输出的复杂系统，这主要体现在以下几点：

(1) DEA 以决策单元各输入输出的权重为变量，从最有利于决策单元的角度进行评价，从而避免了确定各指标在优先意义下的权重；

(2) 假定每个输入都关联到一个或者多个输出，而且输出输入之间确实存在某种关系，使用 DEA 方法则不必确定这种关系的显示表达式；

(3) DEA 最突出的优点是无需任何权重假设，每一输入输出的权重不是根据评价者的主观认定，而是由决策单元的实际数据求得的最优权重。因此，DEA 方法排除了很多主观因素，具有很强的客观性。

第二节 数据包络分析的软件操作

很多软件都可以做数据包络分析，例如 MATLAB、R 语言、DEA Solver、Frontier Analyst、Excel、SPSSAU 等。其中 MATLAB、R 语言都有 DEA 包可以方便地进行 DEA 分析。DEA Solver、Frontier Analyst 是专门针对 DEA 的软件，可以进行效率评分、效率图、数据导出等丰富功能；此外，也可以利用 Excel 的插件或者自定义函数进行 DEA 分析。

本节介绍基于 SPSSAU 的 DEA 分析软件实现步骤。SPSSAU 是网页版数据科学分析平台系统，其优势是具有友好的用户界面和丰富的输出结果。选取的案例是 2021 年我国各地区创新效率，创新投入变量包括：财政支出、企业研发经费、企业研发人员、高校招生人数、财政教育支出；创新产出变量包括：人均 GDP、专利申请数量。案例数据来自国家统计数据库。

一、数据导入

在 SPSSAU 首页点击右上方"上传数据"按钮，在弹出的窗口(图 9-2)点击"点击上传文件"，即可将数据导入 SPSSAU。SPSSAU 支持 Excel、SPSS、Stata、SAS 等多种统计分析软件生成的数据格式。

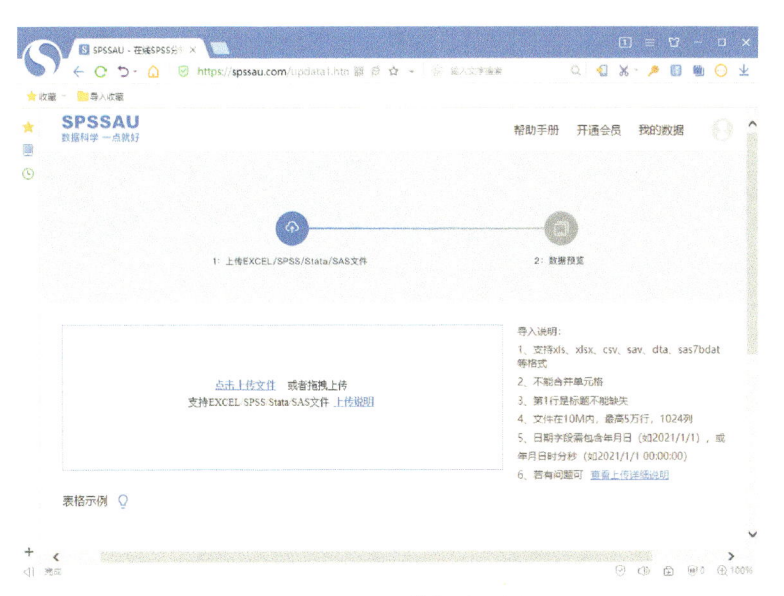

图 9-2　SPSSAU 数据导入界面

选择文件后，SPSSAU 出现数据预览(图 9-3)。SPSSAU 自动将第一行识别为变量名称。确认数据无误后，点击"进入分析"。

图 9-3　SPSSAU 数据预览界面

二、变量选择

SPSSAU 界面左侧为方法选择窗口，中间为变量窗口，右侧为变量选择窗口。在左侧方法选择界面选择"综合评价/DEA"，进入 DEA 变量选择界面(图 9-4)。

图 9-4　SPSSAU 变量选择界面

将"财政支出""高校招生人数""地方财政教育支出""企业研发经费""企业研发人员"5个变量拖入投入变量框，将"专利数量""人均 GDP"拖入产出变量框，将"地区"拖入分类对话框(图 9-5)。

图 9-5　选择 DEA 的投入、产出变量

选择好投入产出变量后，点击上方的"开始分析"按钮，输出 DEA 分析结果。

三、结果解读

对各省市创新投入产出效率的 DEA 有效性结果如图 9-6 所示。SPSSAU 默认采用 BBC 模型，即规模报酬可变情况时投入产出效率情况。BBC 模型时将综合效益拆分为技术效益和规模效益。

技术效益反映技术因素带来的效益，该值等于 1 则说明要素合理使用，反之该值小于 1 说明要素技术效益还有提升空间。根据图 9-6，北京、天津、上海、江苏、浙江、广东、海南、西藏、青海、宁夏的技术效益较高。

规模效益反映规模带来的效益，该值等于 1 则说明规模收益不变(最优状态)，该值小于 1 说明规模收益递增(规模过小可扩大规模增加效益)，该值大于 1 说明规模收益递减(规模过大可减少规模增加效益)。根据 DEA 分析结果，北京、天津、上海、浙江、安徽、江西、广东、海南、西藏、青海、宁夏的规模效益较高。

综合效益反映决策单元 DMU 要素的效率情况，该值=技术效益×规模效益，该小于等于 1。松驰变量 $S-$ 意义为"减少多少投入时达目标效率"，松驰变量 $S+$ 意义为"增加多少产出时达目标效率"。结合综合效益指标，$S-$ 和 $S+$ 共 3 个指标，可判断 DEA 有效性，如果综合效益=1 且 $S-$ 与 $S+$ 均为 0，则"DEA 强有效"，如果综合效益为 1 但 $S-$ 或 $S+$ 大于 0，则"DEA 弱有效"，如果综合效益<1 则为"非 DEA 有效"。

有效性分析

项	技术效益TE	规模效益SE(k)	综合效益OE(θ)	松驰变量S-	松驰变量S+	有效性
北京市	1.000	1.000	1.000	0.000	0.000	DEA强有效
天津市	1.000	1.000	1.000	0.000	0.000	DEA强有效
河北省	0.629	0.976	0.614	166.231	74829.784	非DEA有效
山西省	0.523	0.988	0.516	39.870	2666.151	非DEA有效
内蒙古自治区	0.719	0.995	0.715	493.426	4969.158	非DEA有效
辽宁省	0.634	0.993	0.630	1115.716	0.000	非DEA有效
吉林省	0.877	0.990	0.869	16.429	35622.669	非DEA有效
黑龙江省	0.736	0.988	0.727	509.600	45406.456	非DEA有效
上海市	1.000	1.000	1.000	0.000	0.000	DEA强有效
江苏省	1.000	0.977	0.977	162227.974	0.000	非DEA有效
浙江省	1.000	1.000	1.000	0.000	0.000	DEA强有效
安徽省	0.889	1.000	0.889	201.857	32616.492	非DEA有效
福建省	0.961	0.957	0.920	59998.620	0.000	非DEA有效
江西省	0.693	1.000	0.693	2246.055	0.000	非DEA有效
山东省	0.580	0.994	0.576	146.867	0.000	非DEA有效
河南省	0.542	0.997	0.540	99.485	44834.312	非DEA有效
湖北省	0.747	0.998	0.746	1047.595	0.000	非DEA有效
湖南省	0.556	0.978	0.544	398.627	6403.958	非DEA有效
广东省	1.000	1.000	1.000	0.000	0.000	DEA强有效
广西壮族自治区	0.773	0.983	0.760	287.099	73673.887	非DEA有效
海南省	1.000	1.000	1.000	0.000	0.000	DEA强有效
重庆市	0.599	0.979	0.586	47.281	0.000	非DEA有效
四川省	0.806	0.992	0.799	108.212	161382.420	非DEA有效
贵州省	0.608	0.996	0.605	205.134	48474.444	非DEA有效
云南省	0.547	0.993	0.543	138.729	43175.282	非DEA有效
西藏自治区	1.000	1.000	1.000	0.000	0.000	DEA强有效
陕西省	0.572	0.921	0.527	29.539	1809.256	非DEA有效
甘肃省	0.662	0.991	0.657	98.729	37429.461	非DEA有效
青海省	1.000	1.000	1.000	0.000	0.000	DEA强有效
宁夏回族自治区	1.000	1.000	1.000	0.000	0.000	DEA强有效
新疆维吾尔自治区	0.946	0.957	0.905	227.116	86206.752	非DEA有效

图 9-6 DEA 有效性分析结果

各地区技术效益、规模效益、综合效益折线图如图 9-7 所示。据图可知各地区规模效益差异较小，技术效益差异较大。山西、河南、重庆、云南、陕西等地创新投入产出的技术效益较低。

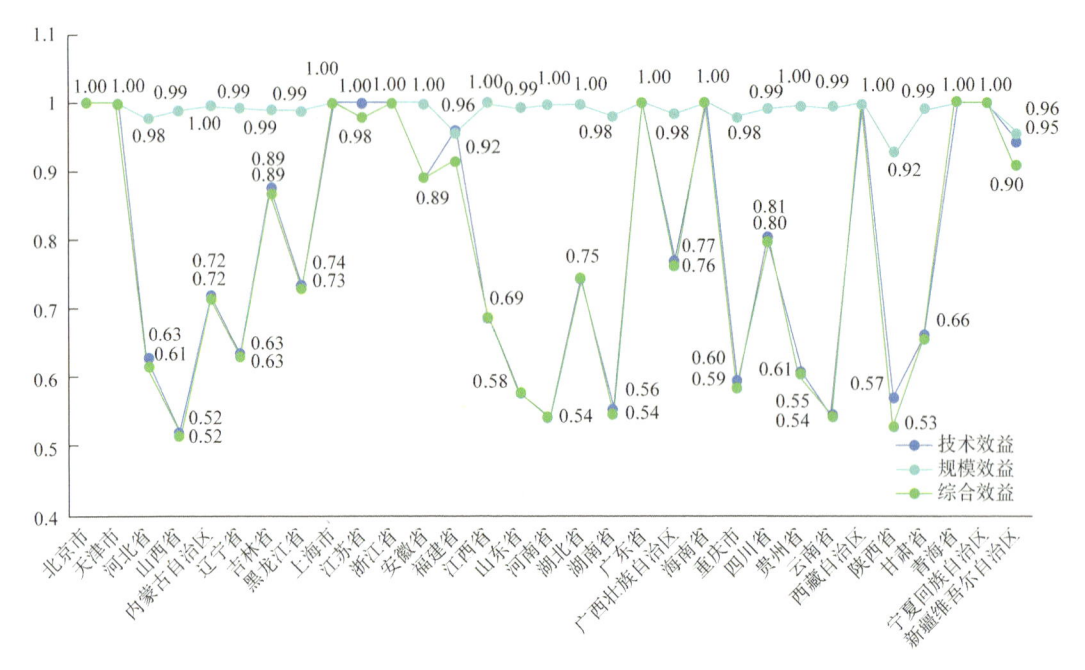

图 9-7 各地区技术效益、规模效益、综合效益折线图

各省市规模报酬系数如表 9-1 所示。规模报酬系数等于 1 则说明规模收益不变（最优状态），如北京市、天津市、上海市。规模报酬系数小于 1 说明规模收益递增，即创新投入规模过小可扩大规模增加效益，如河北省、陕西省。规模报酬系数大于 1 说明规模收益递减，即创新投入规模过大可减少规模增加效益，如吉林省、黑龙江省、广西壮族自治区、四川省。

表 9-1 规模报酬分析

地区	规模报酬系数	类型
北京市	1.000	规模报酬固定
天津市	1.000	规模报酬固定
河北省	0.704	规模报酬递增
山西省	0.940	规模报酬递增
内蒙古自治区	1.102	规模报酬递减
辽宁省	0.641	规模报酬递增
吉林省	1.468	规模报酬递减
黑龙江省	1.483	规模报酬递减
上海市	1.000	规模报酬固定
江苏省	1.292	规模报酬递减

续表

地区	规模报酬系数	类型
浙江省	1.000	规模报酬固定
安徽省	1.142	规模报酬递减
福建省	1.798	规模报酬递减
江西省	0.983	规模报酬递增
山东省	0.729	规模报酬递增
河南省	0.946	规模报酬递增
湖北省	0.736	规模报酬递增
湖南省	0.444	规模报酬递增
广东省	1.000	规模报酬固定
广西壮族自治区	2.149	规模报酬递减
海南省	1.000	规模报酬固定
重庆市	1.297	规模报酬递减
四川省	3.077	规模报酬递减
贵州省	1.614	规模报酬递减
云南省	1.372	规模报酬递减
西藏自治区	1.000	规模报酬固定
陕西省	0.427	规模报酬递增
甘肃省	1.342	规模报酬递减
青海省	1.000	规模报酬固定
宁夏回族自治区	1.000	规模报酬固定
新疆维吾尔自治区	2.549	规模报酬递减

除上述结果外，SPSSAU 的 DEA 分析还提供了投入冗余分析，即各地区、各项投入变量的投入冗余率、产出不足率。投入冗余率指"过多投入"与已投入的比值，该值越大意味着"过多投入"越多。例如，福建省企业研发人员投入冗余 32%。产品不足率指"产出不足"与已产出的比值，该值越大意味着"产出不足"越多。例如，广西、新疆的人均 GDP 产出不足。受限于篇幅不再详细展示投入冗余率和产出不足率的结果表。

第三节　应用案例：基于数据包络分析的炼厂效率评价

DEA 方法可以有效地评估多种投入、多种产出时企业的效率。采用 DEA 方法分析炼厂效率是一个比较成熟的应用。本节选取的案例论文题为"Assessment of oil refinery performance：Application of data envelopment analysis-discriminant analysis"（炼油厂绩效评估：数据包络分析和判别分析的应用），发表在 Resource Policy 期刊（SCI，影响因子 8.22）。该论文采用数据包络分析方法考察了炼油厂的运营效率，使用由全球 4 个地区（美国和加拿大、欧洲、亚太地区、非洲和中东)的数据,检验了炼油厂效率的地区差异以及随时间变化趋势。

一、研究背景

炼油厂在油气行业至关重要,其生产的石化产品是很多工业部门和终端用户的必需品。在过去的几十年里,由于用户需求变化、环境法规趋严等原因,炼油厂产品市场发生了重大变化。尽管全球炼油技术较为成熟,成品油需求旺盛,但近几年受原材料价格上涨、税收增加等因素影响,炼油厂利润率不断下降。为了适应全球市场的变化,炼油厂需要对生产经营流程进行优化,提升运营效率。

炼油厂的生产经营活动是一套复杂的工艺流程的组合,其复杂性取决于以下因素:产品需求、当地经济、环境法规、原油成分等。炼油厂盈利能力的主要影响因素包括原油等原材料价格、销售其产品的区域市场特征、炼油作业、工艺能力、工艺复杂性、炼油行业结构、炼油公司的经营效率等。本文使用2008年至2017年期间696家全球炼油厂组成的不平衡面板数据集,调查美国和加拿大、欧洲、亚太、非洲和中东4个地区的精炼厂的运营效率,并且基于效率评估讨论了各个地区炼厂发展的政策建议。

二、研究过程

研究使用的数据是各地区炼厂的不平衡面板数据,数据来源是标普公司Capital IQ Platform数据库。采用两种方法考察炼油厂效率:DEA模型用于效率评估、DEA-DA模型(数据包络分析与判别分析相结合)用于群体分类和排名。

1. 投入产出界定

炼油厂效率评估的投入有4种,产出有3种,总结如下。

(1)炼油厂投入。

投入1:员工数量。员工数量反映炼油厂生产经营中的劳动力投入,是衡量炼厂规模的重要指标。

投入2:资产总额。总资产包括炼油厂资产负债表中投资、现金、设备、应收账款和其他资产的总金额,反映炼油厂的经济实力。一般而言,资产越大产生的利润越多。

投入3:现金和短期投资。现金和短期投资是流动性很强的资产,现金和短期投资总额反映炼油厂拥有的可以随时迅速使用的资金水平,较高的现金和短期投资总额能够帮助炼油厂对冲未来利润波动。

投入4:负债总额。负债总额包括长期负债和短期负债,反映公司利用外部融资获得资金的能力。负债总额越高财务风险相对越高。

(2)炼油厂产出。

产出1:营业收入。营业收入反映炼油厂在一定时期内从某一特定领域的产品和服务销售中获得的总金额,是反映炼油厂经营效果最重要的指标之一。

产出2:净利润。净利润是总收入与总成本的差额,反映炼油厂在一定时期的净收益。净利润增长表明股东权益增长。

产出3:企业总价值(TEV)。企业总价值是炼油厂整体经济价值的综合考量,其计算方法是股票的市场价格乘以流通在外的股票总数。企业总价值是制定收购决策的重要指标。

2. 描述性统计

研究共采用了696个炼油厂作为样本，各地区样本的投入、产出描述性统计结果如表9-2所示。2008年，亚太地区炼油厂投入、产出要素均远超其他3个地区，主要是因为中国、印度等地区成品油市场需求旺盛，炼油厂扩大产能以满足市场需求。2014—2017年，美国和加拿大地区炼油厂投入、产出要素最高，主要原因是2014年以来美国页岩油革命带来了北美地区炼油市场的增长。

表9-2 4个研究地区炼厂投入、产出描述性统计

年份		产出			投入			
		净利润	营业收入	企业总价值	人员数量	资产总额	现金和短期投资	负债总额
		百万美元	百万美元	百万美元	千人	百万美元	百万美元	百万美元
2008	美国和加拿大	151.3	10711.2	1625	2760.7	2795.4	109.7	747.2
	欧洲	59	5674.2	1711	1472.2	2004	123.7	542.2
	亚太	418.3	14331.7	5691.9	5417.4	7922	603.7	2421.4
	非洲和中东	63.5	4705.3	948.1	937.9	1636.5	312.9	466.1
	平均	267.2	11171.1	3629.9	3728.5	5193.3	399.4	1550.7
2009	美国和加拿大	38.2	2547.7	790.7	879	1039.9	59.3	289.6
	欧洲	225.5	9074.4	4586.6	6061.3	6417.5	262.7	1959.7
	亚太	67.6	7789	2391	3532.9	3438.1	471.8	1254.8
	非洲和中东	102.3	3168.8	990.3	922.5	1549.5	303.6	521.2
	平均	85.6	5813.5	1983.2	2675.7	2838.7	324.9	966.3
2010	美国和加拿大	76.1	11611.1	2704.9	2796	4675.9	469.6	1022.6
	欧洲	230	10147	3789.2	4978.8	5943.8	311.6	1542.8
	亚太	161.1	8453.5	3033.1	3332.6	4565.6	438	1435.4
	非洲和中东	94.9	5218.5	3637.4	1505.3	4068.3	544.7	1673.6
	平均	141.4	8815.1	3167.3	3138.7	4694.1	445.2	1402.2
2011	美国和加拿大	355.5	16002.6	2553	3551.2	5360.8	416.9	964.8
	欧洲	153.3	10258.3	2418.7	4132.8	4772.9	265.3	1306.2
	亚太	300.2	13587.5	3773.6	3699.6	7453.6	434.8	2492.8
	非洲和中东	83.9	4857.8	2151.6	1244.5	2840.5	170	1102.4
	平均	265.6	12551.7	3047.6	3351.9	5897.3	370.9	1739
2012	美国和加拿大	638.9	24897.1	5532.8	4240.1	7712.6	791.8	1237.1
	欧洲	154.8	13141.4	3114.4	4350	5547	299.5	1346.9
	亚太	166.6	15580.4	4970.4	3884.5	8137.7	438.2	2788.6
	非洲和中东	79.9	4841.8	1900	980.6	2581.1	223.7	1134.9
	平均	276.4	15718.6	4310.4	3459.2	6636.8	476.5	1880.3

续表

年份		产出			投入			
		净利润	营业收入	企业总价值	人员数量	资产总额	现金和短期投资	负债总额
		百万美元	百万美元	百万美元	千人	百万美元	百万美元	百万美元
2013	美国和加拿大	596.5	28504.8	7770	4489.2	9004.8	903.9	1314.4
	欧洲	152	12704.4	3521.2	5865.2	6249.7	327.2	1227.8
	亚太	165.5	14239.7	3725.8	3725.8	7027.6	366.5	2320.8
	非洲和中东	63	3486.2	1234.6	729.4	1720.5	197.6	592.4
	平均	265.6	16254.1	4407.5	3618.2	6633	482.7	1671.1
2014	美国和加拿大	564.1	20873.1	6388.7	4094.1	7427.7	625.8	1488.6
	欧洲	30.9	5967.3	2979.6	1879.7	3065	117.4	848.2
	亚太	108.9	11925.9	3171.5	2931.8	6296.1	495.9	2277.5
	非洲和中东	75.6	2720.6	1239.3	1041.8	1361.5	190.9	448.2
	平均	271.7	13570.7	4067.4	3022.7	5795.3	479.8	1626.5
2015	美国和加拿大	838.1	19835.8	9706.8	6012.2	10721.8	770.2	2307.8
	欧洲	252.3	8602.6	3386.8	4412.9	4707.9	592.3	1245.2
	亚太	49.1	3452.7	1468.5	1235.5	1620.5	146.5	493.3
	非洲和中东	97.5	1784.2	1239.4	885.9	1125.6	126.8	392.5
	平均	280.5	7891	3726.4	2763.7	4192.4	354.6	1022.7
2016	美国和加拿大	379.9	17426.9	10694	5916.4	11748.1	900.1	2817.8
	欧洲	392.4	7132.1	3433.9	4291.3	4655.8	502.3	1002.7
	亚太	71	2877.4	1262.9	1262.5	1606.1	161.4	424.3
	非洲和中东	78.6	1779.9	1191.1	972.8	1572	198.6	553.4
	平均	182.3	6442.6	3614	2630.6	4235.1	375.5	1051.3
2017	美国和加拿大	1026.1	22248.6	14951.9	6611.3	14869.3	997.7	3627.1
	欧洲	467.7	9330.4	4646.2	4126.4	5316.7	603.9	911.6
	亚太	311.5	8054.9	5993.2	6069.6	7436.7	629.5	2232.6
	非洲和中东	116.2	2215.3	1358.8	940.3	1649.4	241.8	587.4
	平均	435.8	9934.7	6738.3	4986.8	7571.4	627.3	2040.3

3. 模型构建

(1) DEA 模型。

DEA 方法是一种评估企业效率水平的整体方法。决策单元(DMU)使用多种投入和产出来生产商品和服务。本研究在规模报酬可变假设下应用了投入导向的 DEA 模型，该模型通过减少投入来产生一定数量的产出，并从效率得分中剔除某个规模经济或不经济的决策单元。

模型中的数据符号及其含义如下：

1) $X_j = (x_{1j}, x_{2j}, \cdots, x_{mj})^T$：第 j 个决策单元投入的列向量，投入要素共有 m 个。T 表示矩阵转置。

2) $Y_j = (y_{1j}, y_{2j}, \cdots, y_{sj})^T$：第 j 个决策单元产出的列向量。产出要素共有 s 个。

除了上述作为观测数据集给出的生产要素外，本研究还使用了以下未知变量，这些变量通过应用 DEA 进行测量：

3) $d_i^x \geqslant 0$：第 i 个投入要素 $(i=1, 2, \cdots, m)$ 的未知松弛变量；

4) $d_r^y \geqslant 0$：第 r 个产出要素 $(i=1, 2, \cdots, s)$ 的未知松弛变量；

5) $\lambda = (\lambda_1, \lambda_2, \cdots, \lambda_n)^T$：表示强度和结构变量的未知列向量；

6) ε：由研究者指定的很小的常数，本文 $\varepsilon = 0.0001$。

研究采用的投入导向 DEA 模型如下

$$\min \theta + \varepsilon \left[\sum_{i=1}^{m} d_i^x + \sum_{r=1}^{s} d_r^y \right] \tag{9-11}$$

$$\text{s.t.} \begin{cases} \sum_{j=1}^{n} x_{ij} \lambda_j + d_i^x = \theta x_{ij} (i=1, 2, \cdots, m) \\ \sum_{j=1}^{n} y_{ij} \lambda_j - d_r^y = y_{rj} (r=1, 2, \cdots, s) \\ \sum_{j=1}^{n} \lambda_j = 1 \\ \lambda_j \geqslant 0 (j=1, 2, \cdots, n), \ d_i^x \geqslant 0 (r=1, 2, \cdots, s) \end{cases}$$

（2）DEA-DA 模型。

数据包络分析（DEA）是一种管理科学技术，判别分析（DA）是一种统计方法论。DEA-DA 是一种研究工具，它结合了管理和统计方法，在抽样数据中预测群体成员。本研究采用了 DEA-DA 模型，并将所有决策单元按照以下模型规定分为高效组（E）和低效组（IE）。

$$\min. M \sum_{j \in E} Z_j + \sum_{j \in IE} Z_j \tag{9-12}$$

$$\text{s.t.} \begin{cases} -\sum_{i=1}^{m} v_i x_{ij} + \sum_{r=1}^{s} w_r y_{rj} + \sigma + M z_j \geqslant 0, \ j \in E \\ -\sum_{i=1}^{m} v_i x_{ij} + \sum_{r=1}^{s} w_r y_{rj} + \sigma - M z_j \leqslant -\varepsilon, \ j \in IE \\ \sum_{i=1}^{m} v_i + \sum_{r=1}^{s} w_r = 1, \ v_i \geqslant \varepsilon \zeta_i, \ i=1, 2, \cdots, m, \ w_r \geqslant \varepsilon \zeta_r, \ r=1, 2, \cdots, s \\ \sum_{i=1}^{m} \zeta_i = m, \ \sum_{r=1}^{s} \zeta_r = s, \ v_i \geqslant 0, \ w_r \geqslant 0 \end{cases}$$

式中　Z_j——被分到错误类别的决策单元数量；

m、ε——预先指定的常数。

模型的目标函数是 Z_j 最小化。在这种分类中，低效组(IE)的优先级低于高效组(E)。因此，在目标函数中高效组的前面增加系数 M。高效组和低效组的判别得分分别为：$-\sigma(j \in E)$ 和 $-\sigma-\varepsilon(j \in IE)$。决策单元根据判别函数 $(-\sum_{i=1}^{m} v_i x_{ij} + \sum_{r=1}^{s} w_r y_{rj} + \sigma)$ 进行分类。位置权重 v_i 和 w_r 表示判别函数的斜率，均大于0。

将上述模型应用于炼油厂数据，得到最优方案并计算第 j 个决策单元(此处为炼油厂)的得分为

$$\rho_j = -\sum_{i=1}^{m} v_i^* x_{ij} + \sum_{r=1}^{s} w_r^* y_{rj} + \sigma^*, \quad j = 1, 2, \cdots, n \tag{9-13}$$

基于 ρ_j，按照以下步骤计算炼油厂的调整后效率得分：

1) 找到 ρ 的最大值和最小值，分别记为 $max_j \rho_j$ 和 $min_j \rho_j$

2) 计算最大值和最小值的差

如果 $min_j \rho_j$ 大于等于0：$range(A) = max_j \rho_j - min_j \rho_j$，

如果 $min_j \rho_j$ 小于0：$range(B) = max_j \rho_j + |min_j \rho_j|$，

3) 第 j 个决策单元调整后的效率得分为：

如果 $min_j \rho_j$ 大于等于0：$Efficnecy = [\rho_j - min_j]/range(A)$

如果 $min_j \rho_j$ 小于0：$Efficnecy = [\rho_j + min_j]/range(B)$

(3) 秩和检验。

秩和检验又称顺序和检验，是一种非参数检验。它不依赖于总体分布的具体形式，应用时可以不考虑被研究对象为何种分布以及分布是否已知，因而实用性较强。秩和检验是通过将所有观察值按照从小到大的次序排列，每一观察值按照次序编号，称为秩。对两组或多组观察值分别计算秩和进行检验。如拒绝原假设，说明各组的总体分布位置不同或不全相同。

本文采用 Kruskal-Wallis 秩和检验方法检验不同区域、不同时期的炼油厂效率是否有相同的分布。Kruskal-Wallis 检验的基本思想就是用所有观测值的排名代替原始观测值进行单因素方差分析，其检验统计量为 H 值。将所有炼油厂按照其平均调整后的效率得分进行降序排列，作为检验的数据集。

令 R_{jt} 表示第 j 个炼油厂在第 t 个区域(或年份)的排名。所有炼油厂在第 t 个区域(或第 t 个时期)内排名之和为

$$R_t = \sum_{j=1}^{n} R_{jt} \tag{9-14}$$

其中，n 表示 t 区域（或 t 时期）炼油厂的数量。

Kruskal-Wallis 检验的数学表达式如下：

$$H = \frac{12}{N(N+1)} \sum_{t=1}^{T} \frac{R_t^2}{n} - 3(N+1) \tag{9-15}$$

式（9-15）中，N 表示所有区域或时期炼油厂的数量之和。统计量 H 服从卡方分布，自由度为 $T-1$。如果多个炼油厂排名相同，H 统计量需要进行如下调整：

$$H^c = \left\{ \frac{12}{N(N+1)} \sum_{t=1}^{T} \frac{R_t^2}{n} - 3(N+1) \right\} / \left(1 - \frac{\sum q}{N^3 - N}\right) \tag{9-16}$$

其中，$q = z^3 - z$，z 表示排名相同的炼油厂个数。对 H 进行检验，如果 p 值小于 0.05，拒绝 H_0，接受 H_1，认为不同区域或者时期的炼油厂效率具有显著差异。

三、研究结果

基于 DEA 模型计算出的炼油厂效率得分如表 9-3 所示。从地区来看，炼油厂效率得分最高的是美国和加拿大，其中有 46 家企业的效率得分为 1，有 61 家炼油厂的效率得分低于 0.5，这些企业分别占美国和加拿大样本的 26% 和 34%。欧洲的公司数量最少，有 4 家炼油厂是完全高效的，效率得分为 1，有 42 家欧洲公司的效率得分低于 0.5，分别占欧洲样本的 6% 和 64%。亚太地区是样本中炼油厂数量最多的地区，该地区只有 40 家炼油厂是高效的，有 208 家炼油厂的效率得分低于 0.5，这些炼油厂分别占亚太地区样本的 12% 和 63%。非洲和中东地区有 11 家高效的炼油厂和 56 家得分低于 0.5 的公司，分别占 9% 和 45%。

表 9-3 基于 DEA 的炼厂效率得分统计

地区	效率=1 炼厂数量	占比	0.5<效率<1 炼厂数量	占比	效率 炼厂数量	占比	炼厂总数
美国和加拿大	46	26%	71	40%	61	34%	178
欧洲	4	6%	20	30%	42	64%	66
亚太	40	12%	80	25%	208	63%	328
非洲和中东	11	9%	57	46%	56	45%	124

采用 DEA-DA 方法测算的调整后各地区炼油厂效率得分如图 9-8。据图 9-8 可知，美国和加拿大炼厂效率最高，其次是非洲和中东地区、亚太地区、欧洲。北美炼油厂效率较高得益于页岩气的繁荣，页岩气革命以来，北美的石油公司在炼化领域投入了大量资金，改变了美国在全球石化行业的地位。此外，美国乙烷成本低，提高了美国炼油厂的效率，并使美国生产商具有竞争优势。

表 9-4 是调整后平均效率得分的 Kruskal-Wallis 秩和检验结果。检验 1 的零假设是调整效率测度均匀分布于 4 个区域，检验 2 的零假设是整效率得分均匀分布于研究期的 10 年。据表 9-4 可知，检验 1 的 p 值为 0.002，低于 0.05 的检验标准，因此拒绝零假设，即 4 个区域的炼厂平均调整效率得分是有显著差异的。检验 2 的 p 值为 0.646，大于 0.05，接受原

图 9-8 基于 DEA-DA 方法测算的各地区调整后炼厂效率得分

假设,即调整后平均效率在 2008—2017 年均匀分布,时间维度上没有显著差异。

地区之间炼油厂效率存在显著差异的原因可能是炼油厂类型、技术复杂性水平和产能之间的差异。美国拥有先进的炼油技术,以及限制性的环境法规,这使美国炼油厂在适应全球市场变化和要求方面具有竞争优势。亚太地区成品油需求旺盛,炼油厂投资较多,炼化生产经营活跃。非洲和中东开始通过许多合资企业整合其炼油厂,以便在国内生产更复杂的炼油和石化产品,提高炼油效率。

表 9-4 Kruskal-Wallis 秩和检验结果

	自由度	H 统计量	临界值	p 值
Test1	3	14.34	7.815	0.002
Test2	9	6.918	16.919	0.646

四、主要结论

案例研究使用 DEA 和 DEA-DA 方法分析了 4 个地区(美国和加拿大、亚太地区、非洲和中东以及欧洲)696 家炼油厂的运营效率,并使用 Kruskal-Wallis 秩和检验来检验 4 个区域平均效率指标是否存在差异,以及炼油厂效率随时间的变化。结果表明,美国和加拿大的表现优于其他 3 个地区,而后是非洲和中东、亚太地区、欧洲。4 个地区之间存在统计学上的显著差异,而时间维度上研究期内炼油厂平均效率未发生显著变化。

第十章 层次分析法

本章以及第十一章、第十二章介绍3种常用的综合评价方法。综合评价是管理科学领域最经典的问题之一。综合评价也叫多指标综合评价、多目标综合评价，是指使用比较系统的、规范的方法对于多个指标、多个单位同时进行评价的方法。综合评价方法很多，根据赋权方法可以大致分为两类：主观赋权方法和客观赋权方法。主观赋权方法是指评价者根据经验主观确定指标权重的方法，如专家打分法、德尔菲法、层次分析法等，客观赋权法是指根据数据特征采用一定的统计方法计算出指标权重，如熵权法、变异系数法、主成分分析法等。

层次分析法是一种基于主观赋权的多指标综合评价方法。在现实中的多指标综合评价问题中，评价对象经常具有属性多样、结构复杂、难以量化等特征，采用同层次赋权方法难度较大。层次分析法通过建立多要素、多层次评价系统，采用定性和定量相结合的方法将评价信息转化为数学模型，使复杂问题清晰化。层次分析法广泛应用于各领域的多目标决策中，在石油领域的应用包括但不限于安全评价、工程评标、项目优选、措施评价、企业评价等方面。

第一节 层次分析法介绍

一、层次分析法概述

层次分析法（Analytic Hierarchy Process，AHP）将与决策有关的元素分解成目标、准则、方案等层次，在对复杂的决策问题的本质、影响因素及其内在关系等进行深入分析的基础上，利用较少的定量信息使决策的思维过程数学化，从而为多目标、多准则或无结构特性的复杂决策问题提供简便的决策方法。

层次分析法由美国著名运筹学家托马斯·萨帝（T. L. Saaty）于20世纪70年代初提出。1972—1973年，萨蒂在研究美国工业部门电力分配问题、苏丹运输规划问题中探索建立了层次分析法。1977年，萨蒂在第一届国际数学建模会议上发表了"无结构决策问题建模——层次分析法"，引起了各界广泛关注。层次分析法的分析过程非常符合人的决策思维过程：将复杂问题分解成若干层级、对各层级问题进行判断和比较、将比较结果进行综合分析、根据综合分析结果进行决策。层次分析法用数字表达人的主观偏好，并将定性判断与定量分析相结合，为科学决策提供依据。与其他基于专家打分的综合评价方法相比，层次分析法的特征是采取了层次结构和相对标度，降低了打分的复杂度，可以解决更加复杂的问题。

层次分析法的思路是求得每一层次的各元素对上一层次某元素的优先权重，最后再加权和的方法递阶归并各备择方案对总目标的最终权重，此最终权重最大者即为最优方案。层次分析法中的"优先权重"是一种相对的量度，它表明各备选方案在某一特点的评价准则或子目标，标下优越程度的相对量度，以及各子目标对上一层目标而言重要程度的相对量度。层次分析法比较适合于具有分层交错评价指标的目标系统，而且目标值又难以定量描述的决策问题。

二、层次分析法建模步骤

层次分析法是将决策问题按总目标、各层子目标、评价准则直至具体的备择方案的顺序分解为不同的层次结构，然后再用求解判断矩阵特征向量的办法，求得每一层次的各元素对上一层次某元素的优先权重，最后再用加权和的方法递阶归并各备择方案对总目标的最终权重，此最终权重最大者即为最优方案。层次分析法的建模步骤可以概括为：建立层次结构、构建判别矩阵、明确各级权重。

1. 分析决策问题的各个因素，建立层次结构模型

一个好的层次结构对于解决问题是极为重要的，因而层次结构必须建立在决策者对所要面临的问题有全面深入的认识基础上。首先将评价问题的因素分解为决策的总目标、分目标、子目标，并按照最高层、中间层和最底层的形式排列，在此基础上绘制层次结构模型。

图 10-1 是一个序列目标层次结构模型。其中，最高层是目标层，只有一个元素，表示决策的目的。合理确定决策目标是决策问题关键，对目标的描述要清晰明确，避免模糊笼统。中间层是分目标层，表示决策时要考虑的因素，或者决策分目标。最底层是子目标层，或称方案层，表示解决这个问题的备选方案。序列目标层次结构模型中，一个子目标仅与一个分目标产生关联。

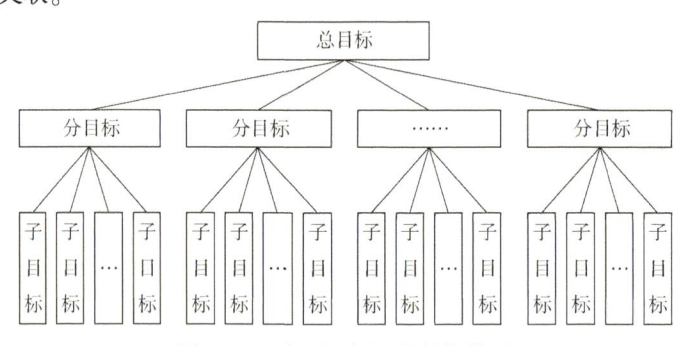

图 10-1 序列目标层次结构模型

除了序列目标层次结构模型外，层次分析法的结构模型还包括递阶层次结构模型（图 10-2）。递阶层次结构中的层次数与问题的复杂程度及需要分析的详尽程度有关，一般的层次数不受限制。每一个层次中各元素所支配的元素一般不超过 9 个。递阶层次结构具有以下特征：除第一层以外，每个元素受至少一个上一层元素支配；除最后一层外，每个元素至少支配一个下一层元素；递阶层次结构中层次数量没有限制，每个层次的元素数量一般不超过 9 个，如果大于 9 可能会给两两比较带来困难；对于某些具有子层次的结构可引入虚拟元素，使之成为递阶层次结构。

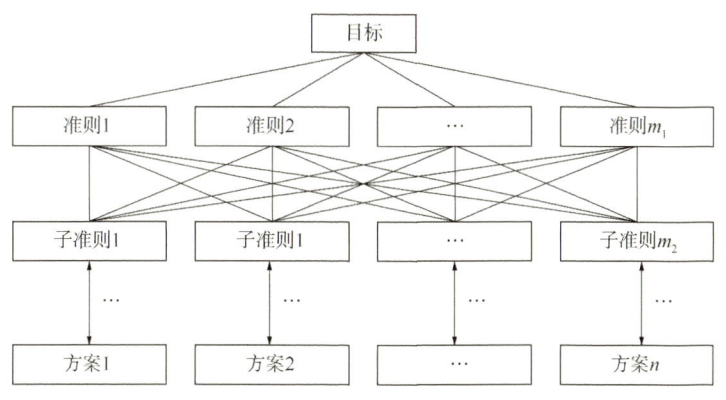

图 10-2　递阶层次结构模型

层次分析法中，各级目标确定的合适与否对决策效果影响极大。一个好的目标应该具有针对性、具体性、系统性、可控性、规范性。其中，针对性是指目标要找准问题的主脉，在充分诊断、分析的基础上选择问题的根本原因，归纳出根本性目标。具体性是指目标应该是可以具体衡量的，而不是模糊笼统的。例如，"税后利润增长 20%"是一个具体的目标，而"改变当前困难局面"则不是一个具体目标。系统性是指在确定目标时要全面考虑问题，使系统处于整体协调，并同外部环境保持和谐的最佳状态。例如，建设一个高速公路时，需要考虑的因素除了收益性、安全性以外，还应当考虑对周边环境的影响。可控性是指考虑的因素应当是实现目标的可控基本条件，不可控的因素不应放入到层次结构模型中。规范性是指要在合法合规的基础上制定目标。

2. 对同一层次的各元素重要性进行两两比较，构建比较判断矩阵

（1）构造两两比较的判断矩阵。

上一步构建的层次结构模型可以确定元素之间的隶属关系，假定以某个层次的元素 A_k 为准则，所支配的下一层次的元素为 B_1，B_2，…，B_n。当 B_1，B_2，…，B_n 对于 A_k 的重要性可以直接定量表示时，它们相应的权重就可以直接确定。层次分析法的一个重要特征是对同层次的不同指标进行两两比较，确定指标的相对重要程度。这种两两比较的模式比较符合人们常用的思维方式，因此可行性和准确度相对较高。考虑对于上一层次的因素 A_k，判断 B_i 和 B_j 的重要程度，并对相对重要性赋值。经典的 1-9 标度法赋值方法如表 10-1 所示。

表 10-1 判断矩阵标度及其含义

序号	重要性等级	b_{ij}赋值
1	i、j两个因素同等重要	1
2	i因素比j因素稍重要	3
3	i因素比j因素明显重要	5
4	i因素比j因素强烈重要	7
5	i因素比j因素极端重要	9
6	i因素比j因素稍不重要	1/3
7	i因素比j因素明显不重要	1/5
8	i因素比j因素强烈不重要	1/7
9	i因素比j因素极端不重要	1/9

假定指标 B_i 与 B_j 的相对重要程度为 b_{ij}，则该层次的判别矩阵为

$$\boldsymbol{B} = \begin{bmatrix} b_{11} & b_{12} & \cdots & b_{1n} \\ b_{21} & b_{22} & \cdots & b_{2n} \\ \vdots & \vdots & \ddots & \vdots \\ b_{n1} & b_{n2} & \cdots & b_{nn} \end{bmatrix} \qquad (10-1)$$

矩阵 $\boldsymbol{B}$ 满足如下性质：

① $b_{ij} > 0$

② $b_{ij} = \dfrac{1}{b_{ji}} (i \neq j)$

③ $b_{ii} = 1$

层次分析法的赋值一般通过 3 种方式获得，最常用的是采用专家咨询，此外也可以由决策者或分析者直接指定。

3. 对各层次判断矩阵进行一致性检验

对于判别矩阵 $\boldsymbol{B}$ 而言，如果对于任意的 i、j、k 均有 $b_{ji} \cdot b_{jk} = b_{ik}$，则称该判别矩阵是完全一致性矩阵。在实际情况中，由于问题的复杂性和人们判断问题的局限性，可能导致判断者在判断多个指标的重要程度时出现不一致的问题。例如，判断者认为甲比乙重要，乙比丙重要，而丙又比甲重要。为了保证判别矩阵不存在类似的前后矛盾，需要对判断矩阵进行一致性检验。

根据矩阵理论，如果 λ_1，λ_2，$\cdots$，λ_n 满足式

$$Bx = \lambda x \qquad (10-2)$$

则 λ 为矩阵 $\boldsymbol{B}$ 的特征根，对于所有 $b_{ii} = 1$，有

$$\sum_{i=1}^{n} \lambda_i = n \qquad (10-3)$$

当判断矩阵具有完全一致性时，$\lambda_1 = \lambda_{max} = n$，其余特征根均为 0；当判断矩阵不具有完全一致性时，$\lambda_1 = \lambda_{max} > n$，其余特征根满足如下关系式

$$\sum_{i=2}^{n} \lambda_i = n - \lambda_{max} \tag{10-4}$$

因此，可以通过判断矩阵的特征根变化来检验判断矩阵的一致性程度。层次分析法中，一般采用判断矩阵最大特征根以外其余特征根的负平均值，作为判断矩阵偏离一致性的指标，记为 CI

$$CI = \frac{\lambda_{max} - n}{n - 1} \tag{10-5}$$

CI 值越大，表明判断矩阵偏离完全一致性的程度越大；CI 值越小，表明判断矩阵的一致性越好；CI=0 时，判断矩阵具有完全一致性。判断矩阵具有完全一致性是一种理想情况，现实情况中一般根据 CI 值与随机一致性指标 RI 的比值检验判断矩阵的一致性程度。对于 1-9 阶判断矩阵，随机一致性指标 RI 如表 10-2 所示。

表 10-2 平均随机一致性指标

1	2	3	4	5	6	7	8	9
0.00	0.00	0.58	0.90	1.12	1.24	1.32	1.41	1.45

判断矩阵一致性指标 CI 与随机一致性指标 RI 的比值成为随机一致性比率，记为 CR

$$CR = \frac{CI}{RI} \tag{10-6}$$

当 CR<0.10 时，判断矩阵具有较强的一致性，可以基于此判断矩阵进行层次排序和决策。如果 CR≥0.1，则需要对判断矩阵进行调整，直至达到满意的一致性。

4. 层次单排序

层次单排序是指根据判断矩阵计算对于上一层某个因素来说，本层次各个指标的重要程度。层次单排序可以通过计算判断矩阵的最大特征根和特征向量得到。计算步骤如下。

（1）计算判断矩阵每一行因素的乘积 M

$$M_i = \prod_{j=1}^{n} b_{ij}, \quad i = 1, 2, \cdots, n \tag{10-7}$$

（2）计算 M_i 的 n 次方根 $\overline{W}_i$

$$\overline{W}_i = \sqrt[n]{M_i} \tag{10-8}$$

（3）对向量 $\overline{W} = [\overline{W}_1, \overline{W}_2, \cdots \overline{W}_n]^T$ 进行归一化处理

$$W_i = \frac{\overline{W}_i}{\sum_{j=1}^{n} \overline{W}_j} \tag{10-9}$$

则 $W = [W_1, W_2, \cdots W_n]^T$ 即为所求的特征根向量。

（4）计算判断矩阵的最大特征根 λ_{max}

$$\lambda_{max} = \sum_{i=1}^{n} \frac{(AW)_i}{nW_i} \tag{10-10}$$

其中，A 表示判断矩阵，$(AW)_i$ 表示向量 AW 的第 i 个分量。

5. 层次总排序

将层次结构模型中的各个层级按照从上到下的顺序依次计算单层次排序，可以计算出每个层级的指标对于上一层指标的相对重要程度，据此可以计算出最底层因素相对于最高层评价目标的重要程度总排序。假定上一层次所有因素 A_1，A_2，…，A_m 的排序已经完成，得到的权重分别为 a_1，a_2，…，a_m。与 A_i 对应的下一层因素分别为 B_1，B_2，…，B_n，单层次排序得到的权重分别为 b_1^i，b_1^i，…，b_n^i。则层次总排序如表 10-3 所示。

表 10-3 层次总排序

层次	A_1	A_2	…	A_m	B 层次的
	a_1	a_2	…	a_m	总排序
B_1	b_1^1	b_1^2	…	b_1^m	$\sum_{i=1}^{m} a_i b_1^i$
B_2	b_2^1	b_2^2	…	b_2^m	$\sum_{i=1}^{m} a_i b_2^i$
⋮	⋮	⋮	⋮	⋮	⋮
B_n	b_n^1	b_n^2	…	b_n^m	$\sum_{i=1}^{m} a_i b_n^i$

显然，上表中 $\sum_{j=1}^{n} \sum_{i=1}^{m} a_i b_j^i = 1$。

6. 基于层次排序结果对备选方案进行评估和决策

通过计算得到层次结构模型中底层的指标对总目标的重要程度排序和权重后，可以通过权重大小对备选方案进行排序。可以采用专家打分法对各个备选方案在底层指标方面的表现进行打分，而后进行加权平均计算得到备选方案的总得分。加权总得分最高的即为最优方案。

三、层次分析法的优缺点

1. 层次分析法的优点

（1）以系统思维方式解决复杂问题。

层次分析法将复杂问题转化为一个系统，按照系统分解、元素比较、综合评价的方式寻找最优方案，是区别于机理分析、统计分析的重要分析方式。系统的思维方式就是将复杂问题具体化、层次化，逐步明确影响因素，阐述影响因素之间的关系以及各个因素对结果的影响。层次分析法中的每一层权重设置都会直接影响决策结果，且每个因素对结果的影响都是可以量化的，非常适合多目标、多准则的复杂决策问题。

(2)定性与定量分析相结合。

层次分析法综合运用了定量与定性方法，将人们在分析复杂问题时的思维过程数学化，适用范围广、简单易行。通过构建判别矩阵，将多目标、多准则、难以全部量化的决策问题转化为单层次、两两对比问题，并采用数学运算将两两比较结果转化为单层次权重、总层次权重，计算过程相对简便，所得结果清晰明确，对决策具有直接的指导作用。

(3)所需定量数据信息较少。

层次分析法的建模过程模拟了人们制定决策的过程，需要的主要数据是评价者对各要素相对重要性的判断，是基于评价者对问题的认识、对各项要素的理解做出的定性分析和判断。层次分析法将复杂问题化为简单的权重进行计算。这种思想能处理许多用传统的最优化技术无法着手的实际问题。

2. 层次分析法的缺点

层次分析法的缺点主要有以下几个方面。一是，层次分析法只能从备选方案中选择出相对较优的方案，而不能产生新的备选方案。二是，如果指标过多，则层次分析法的计算难度较大，一致性检验可能难以通过，使得计算权重具有较大的难度。三是，特征值和特征向量的精确求法比较复杂，在求判断矩阵的特征值和特征向量时，随着指标的增加，阶数也随之增加，在计算上也变得越来越困难。

第二节　层次分析法软件操作

层次分析法可以通过 SPSSAU、Matlab、R、Expert Choice 等软件计算，也可以采用 Excel 创建函数进行计算。本节介绍基于 Excel 的层次分析法软件操作。

一、确定层次结构

假定以下情形：政府要对辖区内的企业进行综合评价，通过讨论和分析，决定从财务、管理、社会 3 个方面考察企业的综合效益。其中，财务效益要从盈利能力、偿债能力、资产价值、增长能力 4 个角度考察，管理效益要从内部控制、计划决策、基础管理 3 个角度考察，社会效益从环境保护和安全生产两个角度考察。根据上述情形构建的企业效益综合评价模型层次结构如图 10-3 所示。

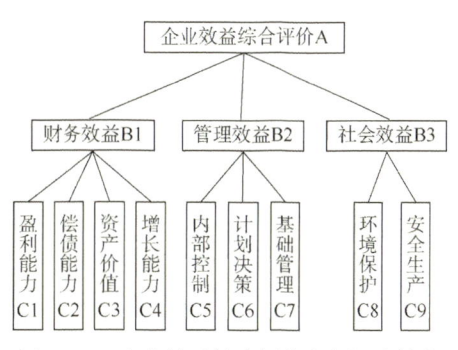

图 10-3　企业效益综合评价案例层次结构

二、输入判别矩阵

选择专家考察各个元素对上一层级的相对重要程度，按照表 10-1 的标准进行打分。按照层次结构，依次评价 B1-B3 对 A 的相对重要程度、C1-C4 对 B1 的相对重要程度、C5-C7 对 B2 的相对重要程度、C8-C9 对 B3 的相对重要程度。在 Excel 中输入打分结果(图 10-4)。

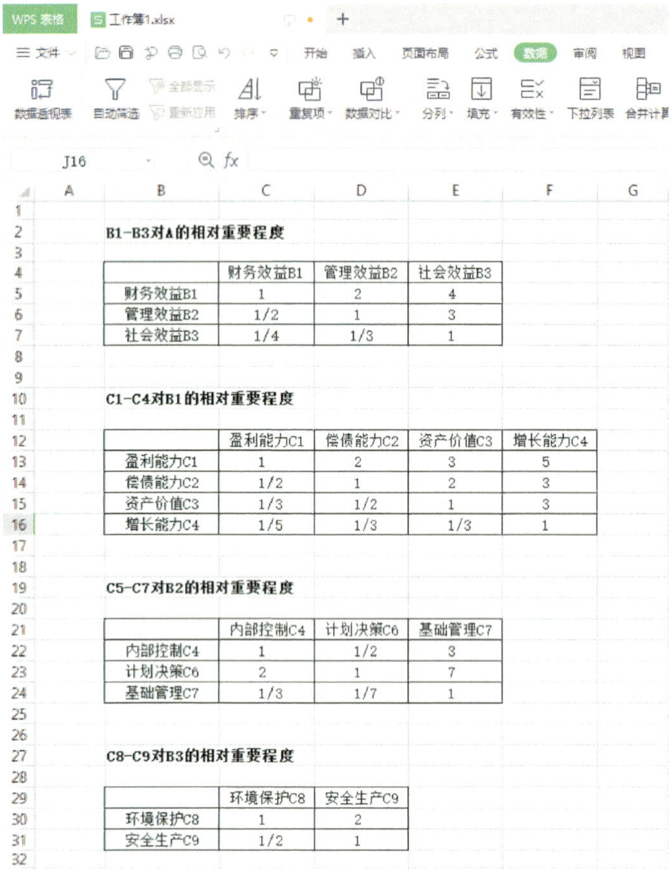

图 10-4　在 Excel 中输入各级判别矩阵

三、判断矩阵一致性检验

对专家打分得到的 4 个判别矩阵进行一致性检验。以 B1—B3 对 A 的相对重要程度判断矩阵为例。

在 F5 输入函数"=POWER(PRODUCT(C5：E5)，1/3)"，计算 C5、D5、E5 的几何平均值。将 F5 的公式向下填充至 F6、F7。

选中 G5、G6、G7 单元格，输入数组公式"{=F5：F7/SUM(F5：F7)}"，得到归一化处理后的值，即为正规化特征向量。

选中 H5、H6、H7 单元格，输入数组公式"{=MMULT(C5：E7，G5：G7)}"，得到判断矩阵与正规化特征向量的乘积。

在 I5 单元格输入公式"=SUM(H5：H7)"，得到判断矩阵的最大特征根。

根据式(10—5)，在单元格 J5 中输入公式"=(I5-3)/(3-1)"，计算 CI 值。

根据式(10—6)，在单元格 K5 中输入公式"=J5/0.58"，计算 CR 值。计算结果如图 10—5 所示。B1—B3 对 A 的判别矩阵的 CR 值为 0.0155，小于 0.1 的临界值，通过一致性检验。同样地，对 C1—C4 的判别矩阵、C5—C7 的判别矩阵、C8—C9 的判别矩阵分别进行上述运算，得到的 CR 值分别为 0.017、0.0023、0，均通过了一致性检验。

	A	B	C	D	E	F	G	H	I	J	K	L	M
1													
2		B1-B3对A的相对重要程度											
3													
4				财务效益B1	管理效益B2	社会效益B3	几何平均	归一化	MW	最大特征根	CI	CR	
5			财务效益B1	1	2	4	2.000	0.558	1.685	3.0180	0.0090	0.0155	
6			管理效益B2	1/2	1	3	1.145	0.320	0.965				
7			社会效益B3	1/4	1/3	1	0.437	0.122	0.368				
8													
9													
10		C1-C4对B1的相对重要程度											
11													
12				盈利能力C1	偿债能力C2	资产价值C3	增长能力C4	几何平均	归一化	MW	最大特征根	CI	CR
13			盈利能力C1	1	2	3	5	2.340	0.479	1.930	4.047	0.016	0.017
14			偿债能力C2	1/2	1	2	3	1.316	0.269	1.091			
15			资产价值C3	1/3	1/2	1	3	0.841	0.172	0.704			
16			增长能力C4	1/5	1/3	1/3	1	0.386	0.079	0.322			
17													
18													
19		C5-C7对B2的相对重要程度											
20													
21				内部控制C4	计划决策C6	基础管理C7	几何平均	归一化	MW	最大特征根	CI	CR	
22			内部控制C4	1	1/2	3	1.145	0.292	0.877	3.0026	0.0013	0.0023	
23			计划决策C6	2	1	7	2.410	0.615	1.847				
24			基础管理C7	1/3	1/7	1	0.362	0.093	0.278				
25													
26													
27		C8-C9对B3的相对重要程度											
28													
29				环境保护C8	安全生产C9	几何平均	归一化	MW	最大特征根	CI	CR		
30			环境保护C8	1	2	1.414	0.667	1.333	2.00	0	0		
31			安全生产C9	1/2	1	0.707	0.333	0.667					
32													

图 10-5 判别矩阵一致性检验

从结果来看，对目标层企业综合效益最重要的因素是财务效益(B1)，权重为 0.558；其次为管理效益(B2)，权重为 0.320；最后为社会效益(B3)，权重为 0.122。类似的，B1、B2、B3 相应的下级元素相对重要程度也可从结果表中得到。

通过层次分析法计算得到的各级指标权重如表 10-4 所示。

表 10-4 各指标权重计算结果

目标层	分目标层	层次权重	子目标层	层次权重	总权重
企业综合效益	财务效益	0.558	盈利能力	0.479	0.267
			偿债能力	0.269	0.150
			资产价值	0.172	0.096
			增长能力	0.079	0.044
	管理效益	0.320	内部控制	0.292	0.094
			计划决策	0.615	0.197
			基础管理	0.093	0.030
	社会效益	0.122	环境保护	0.667	0.081
			安全生产	0.333	0.041

得到指标权重后，可根据公司各项指标值与各指标的权重系数，计算出公司综合效益指标，并根据综合效益指标对公司进行排序和进一步分析。对指标进行量化时需要明确指标量化方法。例如，案例中财务效益一般通过财务报表得到，管理效益和社会效益的测度可采用打分法得到，或通过选择代理变量进行量化。

第三节　应用案例：基于 AHP 的钻井设备维护评估

层次分析法是一种有效的多指标综合评价方法，优点是可以构建多个层级的指标体系，通过指标之间的两两对比逐渐确定指标权重，进而对备选方案进行综合评价并从中选出最优方案。两两对比的方法符合人们判断事物的思考习惯，因此便于专家进行打分。

层次分析法在石油领域的应用已经比较成熟，从方法角度大致可以分为两种，一种是按照层次分析法的流程建立指标体系和评价备选方案，具体流程为：设计指标、两两对比、一致性检验、备选方案评价、评价结果解读。另一种是将层次分析法与其他方法相结合，仅将层次分析法用于确定指标权重，而后采用其他的综合评价方法进行方案必选。常见的组合方法有 AHP+TOPSIS、AHP+模糊数学等。为了详细阐述层次分析法的应用过程，本节选取的案例论文是仅以 AHP 作为核心方法的论文，题目为"A framework for making maintenance decisions for oil and gas drilling and production equipment"（制定石油和天然气钻井和生产设备维护的一种决策框架）。文章发表在 Journal of Natural Gas Science and Engineering 期刊（SCI，影响因子 5.285）。

一、研究背景

点检定期维修管理体系是陆上和海上油田设备维修管理的核心，目前主要采用纠正性维修（CM）、时效性维修（TBM）、检测性维修（DBM）等方式。在油气钻井和生产过程中，绝大多数重大事故和经济损失都是由设备故障和人为因素造成的。根据维修人员的经验，绝大多数设备故障来源于维修管理方法的落后和不科学。常规的维修策略无法帮助维修人员及时地对钻井和生产设备进行维护或更换。此外，没有有效的决策方法和科学的理论模型来指导钻井和生产设备的维护过程。设备维护和管理不善的后果包括修理过剩、修理不足、维修成本较高、修理间隔不合理等。因此，为了提高设备可靠性、简化维修决策过程、确保生产安全，有必要利用数学模型和决策理论为钻井和生产设备维修建立一种新的决策框架。

油气钻井和生产设备与其他行业设备在故障类型和分布、维护方法和成本、可靠性和安全要求等方面都有所不同。油气钻井和生产设备的施工环境和工作条件相对复杂，对安全要求极高，因此应用于其他行业设备的现有维护决策方法和维护策略并不直接适用于钻井和生产设备。有必要针对钻井和生产工艺的特点研究一种新的维修决策方法。根据钻井和生产设备的不同重要程度，提出了一种新的维修决策框架，可以设计出更合理、更有效的维修方法，保证油气钻井生产作业的可靠性和安全性。

二、研究过程

1. 确定评价层次结构

调研显示，影响钻井和生产设备维护工作的因素可以分为 4 类：可靠性因素、经济性因素、监测可用性因素和可维护性因素。这4类又进一步细分为8个影响因素，如图10-6所示。

```
                    ┌─ 故障对人员和环境安全的影响（S）
          ┌─ 可靠性 ─┼─ 故障对系统功能的影响（SF）
          │         └─ 设备平均故障间隔（FR）
          │         ┌─ 维护成本（MC）
评价体系 ─┼─ 经济性 ─┤
          │         └─ 停机成本（DC）
          ├─ 可监测性 ── 设备故障的可监测性（MA）
          │         ┌─ 停机时间（DT）
          └─ 可维护性┤
                    └─ 维护的复杂性（M）
```

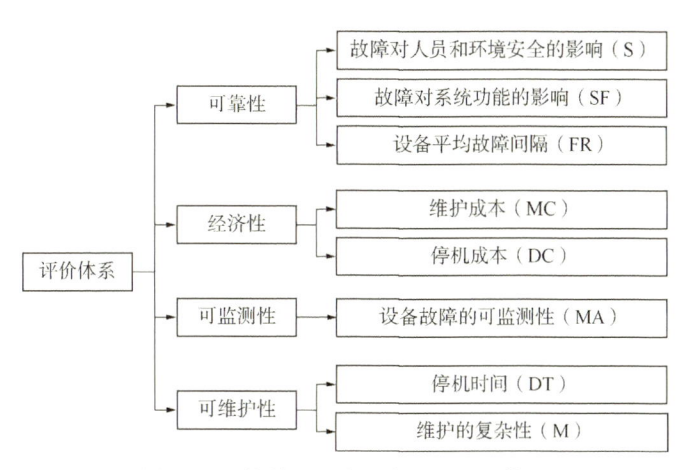

图 10-6 钻井和生产设备维护评价体系

将图10-6中的8个影响因素作为钻井和生产设备维护重要程度的评价指标。为了用数学方法确定各个指标的重要程度，需要定义评分标准来量化各评价指标的相对重要程度。由于设备功能、复杂度等方面的差异，对于不同的设备或系统，评价指标的权重应该是不同的。采用层次分析法中最常用的构建判断矩阵标度方法将各层次的指标进行两两比较（表10-1）。

根据对维护工程师和操作人员的调研，制定了对钻井和生产设备的评价指标量化方法。评价指标的影响程度根据各自的特点分为3~5个等级，采用10分制进行评分。以故障对人员和环境安全的影响为例。在油气勘探开发过程中，设备故障可能会给现场带来一些灾害，如毒气泄漏、火灾、爆炸等。这些灾害会影响人员安全和环境污染。在设备失效的情况下，应考虑其可能的影响程度。当某个设备故障对人员和环境安全没有影响时，S指标取值为0~2；当某个设备故障对人员和环境安全有轻微影响时，S指标取值为3~4；当某个设备故障对人员和环境安全有较大影响时，S指标取值为5~8；当设备故障对人员和环境安全有极大影响时，S指标取值为9~10。类似的，根据指标特征确定图10-6中的8个指标的量化方法，如表10-5所示。其中，设备平均故障间隔、维修成本、停机时间、维修复杂度等数据从油田维修人员操作记录和相关设备数据库中得到。

表 10-5 钻井和生产设备指标量化方法

序号	指标名称	单位	影响程度	得分
1	故障对人员和环境安全的影响(S)	/	没有影响	0~2
			轻微影响	3~4
			较大影响	5~8
			极大影响	9~10

续表

序号	指标名称	单位	影响程度	得分
2	对系统功能的影响(SF)	—	没有影响	0~2
			轻微影响	3~4
			明显下降	5~8
			完全损失	9~10
3	设备平均故障间隔(FR)	小时	>7000	0~2
			3000~7000	3~4
			1000~3000	5~6
			300~1000	7~8
			<300	9~10
4	维修成本(MC)	美元	<1600	0~2
			1600~16000	3~4
			16000~80000	5~6
			80000~160000	7~9
			>160000	10
5	停机成本(DC)	—	非常小	0~2
			小	3~6
			大	7~8
			非常大	9~10
6	故障的可监测性(MA)	—	高	0~4
			低	5~7
			没有监测	8~10
7	停机时间(DT)	小时	<2	0~2
			2~4	3~4
			4~8	5~6
			8~24	7~8
			>24	9~10
8	维修复杂度(M)	工时	<12	0~2
			12~24	3~4
			24~72	5~6
			>72	7~10

2. 计算指标权重

采用 AHP 方法计算指标权重。第一步，构建判断矩阵（判断矩阵的含义参考表 10-1）。调研钻井和生产设备维修工程师，得到 8 个指标两两比较的量化分值，构建判别矩阵如下。

$$D = \begin{bmatrix} 1 & 6 & 7 & 7 & 8 & 8 & 9 & 9 \\ 1/6 & 1 & 7 & 5 & 6 & 6 & 7 & 7 \\ 1/7 & 1/7 & 1 & 1/4 & 1/3 & 1/3 & 1/2 & 2 \\ 1/7 & 1/5 & 4 & 1 & 2 & 3 & 4 & 4 \\ 1/8 & 1/6 & 3 & 1/2 & 1 & 2 & 3 & 2 \\ 1/8 & 1/6 & 3 & 1/3 & 1/2 & 1 & 1/2 & 2 \\ 1/9 & 1/7 & 2 & 1/4 & 1/3 & 2 & 1 & 4 \\ 1/9 & 1/7 & 1/2 & 1/4 & 1/2 & 1/2 & 1/4 & 1 \end{bmatrix}$$

将上面的判断矩阵输入计算软件，可以得到最大特征值为 8.9204。最大特征值对应的特征向量为：W = (0.4696, 0.2345, 0.0289, 0.0950, 0.0627, 0.0401, 0.0458, 0.0236)。

一致性指数 CI 为 0.1315。CR = 0.0923<0.1。因此，通过对 8 个评价指标两两比较构建的判断矩阵 D 符合一致性要求。各个指标的权重如表 10-6 所示。

表 10-6 基于 AHP 计算的指标权重

指标名称	权重	权重排序
对人员安全和环境的影响（S）	0.4696	1
对系统功能的影响（SF）	0.2345	2
设备平均故障间隔（FR）	0.0289	7
维修成本（MC）	0.0950	3
停机成本（DC）	0.0627	4
设备故障的可监测性（MA）	0.0401	6
停机时间（DT）	0.0458	5
维修复杂度（M）	0.0236	8

3. 设备综合打分

根据表 10-5 的指标量化标准，以及表 10-6 得到的指标权重，采用线性加权数学模型，计算出各个钻井和生产设备的维修重要程度综合得分，如式(10-11)。

$$Index = \sum_{i=1}^{n} m_i \alpha_i \tag{10-11}$$

式中　n——指标个数；

　　　m_i——指标得分；

　　　α_i——指标权重。

为降低由于评价人员主观判断带来的偏差，文章综合运用了 AHP 和蒙特卡洛模拟方法对钻井和生产设备维修进行评估。具体过程为：在 AHP 计算出的指标权重基础上，采用蒙特卡洛模拟生成 8 个 0~1 之间的随机数,将其中最大的随机数作为 AHP 计算出的最大权重指标(对人员和安全环境的影响)的权重,而后依次类推,生成的最小随机数作为 AHP 计算出权重最小的指标(维修复杂度)的权重。采用蒙特卡洛模拟重复了 2000 次,得到了 2000 组权重。而后,针对某个钻井和生产设备(如压裂泵),对 8 个指标进行量化得分,将得分乘以蒙特卡洛模拟生成的 2000 组权重,得到该设备维修重要性等级的 2000 个指标,绘制重要性等级的频率分布图,判断该设备的维修管理级别。

4. 案例研究

作为案例,对 4 种井控设备(液压蓄能器、液压泵、吸油滤清器、回油滤清器)的重要性程度进行综合评价,得到的累计频率分布如图 10-7 所示。据图可知,当序列为 8 时,液压蓄能器和液压泵的累积频率均达到 1。在达到 8 之前,液压蓄能器的累积频率比液压泵的累积频率增加得更快,表明液压蓄能器的重要性级别高于液压泵的重要性级别。液压泵的累积频率高于吸油滤清器和回油滤清器的累积频率。因此,重要性级别的顺序如下:液压蓄能器、液压泵、吸油滤清器和回油滤清器。

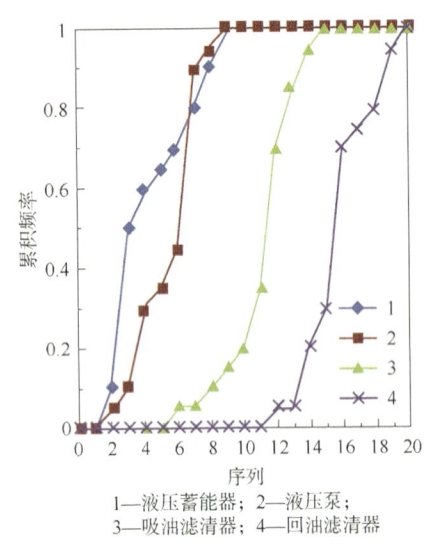

图 10-7 4 种井控设备累积频率分布图
1—液压蓄能器;2—液压泵;
3—吸油滤清器;4—回油滤清器

根据累积频率曲线图的原理,曲线右侧的面积百分比可以作为设备重要性水平的另一种表示。百分比越大表示重要性级别越高。根据累积概率曲线右侧面积百分比,可将钻井和生产设备分为 3 类:面积百分比为 0~25% 的 A 类设备、面积百分比为 25%~65% 的 B 类设备和面积百分比为 65%~100% 的 C 类设备。A 类设备的故障对整个钻井和生产系统的功能影响很小或没有影响,B 类设备的故障可能会导致较为严重的后果,但通常不会影响人员安全或环境,C 类设备的故障可能危及人员安全、污染环境或造成重大经济后果。为了确保 C 类设备的运行可靠性和维护经济性,应通过采用先进的维护方法、增加维护成本来降低故障频率。

4 种井控设备累积频率曲线右侧面积比例如图 10-8 所示。据图 10-8 可知,液压蓄能器、液压泵的右侧面积比例在 65% 到 100% 之间,被归类为 C 类设备。C 类设备的故障可能危及人员安全、污染环境或造成重大经济后果。为了确保 C 类设备的运行可靠性和维护经济性,应通过采用先进的维护方法增加维护成本来降低故障频率。吸油过滤器右侧面积比在 25%~65% 的范围内,属于 B 类设备。B 类设备发生故障可能导致严重后果,但通常不会影响人员安全或

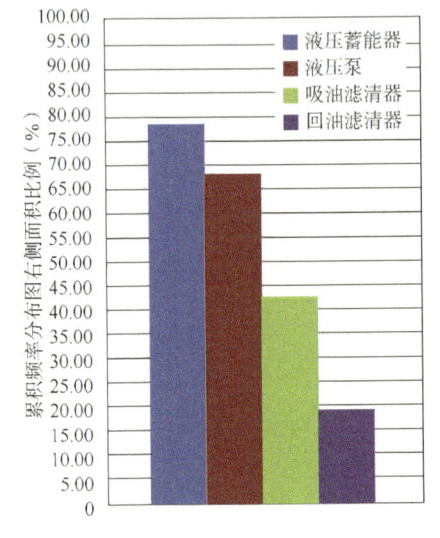

图 10-8 4 种井控设备概率分布图右侧面积占比

环境。应当通过合理的维护策略、较高的维修成本以降低 B 类设备的故障频率。回油过滤器的面积比小于 25%，因此是 A 类设备。A 类设备的故障对整个钻井和生产系统的功能影响很小或没有影响，可适当降低 A 类设备的备件库存或维修成本，不会影响油气的钻井和生产过程。

三、研究结论

该研究提出了一套基于层次分析法、蒙特卡洛模拟方法的钻井和生产设备维修评价体系，通过对油田维修数据的统计分析，结合对维修人员的调研，制定了设备维修重要程度评价指标体系，并制定了不同指标的量化方法，采用层次分析法计算了指标权重，在此基础上运用蒙特卡洛模拟增强了评价体系的可靠性。研究结果显示，层次分析法能够应用于油气设备维修管理决策，提高管理决策的科学性，并采用分级管理的方式降低维修成本，提高设备可靠性。

第十一章　模糊综合评价

第一节　模糊综合评价方法介绍

一、模糊数学与综合评价

在客观世界中，存在着大量的模糊概念和模糊现象。模糊数学就是试图用数学工具解决模糊事物方面的问题。传统的数学是研究精确数量的，而模糊数学则是解决模糊现象的一个数学分支，是对传统数学的发展与补充。

模糊综合评价是借助模糊数学的一些概念，对实际的综合评价问题提供一些评价的方法。模糊综合评价就是以模糊数学为基础，应用模糊关系合成的原理，将一些边界不清、不易定量的因素定量化，从多个因素对被评价事物隶属等级状况进行综合性评价的一种方法。

二、模糊综合评价步骤

模糊综合评价可以预先确定被评价对象的因素（指标）集合评价（等级）集；再分别确定各个因素的权重及它们的隶属度向量，获得模糊评判矩阵；最后把模糊评判矩阵与因素的权向量进行模糊运算并进行归一化，得到模糊综合评价结果。其特点在于评判逐对象进行，对被评价对象有唯一的评价值，不受被评价对象所处对象集合的影响。综合评价的目的是要从对象集中选出优胜对象，所以还需要将所有对象的综合评价结果进行排序。

（1）确定评价对象的因素论域。

因素论域是指通过哪些方面对评价对象进行描述，用 U 表示

$$U = \{u_1, u_2, \cdots, u_m\} \quad (11-1)$$

式中　U——因素论域；
　　　m——评价因素数量。

（2）确定评语等级论域。

等级论域是评价者对被评价对象可能做出的各种总的评价结果组成的集合，用 V 表示。等级论域是对被评价对象变化区间的一个划分

$$V=\{v_1,\ v_2,\ \cdots,\ v_n\} \tag{11-2}$$

式中　V——等级论域；

　　　n——评价等级数量。

等级划分可以依据评价内容用适当的语言进行描述，比如评价产品的竞争力可用 $V=$ {强、中、弱}；评价地区的社会经济发展水平可用 $V=$ {高、较高、一般、较低、低}，评价经济效益可用 $V=$ {好、较好、一般、较差、差}等。

(3) 进行单因素评价，建立模糊关系矩阵 $\boldsymbol{R}$。

单独从一个因素出发进行评价，以确定评价对象对评价集合 V 的隶属程度，称为单因素模糊评价。在构造了等级模糊子集后，就要逐个对被评价对象从每个因素 u_i（$i=1$，2，$\cdots$，m）上进行量化，确定从单因素来看被评价对象对各等级模糊子集的隶属度，进而得到模糊关系矩阵，如式(11-3)。

$$\boldsymbol{R}=\begin{bmatrix} r_{11} & r_{12} & \cdots & r_{1n} \\ r_{21} & r_{21} & \cdots & r_{2n} \\ \vdots & \vdots & \vdots & \vdots \\ r_{m1} & r_{m2} & \cdots & r_{mn} \end{bmatrix} \tag{11-3}$$

式中　r_{ij}——某个被评价对象从因素 u_i 来看对 v_j 等级模糊子集的隶属度。

一个被评价对象在某个因素 u_i 方面的表现是通过模糊向量 $\boldsymbol{r}_i=(r_{i1},\ r_{i2},\ \cdots,\ r_{im})$ 来刻画的。r_i 称为单因素评价矩阵，可以看作是因素集 U 和评价集 V 之间的一种模糊关系。

在确定隶属关系时，通常是由专家或与评价问题相关的专业人员依据评判等级对评价对象进行打分，然后统计打分结果，然后可以根据绝对值减数法求得 r_{ij}，即

$$r_{ij}=\begin{cases} 1, & (i=j) \\ 1-c\sum_{k=1}^{m}|x_{ik}-x_{jk}|, & (i\neq j) \end{cases} \tag{11-4}$$

其中，c 可以适当选取，使得 $0<r_{ij}<1$。

(4) 确定评价因素的模糊权向量。

为了反映各因素的重要程度，对各因素 u_i 分配给一个相应的权数 a_i（$i=1$，2，$\cdots$，m），a_i 满足 $a_i>0$ 且 $\sum_{i=1}^{m}a_i=1$。由各权重组成的一个模糊集合 $\boldsymbol{A}$ 就是权重集。权重选择的合适与否直接关系到模型的成败。权重可以通过德尔菲法、层次分析法、专家打分法、熵权法等方法确定。

(5) 多因素模糊评价。

利用合适的合成算子将 $\boldsymbol{A}$ 与模糊关系矩阵 $\boldsymbol{R}$ 合成得到各被评价对象的模糊综合评价结果向量 $\boldsymbol{B}$。$\boldsymbol{R}$ 中不同的行反映了某个被评价对象从不同的单因素来看对各等级模糊子集的隶属程度。用模糊权向量 $\boldsymbol{A}$ 将不同的行进行综合就可以得到该被评价对象从总体上来看对各等级模糊子集的隶属程度，即模糊综合评价结果向量 $\boldsymbol{B}$。

模糊综合评价的模型为

$$B = A \times R = (a_1, a_2, \cdots, a_m) \begin{bmatrix} r_{11} & r_{12} & \cdots & r_{1n} \\ r_{21} & r_{21} & \cdots & r_{2n} \\ \vdots & \vdots & \vdots & \vdots \\ r_{m1} & r_{m2} & \cdots & r_{mn} \end{bmatrix} = (b_1, b_2, \cdots, b_n) \qquad (11-5)$$

其中 b_j ($j=1, 2, \cdots, n$) 是由 A 与 R 的第 j 列计算得到的，表示被评级对象从整体上看对 v_1 子集的隶属程度。

（6）对模糊综合评价结果进行分析。

模糊综合评价的结果是被评价对象对各等级模糊子集的隶属度，它一般是一个模糊向量。对多个评价对象比较并排序，就需要进一步处理，计算每个评价对象的综合分值，按大小排序，按序择优。将综合评价结果 B 转换为综合分值，于是可依其大小进行排序，从而挑选出最优者。

处理模糊综合评价向量常用的两种方法：

① 最大隶属度原则。若模糊综合评价结果向量 $B = (b_1, b_2, \cdots, b_n)$ 中的 $b_r = \max\limits_{1 \leqslant j \leqslant n} \{b_j\}$，则被评价对象总体上来讲隶属于第 r 等级。

② 加权平均原则。将等级看作一种相对位置，使其连续化，用 $1, 2, 3, \cdots, m$ 表示各等级，并称其为各等级的秩。然后用 B 中对应分量将各等级的秩加权求和，从而得到被评价对象的相对位置，其表达方式如下

$$A = \frac{\sum_{j=1}^{n} b_j^k \cdot j}{\sum_{j=1}^{n} b_j^k} \qquad (11-6)$$

其中，k 为待定系数，一般取 $k=1$ 或 $k=2$，其目的是控制较大的 b_j 所引起的作用。当 k 趋于无穷大时，加权平均原则就是为最大隶属原则。

三、相关参数确定方法

从模糊综合评价的步骤可以看出，模糊综合评价结果受因素论域、等级论域、权重、隶属度计算方法的综合影响。就等级论域而言，需要注意以下几个方面。

1. 等级论域

模糊综合评价的评语等级数量越多、划分越细，表明单项评价指标的区分能力越强，评语等级量化值的方差越大。理论分析表明，评语等级数量对评价结论有显著影响。一般认为，评语等级设置为 5~7 个是比较合理的，评语等级不宜超过 9 个。模糊评语等级可以是对称的，如高、中、低；也可以是非对称的，如优、良、中、差。

评语等级的量化直接影响到模糊综合得分，在实际应用中需要结合具体问题明确各个等级的量化方法。例如，在考察学生学习成绩时通常将 85~100 分设置为优，70~84 分设置为良，60~69 分设置为及格，低于 60 分为不及格；再如，我国工业企业划分标准中，将从

业人员大于1000人的为大型企业，300~1000人的为中型企业，20~300人的为小型企业，小于20人的为微型企业。等级的分界线通常依据行业标准、专家打分或根据历史数据统计规律得到。

2. 权重计算

在进行综合评价时，权重的确定方法是非常关键的一步。模糊综合评价方法与权重计算方法是相互独立的，也就是说模糊综合评价对指标权重不作要求，可以不设置权重（即所有指标权重相等），也可以指定权重。指定的权重可以是采用其他方法计算得到的指标权重，如德尔菲法、专家打分法、层次分析法、熵权法等。在使用模糊综合评价软件时，需要预先输入计算好的权重。一些软件可以将权重计算方法与综合评价方法相结合，先计算指标权重，再进行模糊综合评价。如Yaanp软件提供了层次分析法与模糊综合评价相结合的计算流程。

权重计算方法大致可以分为两类：主观赋权和客观赋权。主观赋权是指根据评价者的主观判断和经验，对不同指标进行权重赋值；而客观赋权则是基于数据分析和统计模型，通过计算指标之间的相对重要性来确定权重。不同的权重确定方法会对最终评价结果产生影响。主观赋权方法可能存在主观性、不公正性等问题，而客观赋权方法可能过于理论化、忽略实际情况等问题。在进行综合评价时，需要根据实际情况选择合适的权重确定方法，以确保评价结果客观准确。

3. 模糊关系矩阵

确定模糊关系矩阵（即计算评价对象的各个因素在各个等级的隶属度）是模糊综合评价的关键。常用的计算模糊隶属度的方式有以下几种。

（1）三角隶属函数法。

三角隶属函数是指隶属度函数呈现为一个三角形的函数形式（图11-1）。三角隶属函数有3种形式。

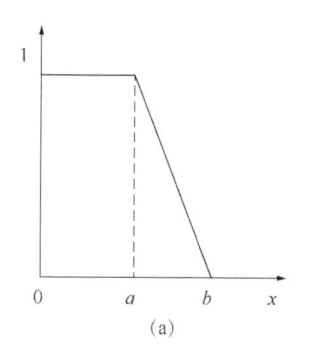

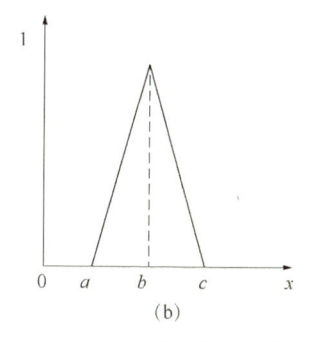

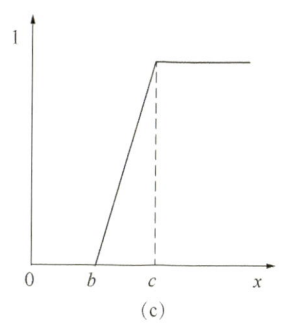

图11-1 三角形隶属度函数图

图11-1(a)表示当x小于边界值a时，隶属度取值为1，大于边界b时，隶属度取值为0；介于a、b之间时隶属度介于0~1之间。其函数形式如式(11-7)。

$$\mu_A(x) = \begin{cases} 1, & x<a \\ \dfrac{b-x}{b-a}, & a \leqslant x \leqslant b \\ 0, & x>c \end{cases} \tag{11-7}$$

式中 $\mu_A(x)$——指标 x 在 A 等级的隶属度；

a、b、c——隶属函数的边界。

图 11-1(b) 表示当 x 小于边界值 a 或大于边界值 c 时，隶属度取值为 0，当 x 等于中间值 b 时，隶属度取值为 1，介于 a、b 之间或 b、c 之间时隶属度介于 0~1 之间。其函数形式如式(11-8)。

$$\mu_A(x) = \begin{cases} \dfrac{x-a}{b-a}, & a \leqslant x < b \\ \dfrac{c-x}{c-b}, & b \leqslant x \leqslant c \\ 0, & x<a \text{ 或 } x>c \end{cases} \tag{11-8}$$

图 11-1(c) 表示当 x 小于边界值 b 时，隶属度取值为 0，当 x 大于边界值 c 时，隶属度取值为 1，介于 b、c 之间时隶属度介于 0~1 之间。其函数形式如式(11-9)。

$$\mu_A(x) = \begin{cases} 0, & x<b \\ \dfrac{x-b}{c-b}, & b \leqslant x \leqslant c \\ 1, & x>c \end{cases} \tag{11-9}$$

（2）梯形隶属函数法。

梯形隶属函数是指隶属函数呈现为一个梯形的函数形式(图 11-2)。

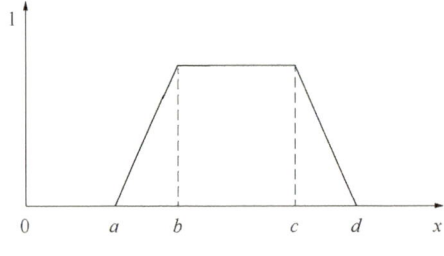

图 11-2 梯形隶属度函数图

梯形隶属度函数公式为

$$\mu_A(x) = \begin{cases} \dfrac{x-a}{b-a}, & a \leq x < b \\ 1, & b \leq x \leq c \\ \dfrac{d-x}{d-c}, & c < x \leq d \\ 0, & x < a \text{ 或 } x > d \end{cases} \tag{11-10}$$

式中　a——隶属函数的左下边界；

　　　b——隶属函数的左上边界；

　　　c——隶属函数的右上边界；

　　　d——隶属函数的右下边界。

（3）高斯隶属函数法。

高斯隶属函数法是指隶属函数呈现为一个高斯曲线的函数形式（图11-3）。

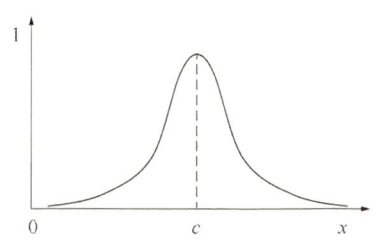

图 11-3　高斯隶属度函数图

高斯隶属函数的计算公式为

$$\mu_A(x) = e^{-\dfrac{(x-c)^2}{2\sigma^2}} \tag{11-11}$$

式中　c——高斯隶属函数的中心；

　　　σ——标准差。

四、模糊综合评价的优缺点

模糊综合评价法的优点有两个。一是模糊评价通过精确的数字手段处理模糊的评价对象，能对蕴藏信息呈现模糊性的资料做出比较科学、合理、贴近实际的量化评价；二是评价结果是一个向量，而不是一个点值，包含的信息比较丰富，既可以比较准确的刻画被评价对象，又可以进一步加工，得到参考信息。

模糊综合评价法的缺点是计算复杂。当指标集 U 较大，即指标集个数较大时，在权向量和为1的条件约束下，相对隶属度权系数往往偏小，权向量与模糊矩阵 $\boldsymbol{R}$ 不匹配，结果会出现超模糊现象，分辨率很差，无法区分谁的隶属度更高，甚至造成评判失败。

第二节 模糊综合评价软件操作

本节以学生综合素质评价为案例,介绍基于 Excel 的模糊综合评价软件操作。

一、确定因素论域和等级论域

假定学生综合评价包括 5 个方面:德、智、体、美、劳,即因素论域为:$U=\{$德,智,体,美,劳$\}$。每个方面均通过相关考核得到一个 0~100 分的成绩。

假定通过综合评价将学生综合素质分为四类:优、良、及格、不及格,即等级论域为:$V=\{$优,良,及格,不及格$\}$。

二、确定指标权重

假定通过专家打分得到德、智、体、美、劳的权重分别为:0.214、0.208、0.197、0.195、0.186。即权重向量为:$a=(0.214,0.208,0.197,0.195,0.186)$。该权重随机生成,仅作为案例,不具备参考意义。

三、确定隶属度函数

采用三角函数法、梯形函数法构建隶属度函数,评级规则和边界值如图 11-4 所示。

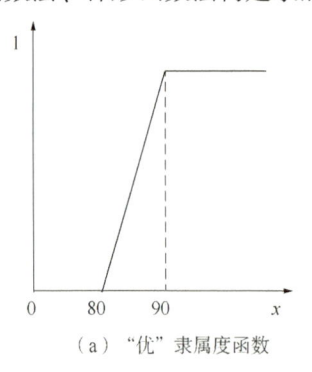

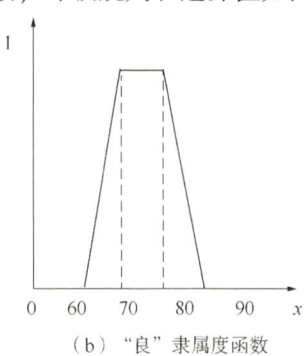

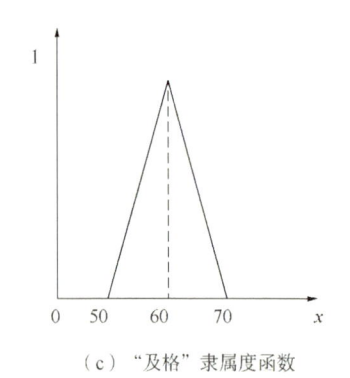

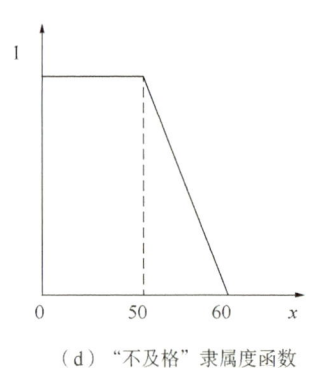

图 11-4 案例隶属度函数

四、计算模糊矩阵

首先,在 Excel 中输入案例中的信息(图 11-5)。

	A	B	C	D	E	F	G
1	科目	权重	成绩	隶属度			
2				优	良	及格	不及格
3	德	0.214					
4	智	0.208					
5	体	0.197					
6	美	0.195					
7	劳	0.186					
8	综合素质						

图 11-5 在 Excel 中输入模糊矩阵

根据设计的隶属度函数,在 Excel 中输入判断成绩在各等级隶属度的计算公式。

在 D3 单元格输入等级为"优"的隶属度公式:"=IF(C3>=90,1,IF(C3>=80,(C3-80)/(90-80),0))"。

在 E3 单元格输入等级为"良"的隶属度公式:"=IF(AND(C3<=80,C3>=70),1,IF(OR(C3<=60,C3>=90,0),0,IF(C3<70,(C3-60)/(70-60),(90-C3)/(90-80))))"。

在 F3 单元格输入等级为"及格"的隶属度公式:"=IF(OR(C3<=50,C3>=70),0,IF(C3<=60,($C3-50)/(60-50),(70-C3)/(70-60)))"。

在 G3 单元格输入等级为"不及格"的隶属度公式:"=IF(C3<=50,1,IF(C3<=60,(60-C3)/(60-50),0))"。

由于各评价因素的隶属度函数是相同的,因此可将上述公式向下填充至第 7 行。如果各评价因素隶属度函数不同,则需要分别设置隶属度计算公式。

输入完模糊矩阵的计算公式后,在成绩栏输入某学生的成绩即可得到该学生在德智体美劳 5 个评价因素、各个评价等级的隶属度(图 11-6)。

	A	B	C	D	E	F	G
1	科目	权重	成绩	隶属度			
2				优	良	及格	不及格
3	德	0.214	88	0.8	0.2	0	0
4	智	0.208	65	0	0.5	0.5	0
5	体	0.197	79	0	1	0	0
6	美	0.195	92	1	0	0	0
7	劳	0.186	58	0	0	0.8	0.2
8	综合素质						

图 11-6 模糊矩阵计算结果

五、计算综合隶属度

将权重向量与模糊矩阵相乘,得到综合素质在各评价等级的隶属度。

在 D8 单元格输入综合素质在等级"优"的隶属度公式:"=SUMPRODUCT($B$3:$B$7,D3:D7)"。向右填充至 G8 单元格。即可得到该学生综合素质在各等级的隶属度

(图 11-7)。

	A	B	C	D	E	F	G
1	科目	权重	成绩	隶属度			
2				优	良	及格	不及格
3	德	0.214	88	0.8	0.2	0	0
4	智	0.208	65	0	0.5	0.5	0
5	体	0.197	79	0	1	0	0
6	美	0.195	92	1	0	0	0
7	劳	0.186	58	0	0	0.8	0.2
8		综合素质		0.366	0.344	0.253	0.037
9							

图 11-7 综合评价隶属度计算结果

计算出综合素质在各等级的隶属度后，可结合评价目标设置相应的综合评价规则，例如选择隶属度最高的等级为最终评价等级，或者将等级优和良的隶属度大于某个界限值作为优，等等。

假定以隶属度最高作为最终评价等级，在 D9 单元格输入综合素质评价等级判断公式："= IF (E8 = MAX ($E8：$H8)，E2，IF (F8 = MAX ($E8：$H8)，F2，IF (G8 = MAX ($E8：$H8)，G2，H2)))"。

输入不同学生的成绩，得到学生的综合素质评价结果(图 11-8)。

	A	B	C	D	E	F	G	H
1	科目	权重	成绩	隶属度				学生甲
2				优	良	及格	不及格	
3	德	0.214	88	0.8	0.2	0	0	
4	智	0.208	65	0	0.5	0.5	0	
5	体	0.197	79	0	1	0	0	
6	美	0.195	92	1	0	0	0	
7	劳	0.186	58	0	0	0.8	0.2	
8		综合素质		0.366	0.344	0.253	0.037	
9		综合评价等级			优			
10								
11	科目	权重	成绩	隶属度				学生乙
12				优	良	及格	不及格	
13	德	0.214	76	0	1	0	0	
14	智	0.208	68	0	0.8	0.2	0	
15	体	0.197	79	0	1	0	0	
16	美	0.195	86	0.6	0.4	0	0	
17	劳	0.186	75	0	1	0	0	
18		综合素质		0.117	0.841	0.042	0.000	
19		综合评价等级			良			
20								
21	科目	权重	成绩	隶属度				学生丙
22				优	良	及格	不及格	
23	德	0.214	96	1	0	0	0	
24	智	0.208	82	0.2	0.8	0	0	
25	体	0.197	75	0	1	0	0	
26	美	0.195	89	0.9	0.1	0	0	
27	劳	0.186	91	1	0	0	0	
28		综合素质		0.617	0.383	0.000	0.000	
29		综合评价等级			优			

图 11-8 不同评价对象综合评价计算结果

第三节 应用案例：油气资源开发利用水平综合评价

模糊综合评价在石油领域的研究包括设备风险评价、开发效果评价、项目效益评价、资源利用水平评价等方面。本节选取的案例来自课题《油气资源开发利用水平调查评估指标体系研究》。

一、研究背景

油气资源是国民经济和社会发展的基础，其合理开发利用无疑是当前经济发展和生态文明建设的重点关注对象。作为发展中国家，我国当前和今后一个时期仍须保持适当的经济发展速度，但是现阶段的经济发展必须要告别过去高消耗、高污染、低效益的传统发展模式。

为落实资源节约与高效利用，促进生态文明建设，国土资源部等五部委于2016年12月出台了关于《矿产资源开发利用水平调查评估制度工作方案》的通知，旨在以矿产资源全面节约和高效利用为目标，科学评价矿产资源开发利用水平，健全完善评估指标体系，构建奖励约束机制，推动矿产资源利用方式根本转变。

在《矿产资源开发利用水平调查评估制度工作方案》的基础上，为促进油气资源全面节约和高效利用，国土资源部办公厅出台了《油气资源开发利用水平调查评估试点实施方案》，旨在确保到2020年建成调查评估常态化、科学化、标准化和激励约束差别化的开发利用水平调查评估制度。

建立完善、合理的油气开发利用水平指标体系，在评价油气资源开发的过程和结果的同时，也为今后油气资源的开发利用指明了方向，是实现资源和社会经济可持续发展的有效手段。

二、研究过程

首先以全面系统评价试点气田为目标，通过油田对接，系统掌握天然气开发情况，对试点油田全部天然气田进行评价，并对结果进行对比分析，提升结果的指导性。其次通过专家研讨，合理确定评价指标，提出可操作性强、易于推广的评价指标和评估方法体系。最后，综合考虑社会效益和资源利用水平，从国家视角提出天然气开发利用水平评价方法，促进天然气资源合理高效利用。

建立天然气开发利用上水平指标体系要遵循5个原则。一是动态性和完整性，能够动态的反映油田的开发状况和管理措施的完整性；二是可操作性，便于归纳分析；三是技术、管理、环境社会效益方面都要涉及；四是可对比性，利于将不同油田、不同区块的开发效果进行比较；五是相对独立性，所有指标间相对独立。

在构建指标体系、试点单位实地调研和对接的基础上，确定试点单位油田开发现状。而后，根据不同盆地、不同油气藏类型、不同储层物性等汇总分析，结合资源禀赋条件，确定油气资源开发利用水平。

1. 气藏分类

根据气藏地质特征，综合考虑水体能量分类和储层物性分类，进一步明确煤层气、页岩气等非常规气藏的分类归属，将气藏分为5种类型：活跃水驱气藏、次活跃水驱气藏、不活跃水驱气藏、低渗透气藏、特低渗透气藏(图 11-9)。

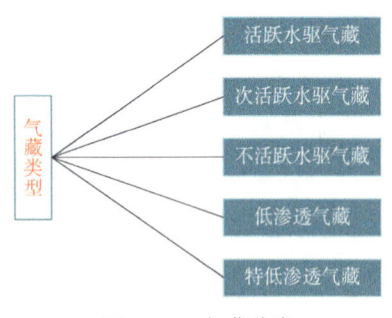

图 11-9 气藏分类

2. 指标体系

备选的评价指标应该能满足评价油气资源开发利用水平的工作需要，并且尽量做到全面、科学。每个指标要从宏观和微观两个方面做研究，考虑到对评价内容的影响。为了反映每个评价指标的可靠性，从实际油田评价课题中找到可以获得准确实际数据的指标，采用不同的计算方法，以便反映出油气田的实际情况。

评价指标和指标权重的确立遵循3个准则。一是参考我国的国家标准和行业标准，对已有的某评价指标是行业标准中存在的，就可以直接将其看成是这种评价指标的评价标准。二是来源于文献检索的评价意见，对于未在国标或行标中规定的指标，通过文献检索的方法确定评价标准。三是对于既不在国标或行标中，也无法在现有文献中找到的评价指标，按照专家调研和实际数据统计分析得出合理的评价标准。

在确定了评价准则之后，按照不同的计算方法对所有评价指标需要赋予不一样的权重，以示评价准则在整个评价体系中位置，对影响程度较大的评价指标赋予较大的权重。

为综合考虑油气藏开发的技术水平和管理水平，结合油气资源特征和数据的可获得性，将评价指标分为技术指标、管理指标。其中技术指标包括储量动用程度、采收率、综合递减率、稳产期末采出程度；管理指标包括天然气回收率和共伴生资源综合利用率(表 11-1)。

表 11-1 油气资源开发利用水平指标体系

分类	指标体系
技术指标	采收率
	稳产期末采出程度
	综合递减率
	储量动用程度
管理指标	天然气回收率
	共伴生资源综合利用率

活跃水驱、气藏的分类界限如表 11-2 所示。

表 11-2　活跃水驱气藏分类界限

评价指标		分类标准					
		一类		二类		三类	
		最低值	最高值	最低值	最高值	最低值	最高值
技术指标	储量动用程度	90	100	80	90	0	80
	采收率	40	100	30	40	0	30
	稳产期末采出程度	30	100	25	30	0	25
	综合递减率	0	10	10	15	15	100
管理指标	天然气回收率	96	100	90	96	0	90
	共伴生资源综合利用率	95	100	85	95	0	85

受限于篇幅，此处仅以活跃水驱气藏为例说明分类界限，其他几类气藏也分别设置了分类界限。

多指标综合评价是在多因素相互作用下的一种综合判断，即对评价对象的全体，根据所给的条件，采用一定的方法，给每个评价对象赋予一个评价值，再据此择优或排序。综合评价的目的，通常是希望能对若干对象，按一定意义进行排序，从中挑出最优或最劣对象。

采用模糊综合评价方法对试点油田油气资源开发利用水平进行评估。人们在认知的历程中，将触摸到的或者是可见到的总体的共性进行归纳，这就是概念。人们对模糊性的事物和随机性的事物往往都弄得混淆不清，然而它们之间存在着密切的关系和根本的区别。很多事物存在着随机性，事物的随机性，即事物是否会发生是不确定的，但是事物能够具体的描述出事物原本的意义，只是因为没有充分的触发条件所以才使事物与发生条件失去了逻辑关系。然而事物的模糊性是指原本就不能够具体的描述出事物原本的意义，事物原本就是概念外延模糊的。

模糊理论基础是由模糊性系统、数学、信息和决策等多个分支构成的，集多个学科于一身的综合学科，各个分支之间互相联系互相影响。

油田地质环境因素和管理方案都不尽相同，按照不同的开采方案对模糊综合评价过程应使用定性分析和定量分析，在定量分析的数据不充足时，也可以用逻辑推理进行定量分析，定量分析是建立在定性分析之上的，定性分析固然重要，但是也不能缺少定量分析。

第一，先确定需要的评价方向和评价范围，找出影响油田开发效果的所有的元素，研究并讨论各元素的影响程度和范围，从中找出影响评价结果的主要因素。

第二，依据评价方向拟定相关的评价指标和评价准则，评价指标的建立在评价的结果上起着极其重要的作用，评价指标选择的不同，对得出的结论也会有很大差别。油田评价指标与开发课题的规模和类型还有所处的级别都息息相关。评价不能完全靠主观的意识，制定一套完整可行的评价标准，必须根据按规定计算出来的结果与实践经验相结合。

第三，依据评价指标和评价准则，建立合理的评价准则，确定综合依据、指标权重和选择评价方法，以动态分析为主导将动静相融合，用定量分析对主要参考点的定性、定量进行归纳分析，以宏观分析为主导将宏观、微观相融合。

第四，根据选择的评价方法，来分析评价结果并给出油田开发的效果的结论和建议。对评价指标给予不一样的权重是为了能够将所有指标对油田开发效果的影响程度体现出，在油田开发效果评价中的指标有很多，所以应该为不同的指标按照重要程度赋予从大到小的权重，对评价指标进行差异划分以此当作评价的参考准则。

模糊综合评价的步骤如下：首先，通过确定评价事物的因素来合理地选定评语等级；然后，确定出相关的模糊矩阵，由模糊矩阵得出影响因素的权向量，选择一个合理的合成算子计算出评判结果向量；最后，分析评价结果。

3. 评价过程

确定隶属度是模糊综合评价的核心过程。根据模糊综合评价的一般做法，结合油气藏开发评价的特征和要求，设定隶属度规则如下：

大于一类界限的归类为1类，小于三类界限的归类为3类，介于界限之间的，计算其在一类、二类、三类的隶属度。

以次活跃水驱采收率指标为例，大于60%的气田，一类、二类、三类隶属度为(1, 0, 0)，采收率小于50%的气田，隶属度序列为(0, 0, 1)。采收率介于50%和60%之间的气田，按照插值法计算隶属度。具体计算方法如图11-10所示。例如：某气田采收率是52%，则二类隶属度为(52-50)÷(55-50)=0.4，三类隶属度为1-0.4=0.6。

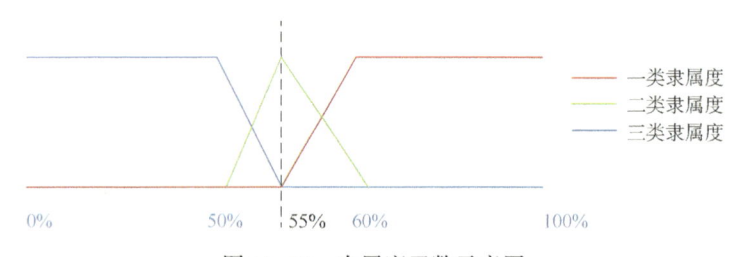

图11-10 隶属度函数示意图

基于上述算法，结合各类气藏的分类界限，可计算出各油田隶属度矩阵。以XS区块为例，其采收率、天然气回收率、共伴生资源综合利用率指标均为一类，因此隶属度序列为(1, 0, 0)；储量动用程度、稳产期末采出程度为三类，隶属度序列为(0, 0, 1)。综合递减率一类隶属度为0.4，二类隶属度为0.6，因此隶属度序列为(0.4, 0.6, 0)(表11-3)。

表11-3 XS区块隶属度矩阵

评价指标	一类	二类	三类
采收率	1	0	0
储量动用程度	0	0	1
天然气回收率	1	0	0
稳产期末采出程度	0	0	1
综合递减率	0.4	0.6	0
共伴生资源综合利用率	1	0	0

根据确定的指标权重和隶属度计算结果，将权重矩阵与隶属度矩阵相乘，可得到模糊综合评价矩阵。计算公式为：模糊综合评价矩阵=权重矩阵×隶属度矩阵。

XS区块模糊综合评价矩阵为

$$[0.25\quad 0.15\quad 0.1\quad 0.25\quad 0.25]\times\begin{bmatrix}1 & 0 & 0\\ 0 & 0 & 1\\ 1 & 0 & 0\\ 0 & 0 & 1\\ 0.75 & 0.25 & 0\end{bmatrix}=[0.54\quad 0.06\quad 0.40]$$

4. 评价结果

在指标隶属度基础上，取置信度为 0.5，确定指标等级。即：一类隶属度大于 0.5 则为一类(好)，若一类隶属度小于 0.5，且一类、二类隶属度合计大于 0.5，则为二类(中)，其余为三类(差)(表 11-4)。

表 11-4　某气田各区块资源开发利用水平模糊综合评价结果

区块	指标隶属度			等级及排序	
	一类	二类	三类	等级	排序
BYNL	0.83	0.00	0.18	好	1
TPZ	0.52	0.31	0.18	好	2
TY	0.65	0.00	0.35	好	3
YJT	0.51	0.24	0.26	好	4
XS	0.54	0.06	0.40	好	5
CD	0.50	0.15	0.35	好	6
SZ	0.43	0.10	0.48	中	7
WZ	0.23	0.43	0.35	中	8
ALX	0.18	0.47	0.35	中	9
SZ	0.35	0.00	0.65	差	10
CCL	0.31	0.04	0.65	差	11
YC	0.18	0.17	0.66	差	12
EZ	0.18	0.17	0.66	差	13
SZ	0.175	0.166	0.659	差	1.516

在某气田 14 个区块中，开发水平较好的区块有 6 个，分别为：BYNL、TPZ、TY、YJT、XS、CD；开发水平一般的气田有 3 个，分别是 SZ、WZ、ALX；开发水平较差的气田有 5 个，分别是 SZ、CCL、YC、EZ、SZ。从油藏角度看，1 个活跃水驱气藏、2 个低渗气藏开发水平均较好，11 个活跃水驱气藏中 3 个较好、3 个中等、5 个较差。

三、研究结果

模糊综合评价可以在指标设置阶段区分油藏类型，各类油藏采用不同的分类标准进行评价，通过模糊运算得到最终结果。弊端是需要人为设定指标权重，且指标权重对分类结果影响较大。基于方法特征，认为模糊综合评价的模型设置、评价过程、输入数据需求符合油气资源开发利用水平调查评估的要求。针对权重设置主观性大的问题，建议结合层次分析法、熵权法等客观赋权法确定的指标权重，以提高结果的准确性。

第十二章 逼近理想解法（TOPSIS）

第一节 TOPSIS 方法介绍

TOPSIS（Technique for Order Preference by Similarity to an Ideal Solution）即逼近理想解法，又称优劣解距离法、理想解法、理想点法，由 C. L. Hwang 和 K. Yoon 于 1981 年首次提出。TOPSIS 根据有限个评价对象与理想化目标的接近程度评价现有对象的相对优劣，是一种常用的多目标决策方法。

一、TOPSIS 方法基本思路

TOPSIS 方法的基本思路是通过各评价对象与正理想解、负理想解的距离来判断评价对象的相对优劣。正理想解又称最优解，是一个设想的最优解（最优方案），其各属性值（指标）都达到备选方案中的最优值。负理想解又称最劣解，是一个设想的最劣解（最劣方案），其各属性值（指标）都达到备选方案中的最差值。

以两个指标构成的评价体系为例，TOPSIS 基本思路如图 12-1 所示。图 12-1 中，正理想解为属性 1 的最大值、属性 2 的最大值共同构成的点，其含义是考虑 n 个方案在 m 个属性上的最佳属性值的集合所构成的综合表现最佳的方案。类似地，负理想解是属性 1 的最小值、属性 2 的最小值共同构成的点，其含义是考虑 n 个方案在 m 个属性上的最差属性值的集合所构成的综合表现最差的方案。考虑任一方案 j，其与正理想解的距离记为 S_j^*，与负理想解的距离记为 S_j^-。方案 j 离正理想解的距离（S_j^*）越小、离负理想解的距离（S_j^-）越大，方案越佳。

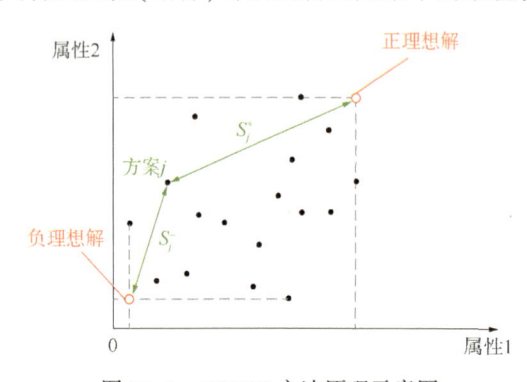

图 12-1　TOPSIS 方法原理示意图

TOPSIS 法的主要优势是充分利用了原始数据的信息，评价结果能精确反映各评价方案之间的差距，且对数据分布及样本含量、指标数量没有严格限制，不仅适合小样本资料，也适用于多评价对象、多指标的大样本资料，可得出良好的可比性评价排序结果。

二、TOPSIS 法的建模步骤

1. 确定评价指标和评价对象

TOPSIS 方法是基于有限个评价对象的综合评价方法，因此确定评价指标和评价对象是 TOPSIS 的第一步。假定有 m 个评价对象 D_1，D_2，$\cdots$，D_m，每个评价对象有 n 评价指标 X_1，X_2，$\cdots$，X_n。通过测量法、专家打分法或其他调查方法确定各指标、各评价对象的得分结果，建立如下特征矩阵

$$D = \begin{bmatrix} x_{11} & x_{12} & \cdots & x_{1n} \\ x_{i1} & x_{i1} & \cdots & x_{in} \\ \vdots & \vdots & \ddots & \vdots \\ x_{m1} & x_{m2} & \cdots & x_{mn} \end{bmatrix} = \begin{bmatrix} D_1(x_1) \\ \vdots \\ D_m(x_n) \end{bmatrix} = [X_1(x_1), \cdots X_n(x_m)] \qquad (12-1)$$

2. 指标正向化

现实中，有些评价指标越大越好，有些评价指标越小越好，有些指标越接近于某个值越好。TOPSIS 方法要求评价指标具有同趋势性，即同为正向指标或负向指标。一般通过正向化处理将负向指标、中间型指标、区间型指标均转化为正向指标。

（1）负向指标。负向指标正向化常用方法有两种，如式(12-2)、式(12-3)。

$$x'_i = \max x_i - x_i \qquad (12-2)$$

$$x'_i = 1/x_i \qquad (12-3)$$

（2）中间型指标。中间型指标是指指标值不宜过大也不宜过小，取某个特定的值为最佳。中间型指标正向化方法如式(12-4)、式(12-5)。

$$M = \max\{\,|\,x_i - x_{best}\,|\,\} \qquad (12-4)$$

$$x'_i = 1 - \frac{|\,x_i - x_{best}\,|}{M} \qquad (12-5)$$

（3）区间型指标。区间型指标是指该指标落在某个区间内最好，距离区间值越远越差。区间型指标正向化方法如式(12-6)、式(12-7)。

$$M = \max\{a - \max(x_i), \ \max(x_i), \ \max(x_i) - b\} \qquad (12-6)$$

$$x'_i = \begin{cases} 1 - \dfrac{a - x_i}{M}, & x_i < a \\ 1, & a \leq x_i \leq b \\ 1 - \dfrac{x_i - b}{M}, & x_i > b \end{cases} \qquad (12-7)$$

3. 构建规范化特征矩阵

对特征矩阵进行规范化处理，得到规格化向量 r_{ij}，建立关于规格化向量 r_{ij} 的规范化

矩阵

$$r_{ij} = \frac{x_{ij}}{\sqrt{\sum_{i=1}^{m} x_{ij}^2}}, \quad i=1, 2, \cdots, m; \ j=1, 2, \cdots, n \tag{12-8}$$

通过计算权重规格化值 v_{ij} 建立关于权重规范化矩阵 v_{ij} 的权重规范化矩阵

$$v_{ij} = w_j r_{ij}, \quad i=1, 2, \cdots, m; \ j=1, 2, \cdots, n \tag{12-9}$$

其中，w_j 是第 j 个指标的权重，可通过专家打分法、德尔菲法、层次分析法、熵权法等计算得到。

4. 确定正理想解和负理想解

根据权重规范化值 v_{ij} 来确定理想解 A^* 和反理想解 A^-，公式如下

$$A^* = (\max_i v_{ij} | j \in J_1), \ (\min_i v_{ij} | j \in J_2), \ |i=1, 2, \cdots, m = v_1^*, v_2^*, \cdots, v_n^* \tag{12-10}$$

$$A^- = (\min_i v_{ij} | j \in J_1), \ (\max_i v_{ij} | j \in J_2), \ |i=1, 2, \cdots, m = v_1^-, v_2^-, \cdots, v_n^- \tag{12-11}$$

其中，J_1 是收益性指标集，表示第 i 个指标上的最优值；J_2 是损耗性指标集，表示在第 i 个指标上的最劣质。收益性指标越大，对评估结果越有利；损耗性指标越小，对评估结果越有利。

5. 计算距离尺度

距离尺度是每个目标到理想解和反理想解的距离，距离尺度可以通过 n 维欧几里得距离来计算。将目标到理想解 A^* 的距离记为 S^*，到反理想解 A^- 的距离记为 S^-，则

$$S^* = \sqrt{\sum_{j=1}^{n}(V_{ij} - v_j^*)^2}, \quad i=1, 2, \cdots, m \tag{12-12}$$

$$S^- = \sqrt{\sum_{j=1}^{n}(V_{ij} - v_j^-)^2}, \quad i=1, 2, \cdots, m \tag{12-13}$$

其中，v_j^* 和 v_j^- 分别为第 j 个目标到最优目标值及最劣目标值的距离，V_{ij} 是第 i 个目标第 j 个评价指标的权重规格化值。S^* 为各评价目标与最优目标的接近程度，S^* 值越小，评价目标距离理想目标越近，方案越优。

6. 计算理想解的贴近度

与理想解的贴近度计算公式为

$$C_i^* = \frac{S_i^*}{(S_i^* + S_i^-)}, \quad i=1, 2, \cdots, m \tag{12-14}$$

式中，$0 \leqslant C_i^* \leqslant 1$。当 $C_i^* = 0$ 时，$A_i = A^-$，该目标为最劣目标；当 $C_i^* = 1$ 时，$A_i = A^*$，该目标为最优目标。

第十二章 逼近理想解法（TOPSIS）

第二节　TOPSIS 软件操作

本节介绍基于 SPSSPRO 的 TOPSIS 综合评价软件操作。SPSSPRO 是一款集成了统计方法与数据算法的在线数据分析平台，可进行描述性分析、问卷分析、综合评价、差异性分析、相关性分析、预测模型、规划求解等。

首先确定 TOPSIS 综合评价的指标、评价对象、指标得分。以对景点的综合评价为例，从风景、人文、拥挤程度、票价 4 个方面对 A、B、C、D、E 5 个景区进行综合评价，各经济指标得分如图 12-2 所示。

	A	B	C	D	E
1	风景地点	风景	人文	拥挤程度	票价
2	A	4	5	2	30
3	B	7	6	8	50
4	C	5	7	6	40
5	D	6	10	10	35
6	E	8	2	5	45

图 12-2　景点综合评价案例数据

在 SPSSPRO 首页点击**我的数据/上传数据**，将原始数据导入平台（图 12-3）。SPSSPRO 支持支持 .xlsx、.xls、.csv、.sav、.zsav 文件格式。导入数据时需注意表格不能有合并单元格，平台默认读取第一张工作表（Sheet）中的数据，默认第一行为标题行。

图 12-3　SPSSPRO 数据导入步骤

数据导入后，在主界面菜单栏点击**数据分析**，在左侧方法栏选择**综合评价/优劣解距离法（TOPSIS）**。

根据指标特征将评价指标放入相应变量框。案例中，将风景地点放入"[定类]"变量框，将风景、人文放入"正向指标[定量]"变量框，将拥挤程度、票价放入"负向指标[定量]"变量框(图12-4)。

图 12-4　TOPSIS 变量设置界面

SPSSPRO 提供 3 种变量权重设置方法：熵权法、不设置权重、自定义权重。熵权法可通过原始数据自动计算权重，不设置权重表明各评价指标权重相等，自定义权重可以通过其他方法获得权重后手动输入至软件中。选择默认的熵权法，点击开始分析按钮，输入分析结果。

采用熵权法计算得到的指标权重如图 12-5 所示。风景、人文、拥挤程度、票价的权重分别为 25.786%、22.684%、25.737%、25.793%。

项	信息熵值e	信息效用值d	权重(%)
风景	0.795	0.205	25.786
人文	0.82	0.18	22.684
拥挤程度	0.796	0.204	25.737
票价	0.795	0.205	25.793

图 12-5　熵权法权重计算结果

TOPSIS 综合评价结果如图 12-6 所示。D^+ 和 D^- 值分别代表评价对象与最优或最劣解 (即 A^+ 或 A^-)的欧式距离。D^+ 值越大，说明与最优解距离越远；D^- 值越大，说明与最劣解距离越远。最理想解的研究对象是 D^+ 值越小同时 D^- 值越大。综合度得分指数是根据 D^+ 与

第十二章 逼近理想解法（TOPSIS）

D^-计算出的理想解的贴近度，计算公式见式(12-8)。综合度得分指数越大，说明该研究对象距离最劣解越远，研究对象越好。根据图12-6，景点A在评价的5个景点中表现最优。

输出结果2：TOPSIS评价法计算结果

索引值	正理想解距离（D+）	负理想解距离（D-）	综合得分指数	排序
A	0.58858972	0.73971683	0.55688714	1
B	0.6895735	0.46671506	0.40363199	5
C	0.55294627	0.48326013	0.46637439	4
D	0.58132163	0.6605838	0.53191152	2
E	0.63882976	0.6119502	0.48925488	3

图12-6　TOPSIS综合评价结果

第三节　应用案例：基于TOPSIS的EOR方案选择

本节选取的案例论文为"Screening of enhanced oil recovery techniques for Iranian oil reservoirs using TOPSIS algorithm"（使用TOPSIS算法筛选伊朗油藏的提高石油采收率技术），发表在Energy Reports期刊（SCI，影响因子4.937）。该案例论文提出了一套基于层次分析法和TOPSIS方法的EOR方案选择框架，并对伊朗油藏进行了实证分析。结果显示TOPSIS进行ERO方案选择与其他方法的结论具有较强的一致性，且具备成本低、速度快等优势。

一、研究背景

目前，处于寿命周期后半段的老油田产量在全球原油产量中占比较大。同时，由于勘探作业成本高、耗时长，以新油气发现来接替此类资源较为困难。随着常规原油采出程度不断增加，可采储量减少，而一次采油和二次采油方法可开采原油仅占地质储量的10%～40%，留下大量的剩余可采油。老油田原油产量的主导地位迫使石油公司不得不考虑提高采收率。在此情况下，提高采收率（EOR）技术涌现而出，并被证明有能力实现全球能源市场的供需平衡。在过去数年，约有3%的全球原油产量来自于EOR措施，且这一份额呈逐年增加趋势。对于延长老油田寿命周期，EOR方法引起了极大关注。

由于EOR措施投资费用高、技术复杂且存在不确定性，此外原油市场不稳定，油价偏低，所以在做出任何决策前应开展全面的调查、研究和筛选。任何EOR项目的实施都受到储层岩石和流体性质的高度显著影响，将某一特定EOR方法应用于所有油藏是不实际的。EOR项目全矿场尺度评价费用高昂，耗时良久，同时对某一油藏开展多种EOR方法评价通常存在工作量大、时间紧张的问题。对未实施EOR措施的油藏，筛选明确最优EOR技术的主要目的是降低油藏模拟工作的费用和时间，更重要的是减少历史拟合花费的时间，历史拟合天然地就是一项耗时性工作。筛选方法的重要性在于明确最优EOR技术，同时不需要开展油藏模拟和历史拟合。因此，通过初步筛选对EOR项目进行评价表现出一定有效性。

EOR方案选择是一个复杂的多目标决策问题，多目标决策方法可以应用到EOR方案选择中。本文采用优劣解距离法(TOPSIS)为65个伊朗油藏开展了EOR筛选工作，考虑多种性质和条件，对10种不同的EOR方法进行了分析。分析所用的数据库包括全球800多个成功EOR项目，确定了9个油藏参数的理想值。采用层次分析法(AHP)，按9个重要性水平，确定了各油藏参数的相对重要性。结果表明，在EOR方法评价决策中，与传统的数值模拟方法相比，TOPSIS方法具有计算速度快、成本较低的优势。

二、研究过程

EOR筛选流程包括3个部分：技术和经济筛选以及项目位置。技术筛选要对所评价油藏和任何曾经成功实施EOR措施的油藏进行参数对比。这些油藏参数包括岩石和流体性质，或岩石物理性质。对于EOR措施，这些参数应被赋予足够的权重。技术筛选之后，第二步是从经济角度对EOR方法进行评价，即计算实施计划EOR措施后采收率的增量是多少，增油量是否能抵消作业成本。

大部分EOR项目具有成本高、耗时长、风险大、技术复杂的特点，使项目具有较高的失败风险。要对EOR项目进行管理，降低失败风险，必须采取以下步骤：筛选、技术评价、经济评价、位置优化、采用经验公式和简化模型估算采收率、采用简单一维模型进行EOR措施模拟、室内实验、全矿场尺度模拟、全矿场尺度经济评价、先导试验、全矿场尺度项目实施。

自1959年以来已有超过1000个EOR项目成功开展。尽管如此，从世界范围来看，EOR技术的部署仍然较为局限。人们在不同尺度，采用不同方法，开展了EOR技术筛选。这些方法包括统计法、机器学习、人工智能、油藏模拟、聚类分析和其他复合方法。本文的主要目的是利用多准则决策方法的TOPSIS算法，为65个伊朗油藏开展EOR方法筛选。

经受筛选的10项EOR技术包括氮气混相注入、气态烃混相注入、二氧化碳混相注入、氮气非混相注入、气态烃非混相注入、二氧化碳非混相注入、胶束溶液注入、聚合物注入、火烧油层以及蒸汽注入。为了有效开展筛选，采用了最新的有效筛选标准以及65个伊朗油藏的实际岩石和流体数据。为了保持文章简洁，在此仅以所分析油藏中的一个为例(R59)，对上述EOR方法的筛选程序进行详细描述。

1. EOR方法

在世界范围内至今已有各种各样的EOR方法得到应用，包括注气(混相或非混相)、热采、化学采油和微生物采油。这些方法的目标在于通过提高温度，降低黏度，减小注入流体和储层流体之间的界面张力(IFT)并最终降低毛细管压力，增强传质作用，或改变储层原油性质，提高储层岩石中流体的流动性。

储层注气既可以混相注气也可以非混相注气，注入气体包括氮气、二氧化碳和气态烃，或者还可进行水气交替注入。原油驱替存在多种有效机理，包括黏度降低、界面张力减小、原油膨胀和吸水指数增大。另外，气驱的驱替效果受到多种因素影响，包括注入量和产量、油气密度差、黏度比、油气相对渗透率和储层岩石润湿性质。作为二次采油和三次采油方法，二氧化碳注入表现出较高的驱替效率和较低的作业费用，引起了业界高度关注。将纯

第十二章　逼近理想解法（TOPSIS）

二氧化碳与储层中原油进行适当混合，可反过来降低原油黏度，引发原油膨胀，从而提高原油流度。除了以上机理外，注入二氧化碳还可产生碳酸并与储层岩石发生反应，从而提高产油量。提高注气波及系数存在两种方式，即混相和非混相，取决于最小混相压力（MMP）。当注入压力低于最小混相压力，则为非混相措施。但是，要采取混相注入，需综合考虑多种因素，包括储层温度和压力、原油化学组分以及注入气成分。需要指出的是，轻质—中等黏度原油是混相注气的最优目标，而稠油是非混相注气的优选目标。

在热采法中，温度升高使得原油黏度降低。加热储层有 3 种方式：蒸汽驱、注热水和火烧油层。位列注气采油之后，热采在全球 EOR 项目总数中占比达 41%。从产量角度来看，热采方法贡献的日产油量达到 2/3，其他方法的贡献占 1/3。

化学采油用水相介质将一定化学剂注入储层中，包括聚合物驱、表面活性剂、碱/苛性碱或胶类。注化学剂采油可用于稠油开采（相比于气驱）和超轻油开采（相比于热采）（Dickson 等，2010）。从应用来看，化学采油排名第三，在全球 EOR 日产油贡献中占比约 8%。生物采油利用特定的微生物来从储层中采出原油。在储层中，这些微生物会产生表面活性剂，降低界面张力，改变润湿性，从而促进原油采出。

2. TOPSIS 方法

在现有方案和标准约束下开展评价和决策是解决技术问题所面临的挑战之一。而多准则决策方法是应对这一挑战的最优方法之一，该方法可在一定逻辑下，以可接受的方式对可选方案进行排序。近几十年来，人们开发了强大的计算和处理工具，我们因此可以有效明确最优解决方案，并研究不同方案间的相互作用。

在多准则决策流程中，最优解是从可选解中获得的。该方法是一个条理清晰的研究分支，以数理设计为计算工具，旨在解决复杂问题，对可选方案进行排序，从而有效支持决策流程。TOPSIS 技术的理念是所选的可选方案到正理想解的距离应最短，同时其到负理想解的距离应最远。最终的排序根据邻近度指数进行。

基于 TOPSIS 技术的多准则决策总体结构如图 12-7 所示，决策矩阵包括方案和评价标准。A_1、A_2……A_n 表示决策者可能选择的选项（方案或候选者），此处表示不同的 EOR 方法。C_1、C_2……C_n 表示筛选标准，可用多个标准来限定各个选项。本研究中标准包括重度、黏度、流体成分、含油饱和度、地层岩性、厚度、渗透率、深度和温度。X_{ij} 表示各选项的得分，W_j 是 C_j 的权重，表示某一标准相对其他标准的重要性。重要性权重可直接确定或通过成对比较确定。本研究利用层次分析法，通过成对比较确定权重。

利用 TOPSIS 技术进行问题求解包含 6 个

A_1	X_{11}	X_{12}	…	X_{1n}
A_2	X_{21}	X_{22}	…	X_{2n}
⋮	⋮	⋮	⋮	⋮
A_m	X_{m1}	X_{m2}	…	X_{mn}
W	W_1	W_2	…	W_n

图 12-7　基于 TOPSIS 技术的决策矩阵结构

步骤。

(1) 决策矩阵标准化，生成无量纲形式的决策矩阵。标准化公式如下

$$n_{ij} = \frac{x_{ij}}{\sqrt{\sum_{i=1}^{m} x_{ij}^2}}, \quad i=1,2,\cdots,m; \; j=1,2,\cdots,n \tag{12-15}$$

(2) 将无量纲矩阵（N）和对角矩阵（W_{ij}）相乘获得无量纲加权矩阵（V）：

$$v_{ij} = n_{ij}w_j, \quad i=1,2,\cdots,m; \; j=1,2,\cdots n \tag{12-16}$$

(3) 确定正理想解和负理想解，其中正理想解是指标在各备选方案中的最优值（对指标进行正向化处理后，最优值为最大值），负理想解是指标在各备选方案中的最劣值（对指标进行正向化处理后，最劣值为最小值）。正负理想解公式如下

$$A^+ = \{v_1^+, \cdots, v_n^+\} = \{\max_i v_{ij}\} \tag{12-17}$$

$$A^- = \{v_1^-, \cdots, v_n^-\} = \{\min_i v_{ij}\} \tag{12-18}$$

(4) 计算各备选方案到正理想解、负理想解的欧式距离 d_i^+、d_i^-，公式如下

$$d_i^+ = \sqrt{\sum_{j=1}^{n}(v_{ij}-v_j^+)^2}, \quad i=1,2,\cdots,m \tag{12-19}$$

$$d_i^- = \sqrt{\sum_{j=1}^{n}(v_{ij}-v_j^-)^2}, \quad i=1,2,\cdots,m \tag{12-20}$$

(5) 计算与理想解的相对邻近度，公式如下

$$CL_i^* = \frac{d_i^-}{d_i^- + d_i^+} \tag{12-21}$$

(6) 根据相对邻近度 CL^* 对备选方案进行选项排序，相对邻近度越大，备选方案越优。

3. EOR 筛选

案例的评价对象是伊朗 65 个陆上、海上油气藏，备选方案是 10 种 EOR 方法。基于 TOPSIS 的 EOR 筛选流程如图 12-8 所示。

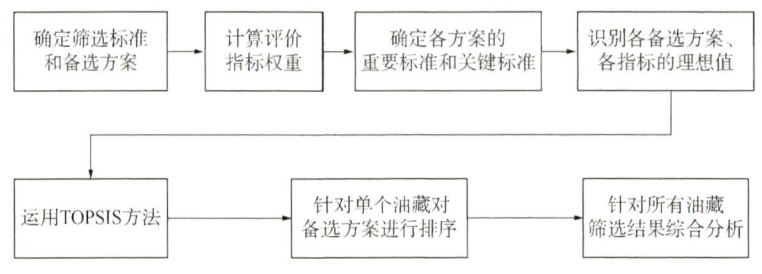

图 12-8 基于 TOPSIS 的 EOR 筛选流程

第十二章 逼近理想解法（TOPSIS）

（1）确定筛选标准和备选方案。

通过分析成功的 EOR 项目，选取的 EOR 筛选标准、备选方案如图 12-9 所示。筛选标准有 9 个，分别是重度、黏度、流体成分、含油饱和度、地层岩性、厚度、渗透率、深度和温度。备选 EOR 方案有 10 种，分别是：氮气混相注入、气态烃混相注入、二氧化碳混相注入、氮气非混相注入、气态烃非混相注入、二氧化碳非混相注入、注胶束、注聚合物、火烧油层和注蒸汽。

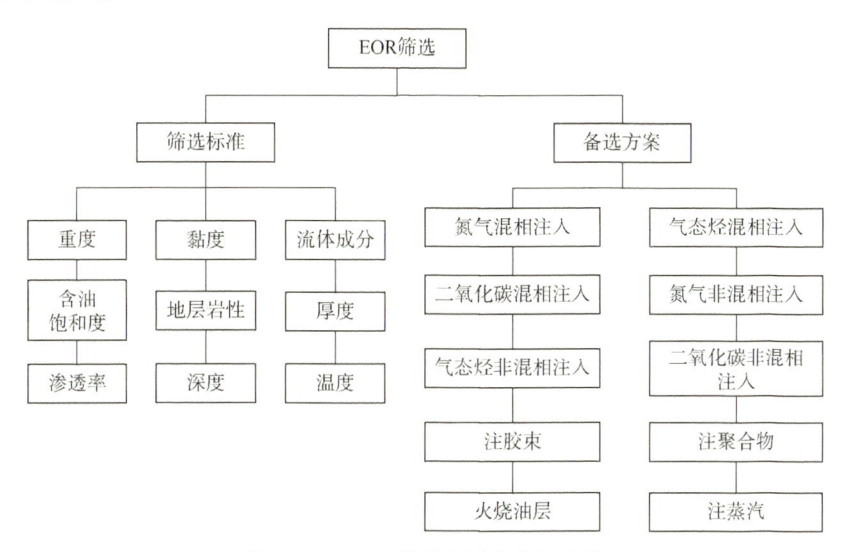

图 12-9　EOR 筛选标准和备选方案

（2）计算标准权重。

采用层次分析法计算 EOR 筛选标准的权重。首先，对 9 个筛选标准的相对重要程度进行两两对比，评分表如 12-1 所示。

表 12-1　层次分析法指标重要程度打分表

重要程度	定义
1	重要程度相等
3	相比之下，前者比后者稍显重要
5	相比之下，前者比后者高度重要
7	相比之下，前者比后者非常重要
9	相比之下，前者比后者极端重要
2，4，6，8	相邻判断之间的中间值

例如，假设决策者认为相对于重度，流体成分的重要性接近"相等"，则该判断的赋值应为 1。类似的，如果相比含油饱和度，渗透率稍显重要，则这一判断的赋值为 3。在成对比较中，每个元素自身的优先级为 1。所以对角线上元值均为 1。如果相比于元素 B，元素 A 的重要性为 2，则相比于 A，元素 B 的重要性为 1/2。根据数据和专家意见，确定成对矩阵和各标准的权重，如表 12-2 所示。

表 12-2　筛选标准成对矩阵

筛选标准	成分	渗透率	深度	重度	黏度	温度	含油饱和度	厚度	岩性
成分	1	1	1	2	1	1	2	1	1/3
渗透率		1	2	1	1	2	3	2	1/2
深度			1	1/2	1/2	1	1	1	1/3
重度				1	1	2	2	1	1/3
黏度					1	2	3	2	1/2
温度						1	2	1	1/3
含油饱和度							1	1/2	1/6
厚度								1	1/3
岩性									1

建立判别矩阵后，利用算数平均法计算各标准的权重。计算时，将每一列的值相加求和，再用标准成对比较矩阵中的元素除以该值，实现矩阵的归一化。而后，计算归一化矩阵中每行元素的平均值。这些平均值即为权重的估算值。经计算，各指标权重如图 12-10 所示。权重最大的指标是岩性(0.244)，权重最小的指标是含油饱和度(0.047)。

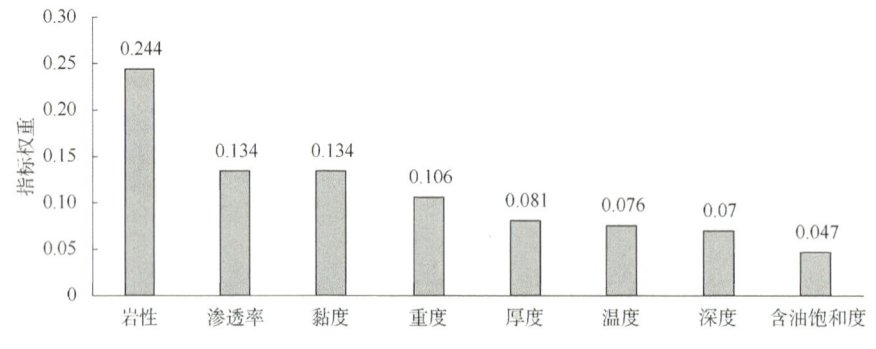

图 12-10　层次分析法计算得到的指标权重

层次分析法计算指标权重时，需要对判别矩阵进行一致性检验，详见本书第十章。一致性检验的流程为：

① 将每列元素除以对应的标准权重，生成新的矩阵。
② 将新矩阵的元素按行叠加求和，得到列加权向量，反映一列 n 行。
③ 将加权向量的每一个元素除以等效标准权重，所得向量成为一致性向量。注意该向量中元素的平均值用 λ 表示。
④ 计算一致性指数(CI)，公式为

$$CI = \frac{\lambda - n}{n - 1} \tag{12-22}$$

经计算，判别矩阵(表 12-2)的一致性指数为 0.03。

⑤ 计算一致率(CR),公式为

$$CR = CI/RI \qquad (12-23)$$

对于 9×9 的判别矩阵,$RI=1.45$。经计算,判别矩阵的一致率 CR 为 0.02。一般认为,一致率低于 0.1 时判别矩阵满足一致性要求,因此判别矩阵通过一致性检验,权重有效。

(3) 识别各方案重要标准和关键标准。

确定指标权重后,应选择各 EOR 备选方案的重要标准和关键标准。对某些 EOR 方法,一个或多个参数可能需要限定在一定范围内;对某一具体油气藏,如果参数不在限定范围内,该方法将被自动剔除。这一标准称为关键标准。对某些 EOR 方法,一些标准可能比另一些标准更为重要。比如,在注蒸汽措施中,"深度"标准是一个关键参数。如果储层深度不在可接受范围内,该 EOR 方法无法应用于该油气藏。EOR 方法的重要标准和关键标准如表 12-3 所示。图中,↑标志的是重要标准,×标志的是关键标准。

表 12-3 EOR 方法的重要标准和关键标准

EOR 措施	渗透率	含油饱和度	黏度	深度	压力	厚度	矿化度	温度
注气(混相/非混相)	↑	–	↑	–	↑/×	–	–	–
化学采油	↑	–	–	–	–	–	↑	↑/×
热采(蒸汽相关)	–	↑	×	↑/×	–	↑	–	–
热水	–	↑	×	↑/×	–	↑	–	↑/×

根据上述标准表和收集的 65 个油藏的特征数据,针对各个油藏进行筛选的适用 EOR 方法如表 12-4 所示。注氮气(非混相)、注气态烃(非混相)和注二氧化碳(混相)适用于绝大多数油藏(分别适用于 56 个、54 个和 54 个油藏)。

表 12-4 各 EOR 方法适用的油藏个数

EOR 方法	氮气-混相	气态烃-混相	二氧化碳-混相	氮气-非混相	气态烃-非混相	二氧化碳-非混相	胶束	聚合物	火烧油层	蒸汽
油藏个数	9	10	54	56	55	12	35	35	35	17

(4) 确定各 EOR 方法在各项标准的理想值。

对任意 EOR 方法,各标准存在一个理想值,储层参数与该标准的理想值接近则代表着该 EOR 方法适用于该油藏。根据学者们的研究成果,结合各国报道的 EOR 成功案例,确定各 EOR 方法所选标准的理想值(表 12-5)。

EOR 筛选标准中有定性标准(如地层岩性)和定量标准(如重度、黏度等)。对定性标准,当针对某一特定 EOR 方法,油藏参数完全符合表 12-5 中规定的理想特征,则其值为 9。例如,二氧化碳混相注入时的"岩性"标准,如果目标油藏为纯砂岩或碳酸盐岩产层,则决策矩阵中赋值为 9;如果岩性为非纯砂岩/碳酸盐岩,则该标准的值小于 9。对定量参数,当针对某一特定 EOR 方法,油藏参数精确等于表 12-5 中规定的值,则取值为 9;当不相等时,则相应定为一个小于 9 的值。比如,根据成功 EOR 项目确定注蒸汽方法的重度理想值为 33,对 59 号油藏(R59),重度为 30,则按比例进行校正(折算),理想值为 9,实际得分

8.18。在胶束驱中，对流体成分这一标准，流体成分为轻质（API 重度大于 30）和中等重度（API 重度在 25~30 范围内）的油藏得分为 9，而稠油油藏（API 重度低于 25），得分则小于 4.5。在火烧油层中，流体组分这一标准则根据目标油藏的沥青含量计算，为最大为 9 的正值。

表 12-5 EOR 方法理想值

EOR 方法	重度（API）	黏度（厘泊）	成分	含油饱和度（%）	岩性	渗透率（毫达西）	深度（英尺）	温度（华氏度）
氮气-非混相	54	0.07	未予限定	98.5	未予限定	2800	18500	未予限定
氮气-混相	54	0.07	97.56%(C_1-C_7)	80	砂岩或碳酸盐岩	2800	18500	未予限定
二氧化碳-非混相	35	0.6	未予限定	86	未予限定	1000	8500	未予限定
二氧化碳-混相	45	0.3	56.4%(C_5-C_{12})	89	砂岩或碳酸盐岩	4500	13365	未予限定
气态烃-非混相	48	0.25	无信息	83	未予限定	1000	7000	未予限定
气态烃-混相	57	0.04	40.21%(C_2-C_7)	98	砂岩或碳酸盐岩	5000	15900	未予限定
火烧油层	38	0.5	一定沥青质组分	94	高孔砂岩	15000	400	230
注蒸汽	33	3	未予限定	90	高孔砂岩	15001	200	未予限定
聚合物驱	42.5	0.4	未予限定	82	偏好砂岩	5500	700	74
胶束驱	39	0.4	轻-中等	74.5	偏好砂岩	1520	2723	80

表 12-6 R59 油藏技术参数

油藏	岩性	深度（英尺）	厚度（英尺）	渗透率（毫达西）	温度（华氏度）	含油饱和度（%）	黏度（厘泊）	重度（API）	成分（C_5~C_{12}，百分比）
R59	碳酸盐岩	5927	2608	1.13	174	78	4	30	28.11

（5）对单个油藏应用 TOPSIS 进行方案选择。

将 TOPSIS 技术应用于 65 个伊朗油藏，并以在 59 号油藏（R59）的应用为例对应用程序进行了展示。大多数 EOR 方法在该油藏均适用（适用 7 种 EOR 方法）。59 号油藏是正在开采的陆上碳酸盐岩油藏，储层深度 5927 英尺，储层温度 174°F。储层和流体性质等其他油藏参数如表 12-6 所示。R59 适用的 EOR 方法包括二氧化碳混相、氮气非混相、气态烃非混相、胶束、聚合物和蒸汽注入以及火烧油层。第一步，根据 R59 的相关数据，结合表 12-5 的理想值，对各指标进行打分，构造决策矩阵（表 12-7）。

表 12-7 R59 油藏决策矩阵

EOR 方法	重度	黏度	成分	含油饱和度	岩性	厚度	渗透率	深度	温度
二氧化碳-混相	6.0000	0.6750	4.4856	7.8876	9.0000	5.0000	0.0023	3.9912	5.0000
氮气-非混相	5.0000	0.1575	5.0000	7.1269	1.0000	5.0000	0.0036	2.8834	5.0000
气态烃-非混相	5.6250	0.5625	5.0000	8.4578	1.0000	5.0000	0.0102	7.6204	5.0000
胶束	6.9231	0.9000	5.0000	9.0000	3.0000	5.0000	0.0067	9.0000	4.1379
聚合物	6.3529	0.9000	5.0000	8.5610	3.0000	5.0000	0.0018	1.0629	3.8276

续表

EOR 方法	重度	黏度	成分	含油饱和度	岩性	厚度	渗透率	深度	温度
火烧油层	7.1053	1.1250	5.0000	7.4681	9.0000	5.0000	0.0007	0.6074	9.0000
蒸汽	8.1818	6.7500	5.0000	7.8000	1.0000	5.0000	0.0007	0.3037	5.0000

对决策矩阵进行归一化(表 12-8)。根据归一化结果计算 R59 的正理想解和负理想解(表 12-9)。

表 12-8 R59 油藏加权归一化决策矩阵

EOR 方法	重度	黏度	成分	含油饱和度	岩性	厚度	渗透率	深度	温度
二氧化碳-混相	0.0368	0.0129	0.0368	0.0174	0.1623	0.0306	0.0232	0.0218	0.0261
氮气-非混相	0.0307	0.0030	0.0410	0.0157	0.0180	0.0306	0.0372	0.0157	0.0261
气态烃-非混相	0.0345	0.0107	0.0410	0.0186	0.0180	0.0306	0.1043	0.0415	0.0261
胶束	0.0425	0.0172	0.0410	0.0198	0.0541	0.0306	0.0686	0.0491	0.0216
聚合物	0.0390	0.0172	0.0410	0.0189	0.0541	0.0306	0.0190	0.0058	0.0199
火烧油层	0.0436	0.0215	0.0410	0.0164	0.1623	0.0306	0.0070	0.0033	0.0469
蒸汽	0.0502	0.1289	0.0410	0.0172	0.0180	0.0306	0.0070	0.0017	0.0261

表 12-9 R59 油藏正理想解和负理想解

理想解	重度	黏度	成分	含油饱和度	岩性	厚度	渗透率	深度	温度
A+	0.0502	0.1289	0.0410	0.0198	0.1623	0.0306	0.1043	0.0491	0.0469
A-	0.0307	0.0030	0.0368	0.0157	0.0180	0.0306	0.0070	0.0017	0.0199

然后，求解 R59 油藏到各备选方案正理想解和负理想解的距离(表 12-10)。根据 TOPSIS 评价结果，最适合 R59 油藏的 EOR 方案是二氧化碳混相注入，其次是火烧油层和蒸汽注入。

表 12-10 R59 油藏 TOPSIS 评价结果

EOR 方法	与正理想解的距离	与负理想解的距离	相对邻近度	排序
二氧化碳混相注入	0.1463	0.1472	0.5015	1
火烧油层	0.1522	0.1486	0.4940	2
蒸汽注入	0.1816	0.1276	0.4127	3
气态烃非混相注入	0.1885	0.1058	0.3595	4
胶束注入	0.1618	0.0879	0.3520	5
聚合物驱	0.1849	0.042	0.1851	6
氮气非混相注入	0.2076	0.0342	0.1414	7

(6) 对每一个油藏进行 EOR 方法排序。

完成上述步骤后，计算各可选方案与理想解决方案的相对邻近度，按相对邻近度对各方案进行排序，如表 12-11 所示。筛选结果的质量受到筛选标准合理性、筛选算法以及筛选研究所采用的油藏参数的准确性和代表性的影响。要对筛选研究进行评价，必须开展 EOR 研究路线图中评价工作的后续步骤。通过与其他研究的对比发现，基于 TOPSIS 的 EOR 方案选择与基于数值模拟的方案选择结果高度一致。

表 12-11 对全部油藏 EOR 方法首选方案百分比

EOR 方法	油藏个数（个）	百分比（%）
气态烃非混相注入	5	7.7
蒸汽注入	8	12.3
胶束注入	2	3.1
火烧油层	2	3.1
二氧化碳混相注入	40	61.5
二氧化碳非混相注入	8	12.3

三、研究结果

本案例采用多准则决策分析的优劣解距离法（TOPSIS）为伊朗油藏进行了提高采收率（EOR）方法筛选。首先，选取了 9 个 EOR 筛选标准和 10 种 EOR 备选方案；其次，采用层次分析法（AHP）确定了筛选标准的权重；而后，采用 TOPSIS 方法对单个油藏的 EOR 方案进行了优选排序；最后，对所有 65 个油藏的 EOR 方案筛选结果进行了综合分析。

研究表明，研究选取的 65 个伊朗油藏中，有 73.8% 的油藏 EOR 最优方案是二氧化碳注入，其中，61.5% 为二氧化碳混相注入，12.3% 为二氧化碳非混相注入。相比其他 EOR 方法，二氧化碳注入的占比较高，是伊朗油藏最优选的方案。此外，筛选结果表明 86% 的伊朗油藏不是氮气混相注入的理想对象，因为所需的最小混相压力与储层压力不一致。仅有 14% 的油藏是深层高压油藏，可应用氮气混相注入。除了为各油藏筛选最优 EOR 方法外，还对其他 EOR 方法进行了排序，有助于决策者进行方案选择。

由于 TOPSIS 技术对引入的定性和定量标准未作限制，因此所有油气藏标准均可纳入 TPOSIS 模型，包括生产机理、地质构造和流体/岩石参数等。相比全尺度模拟研究或先导试验，基于 TOPSIS 的 EOR 方案选择速度快、成本低。

参 考 文 献

[1] 安琪儿,安海忠,王朗.2014.中国产业间隐含能源流动网络分析[J].系统工程学报,29(6):9.
[2] 安琪儿,王朗.2016.矿业城市资源环境承载力的系统动力学模拟[J].资源与产业,18(6):7.
[3] 安琪儿.2015.基于复杂网络的中国产业间隐含资源流动分析[D].北京:中国地质大学(北京).
[4] 陈胜可.2010.SPSS统计分析从入门到精通[M].北京:清华大学出版社.
[5] 杜栋,庞庆华,吴炎.2008.现代综合评价方法与案例精选[M].北京:清华大学出版社.
[6] 樊欢欢,李嫣怡,陈胜可.2011.EViews统计分析与应用:200分钟多媒体教学全程实录:最新版[M].北京:机械工业出版社.
[7] 何书元.2003.应用时间序列分析[M].北京:北京大学出版社.
[8] 胡运权.1998.运筹学基础及应用[M].哈尔滨:哈尔滨工业大学出版社.
[9] 李子奈,叶阿忠.2000.高等计量经济学[M].北京:清华大学出版社.
[10] 刘亮.2013.复杂网络基元研究方法及应用[M].上海:上海交通大学出版社.
[11] 卢子芳,朱卫未,张冲,等.2016.系统工程:原理与实务[M].北京:人民邮电出版社.
[12] 秦寿康.2003.综合评价原理与应用[M].北京:电子工业出版社.
[13] 曲德斌,王小林,兰丽凤,等.2018.油气上游业务资源优化理论及应用[M].北京:石油工业出版社.
[14] 曲德斌.2013.油气开发规划优化方法及应用[M].北京:石油工业出版社.
[15] 孙祝岭.2016.时间序列与多元统计分析[M].上海:上海交通大学出版社.
[16] 王德发.2016.计量经济学[M].上海:上海财经大学出版社.
[17] 王其藩.1995.高级系统动力学[M].北京:清华大学出版社.
[17] 夏凌娟,安琪儿,彭婉丽.2016.中国矿业城市环境影响综合评价[J].中国管理信息化,(4):3.
[19] 徐辉.2011.管理运筹学[M].上海:同济大学出版社.
[20] 杨位钦.1986.时间序列分析与动态数据建模[M].北京:北京工业学院出版社.
[21] 张文彤,董伟.2013.SPSS统计分析高级教程[M].北京:高等教育出版社.
[22] 张晓峒.2005.计量经济学基础[M].天津:南开大学出版社.
[23] Alam M S, Murshed M, Manigandan P, et al. 2023. Forecasting oil, coal, and natural gas prices in the pre- and post-COVID scenarios:Contextual evidence from India using time series forecasting tools[J]. Resources Policy, 81:103342.
[24] Alireza T. 2007. Allocation of CO_2 emissions in petroleum refineries to petroleum joint products:A linear programming model for practical application[J]. Energy Economics, 29(4):974-997.
[25] Amiri M P. 2010. Project selection for oil-fields development by using the AHP and fuzzy TOPSIS methods [J]. Expert Systems with Applications, 37(9):6218-6224.
[26] An Q E, An H Z, Wang L, et al. 2015. Analysis of embodied exergy flow between Chinese industries based on network theory[J]. Ecological Modelling, z26-35.
[27] An Q E, An H Z, Wang L, et al. 2014. Structural and regional variations of natural resource production in China based on exergy[C]//Energy. Elsevier Ltd, 67-77.
[28] An Q E, Wang L, Qu D B, et al. 2018. Dependency network of international oil trade before and after oil price drop[J]. Energy, 165:1021-1033.
[29] Apergis N, Ewing B T, Payne J E. 2016. A time series analysis of oil production, rig count and crude oil price:Evidence from six U.S. oil producing regions[J]. Energy, 97.
[30] Assis L S, Camponogara E, Grossmann I E. 2020. A MILP-based clustering strategy for integrating the oper-

ational management of crude oil supply[J]. Computers & Chemical Engineering, 145(25): 107161.

[31] Chang Y J, Wu X F, et al. 2018. Comprehensive risk assessment of deepwater drilling riser using fuzzy Petri net model[J]. Transactions of the Institution of Chemical Engineers Process Safety & Environmental Protection Part B.

[32] Chen L, Liu Z, Ma N. 2019. Optimize production allocation for the oil-gas field basing on a novel grey model[J]. Journal of Natural Gas Geoence, 4(2): 121-128.

[33] Chen S, Ding Y, Zhang Y, et al. 2022. Study on the robustness of China's oil import network[J]. Energy, 239.

[34] Chen S, Zhang M, Ding YT, et al. 2020. Resilience of China's oil import system under external shocks: A system dynamics simulation analysis [J]. Energy Policy, 146.

[35] Daneshfar M A, Ardjmand M. 2019. Selecting a suitable model for collecting, transferring, and recycling drilling wastes produced in the operational areas of the Iranian offshore oil company (IOOC) using analytical hierarchy process (AHP) - ScienceDirect[J]. Journal of Environmental Management, 259.

[36] Dj A, Ky B, Hjcd E, et al. 2021. Sequential short-term optimization of gas lift using linear programming: A case study of a mature oil field in Russia[J]. Journal of Petroleum Science and Engineering, 205.

[37] Ediger V S, Akar S. 2007. ARIMA forecasting of primary energy demand by fuel in Turkey[J]. Energy Policy, 35(3): 1701-1708.

[38] Epelle E I, Gerogiorgis D I. 2020. A Computational Performance Comparison of MILP vs. MINLP Formulations for Oil Production Optimisation[J]. Computers & Chemical Engineering, 106903.

[39] Fabro J A, Stebel S L, Rossato D, et al. 2014. A MILP (Mixed Integer Linear Programming) decomposition solution to the scheduling of heavy oil derivatives in a real-world pipeline[J]. Computers & Chemical Engineering, 66.

[40] Ghatee A, Zarrinpoor N. 2022. Designing an oil supply chain network considering sustainable development paradigm and uncertainty[J]. Chemical Engineering Research & Design: Transactions of the Institution of Chemical Engineers, 184.

[41] Ha M J. 2018. Modeling for the allocation of oil spill recovery capacity considering environmental and economic factors[J]. Marine Pollution Bulletin, 126(JAN.): 184-190.

[42] Hendalianpour A, Liu P, Amirghodsi S, et al. 2022. Designing a System Dynamics model to simulate criteria affecting oil and gas development contracts [J]. Resources Policy, 78.

[43] Hosseini S H, Shakouri H G, Kazemi A. 2021. Oil price future regarding unconventional oil production and its near-term deployment: A system dynamics approach[J]. Energy, 222.

[44] Javaid A, Mohammed A, Ghaithan A. 2022. A regression-based model for prediction of flowmeters calibration cost in oil and gas industry[J]. Flow Measurement and Instrumentation, 86.

[45] Jiang D L, Chen H, Xing J P, et al. 2022. A novel method of quantitative evaluation and comprehensive classification of low permeability-tight oil reservoirs: A case study of Jidong Oilfield, China[J]. Petroleum Science, 19(4): 1527-1541.

[46] Jiao Y, Qiu R, Liang Y, et al. 2022. Integration optimization of production and transportation of refined oil: A case study from China[J]. Chemical Engineering Research and Design, 188: 39-49.

[47] Kaiser M J. 2009. Modeling the time and cost to drill an offshore well [J]. Energy, 34(9): 1097-1112. DOI: 10.1016/j.energy.2009.02.017.

[48] Karimi A M, Sadeghnejad S, Rezghi M. 2021. Well-to-well correlation and identifying lithological boundaries by principal component analysis of well-logs[J]. Computers & Geosciences, 157.

[49] Kelly J D, Menezes B C, Grossmann I E. 2017. Decision Automation for Oil and Gas Well Startup Scheduling Using MILP[C]// European Symposium on Computer Aided Process Engineering.

[50] Khojastehmehr M, Madani M, Daryasafar A. 2019. Screening of enhanced oil recovery techniques for Iranian oil reservoirs using TOPSIS algorithm[J]. Elsevier.

[51] Mohammed Atris A. 2020. Assessment of oil refinery performance: Application of data envelopment analysis-discriminant analysis[J]. Resources Policy, 65.

[52] Narendra N Dalei, Jignesh M Joshi. 2020. Estimating technical efficiency of petroleum refineries using DEA and tobit model: An India perspective[J]. Computers & Chemical Engineering, 142.

[53] Nedaei H, Naini S G J, Makui A. 2020. A dynamic DEA model to measure the learning rates of efficient frontier and DMUs: An application to oil and gas wells drilling – ScienceDirect[J]. Computers & Industrial Engineering, 144.

[54] Parra R, Bukkens S, Giampietro M. 2020. Exploration of the environmental implications of ageing conventional oil reserves with relational analysis[J]. Science of The Total Environment, 749.

[55] Sancho A, Ribeiro J C, Reis M S, et al. 2022. Cluster Analysis of Crude Oils with k-means based on their physicochemical properties [J]. Computers and chemical engineering, 157.

[56] Shunsuke Mi, James J O, Di J, et al. 2004. Grigalunas. Technological change and depletion in offshore oil and gas[J]. Journal of Environmental Economics and Management.

[57] Su K, Chen S, Hou Y. 2022. Application of factor analysis to investigating molecular geochemical characteristics of organic matter and oil sources: An exploratory study of the Yanchang Formation in the Ordos Basin, China[J]. Journal of Petroleum Science & Engineering, 208.

[58] Tang Y, Chen Y, He Y, et al. 2021. An improved system for evaluating the adaptability of natural gas flooding in enhancing oil recovery considering the miscible ability[J]. Energy, 236.

[59] Tang Y, Zou Z, Jing J, et al. 2015. A framework for making maintenance decisions for oil and gas drilling and production equipment[J]. Journal of Natural Gas Science and Engineering, 26(Complete): 1050-1058.

[60] Tapia J, Lee J Y, Ooi R, et al. 2016. Optimal CO_2 allocation and scheduling in enhanced oil recovery (EOR) operations[J]. Applied Energy.

[61] Wang Q, Song X, Li R. 2018. A novel hybridization of nonlinear grey model and linear ARIMA residual correction for forecasting U.S. shale oil production [J]. Energy, 165: 1320-1331. DOI: 10.1016/j.energy.2018.10.032.

[62] Wang Y L, Li K, et al. 2019. Evaluation method for Green jack-up drilling platform design scheme based on improved grey correlation analysis[J]. Applied Ocean Research, 85: 119-127.

[63] Wu N Q, Li Z W, Qu T. 2017. Energy efficiency optimization in scheduling crude oil operations of refinery based on linear programming[J]. Journal of Cleaner Production, 166(nov. 10): 49-57.

[64] Wu N Q, Li Z W, Qu T. 2017. Energy efficiency optimization in scheduling crude oil operations of refinery based on linear programming[J]. Journal of Cleaner Production, 166(nov. 10): 49-57.

[65] Zhang H, Liang Y, Qi L, et al. 2018. Mixed-time mixed-integer linear programming for optimal detailed scheduling of a crude oil port depot[J]. Chemical Engineering Research and Design, 137.

[66] Zhang R, Jia H. 2021. Production performance forecasting method based on multivariate time series and vector autoregressive machine learning model for waterflooding reservoirs[J]. Petroleum Exploration and Development, 48(1): 201-211.

[67] Zhang X K, Zhou Y, Du X, et al. 2021. Fuzzy methods to evaluate the development effects of SAGD technology and its application during the middle and later stages of super-heavy oil reservoirs[J].

[68] Zhang Y, Wang Y. 2022. Forecasting crude oil futures market returns: A principal component analysis combination approach[J].